초판 인쇄 : 2023년 6월 14일
초판 발행 : 2023년 6월 14일

출판등록 번호 : 제 426-2015-000001 호
ISBN : ISBN: 979-11-983257-0-9 03800

주소 : 강원도 횡성군 횡성읍 고즈넉한 길 25211
도서문의(신한서적) : 031) 942 9851   팩스 : 031) 942 9852
펴낸곳 : 책바세
펴낸이 : 이용태

지은이 : 홍성선
펴낸이 : 이용태
기획 : 책바세
진행 책임 : 책바세
편집 디자인 : 책바세
표지 디자인 : 책바세

인쇄 및 제본 : (주)신우인쇄 / 031) 923 7333

본 도서의 저작권은 [책바세]에게 있으며, 내용 중 디자인 및 저자의 창작성이 인정되는 내용을 무단으로 복제 및 복사하는 것은 저작권법에 의해 처리될 수 있습니다.

Published by chackbase Co. Ltd Printed in Korea

{ 프롤로그 }

컴퓨터와 기타 연주 그리고 노래도 좋아하던 아이...

신시사이저, 사운드 모듈, 마스터 건반이란 단어도 몰랐던 고등학교 2학년 시절, 우연히 CakeWalk라는 컴퓨터 음악 프로그램을 만나게 되어, 컴퓨터 하나로 내가 원하는 음악을 만들 수 있다는 매력에 푹 빠지게 되었다. 낡은 게임기에서 나오는 보잘것 없는 사운드였지만 좋아하는 음악을 만들어 카세트 테이프에 녹음하여 밤새 듣던 그 시절을 잊을 수 없다.

　PC 통신 시절, 컴퓨터 음악에 대한 지식은 책에서만 얻을 수 있었고, 책과 씨름하며 실력을 키워 나갔다. 그러다 보니 피아노 학원도, 레슨도 단 한 번 받아보지 못한 내가, 컴퓨터로 작곡한 자작곡으로 음대에 입학하는 기적이 생겼다. 음대 입학 후 그동안의 경험을 동기들과 후배들에게 조언을 해주다 보니 컴퓨터 음악에 관심 있던 작곡 교수님들에게 레슨을 하기까지 되었다. 이러한 계기로 지금은 여러 대학에서 학생들에게 컴퓨터 음악을 가르치는 선생이 되었으며, 음반을 제작하는 프로듀서, 작/편곡가, 음향 엔지니어로 활동하고 있다.

　[진짜! 큐베이스 사용법] 도서는 그동안 학생들에게 받은 질문들을 기초로 필요한 것들을 정리하였으며, 부담스럽지 않은 페이지 수, 쉬운 설명, 큐베이스에서 반드시 필요한 내용들로 구성하기 위해 노력하였다. 본 도서에서 사용된 큐베이스 버전은 PRO 12 버전이지만 이후에 출시될 버전에서도 학습하는데 특별한 문제가 없을 것이다.

　본 도서를 출간할 수 있게 해주신 책바세 임직원분들, 항상 음악적으로 큰 도움을 주시는 박은경, 유수웅, 정순도, 최찬호, 홍지영 교수님, 음악 동반자들인 상명대학원 뉴미디어 음악학과 27기 동기들, 좋은 선생이 될 수 있도록 기회를 주는 나의 제자들, 즐거움과 힘을 주는 고향 친구들, 기도로 응원해 주시는 물댄동산 수림교회 신종렬 목사님, 정화영 사모님과 공동체 분들 그리고 항상 믿음과 사랑을 주시는 소중한 나의 부모님과 장모님, 누나, 매형, 처제, 동서, 처남, 조카들 모두에게 감사드린다.

　마지막으로 나의 기쁨이 되어주는 사랑하는 아내와 자랑스런 아들에게 고맙고, 항상 행복하자는 말을 전하며, 부족한 나를 사용하시고, 모든 지식과 지혜 그리고 음악을 허락해 주시고, 지금도 나를 은혜로 살아가게 해주시는 하나님께 모든 영광과 감사를 올린다.

{ 학습자료 활용법 }

보다 효율적인 학습을 위해 [책바세.com] 웹사이트에 접속해서 해당 도서의 학습자료 파일을 다운로드 받아 활용한다.

학습자료받기

학습자료를 받기 위해 **책바세.com** 웹사이트에 접속한 후 [도서목록] 메뉴에서 해당 도서를 찾은 후 표지 이미지 하단의 [학습자료받기] 버튼 클릭 후 구글 드라이브에서 [다운로드] 하여 해당 도서의 학습자료를 받아 활용한다.

{ CONTENTs }

002 프롤로그
003 학습자료 사용법

PART 01 시작하기

014 **Lesson 1 어떤 버전을 사야 하나요?**
014 일반용 버전과 교육용 버전의 차이점
014 교육용 버전 구입 방법
015 Elements, Artist, Pro 버전의 차이점 살펴보기

017 **Lesson 2 컴퓨터 사양은 어떻게 되나요?**
017 큐베이스를 구동하기 위한 권장 사양 살펴보기

020 **Lesson 3 오디오 인터페이스는 무언가요?**
020 오디오 인터페이스 역할과 사용 시 장점 살펴보기
022 오디오 인터페이스 선택 방법

027 **Lesson 4 건반은 꼭 필요한 것인가요?**
027 건반의 필요성에 대하여
028 건반의 종류와 선택 방법
029 팁&노트 벨로시티 커브에 대하여

031 **Lesson 5 스피커와 헤드폰 중 무엇이 좋나요?**
031 스피커와 헤드폰의 용도와 선택 방법
032 스피커 선택을 위한 조건 살펴보기
033 헤드폰 선택을 위한 조건 살펴보기

035 **Lesson 6 마이크는 어떤 것이 좋을까요?**
035 마이크 종류 살펴보기
036 마이크 선택 방법

038 **Lesson 7 오디오 커넥터의 용도는 무엇인가요?**
038 XLR 커넥터 살펴보기
038 폰(Phono) 커넥터 살펴보기
039 포노(Phono) 커넥터 살펴보기
040 서로 다른 종류의 커넥터와의 조합과 어댑터 살펴보기

041	**Lesson 8 장비들은 어떻게 연결하나요?**
043	팁&노트 집에 있는 스피커를 사용한다면
045	스피커의 위치와 높이 설정하기
047	**Lesson 9 큐베이스는 어떻게 설치하나요?**
047	인증 및 설치 전 알아두어야 할 사항
047	스테인버그(Steinberg) 사이트에 가입하기
050	큐베이스 설치하기
053	제품 코드 등록하기
054	제품 인증 정보 확인하기
055	제품 인증 해제하기
057	**Lesson 10 오디오 설정은 어떻게 하나요?**
057	레이턴시(지연 시간)에 대해 알아보기
058	오디오 인터페이스가 없을 때 ASIO4ALL 드라이버 설치하기
061	오디오 인터페이스가 있을 때 드라이버 설치하기
062	큐베이스 내에서 오디오 설정하기
065	**Lesson 11 각 작업 창에 대해 알고 싶어요.**
066	프로젝트 윈도우(Project Window) 살펴보기
068	키 에디터(Key Editor) 살펴보기
068	드럼 에디터(Drum Editor) 살펴보기
069	스코어 에디터(Score Editor) 살펴보기
069	리스트 에디터(List Editor) 살펴보기
070	인 프레이스 에디터(In Place Editor) 살펴보기
070	샘플 에디터(Sample Editor) 살펴보기
072	**Lesson 12 각 툴들에 대해 알고 싶어요.**
072	각 작업 창의 툴(Tool) 종류
072	각 툴들의 기능 살펴보기
083	**Lesson 13 단축키는 왜 사용하나요?**
086	**Lesson 14 나만의 단축키를 만들 수 있나요?**
086	새로운 단축키 추가하기
087	키 커맨드(Key Command) 창 살펴보기
088	프리셋(Preset) 파일 사용하기

{ CONTENTs }

PART 02 > 음악제작

092　Lesson 15 작업은 어떻게 시작해야 하나요?
092　새로운 프로젝트 만들기
093　프로젝트 파일 저장하기
094　템포와 박자 설정하기
094　악기 음색 불러오기 - 첫 번째 방법
095　악기 음색 불러오기 - 두 번째 방법
096　악기 설정 후 트랙의 인스펙터 정보 살펴보기

098　Lesson 16 마우스로 음표를 어떻게 입력하나요?
098　마우스로 음표 입력하기
101　노트 수정하기
102　벨로시티(Velocity) 값 수정하기
104　서스테인(Sustain) 값 입력하기
105　피아노 코드 연주에 서스테인 페달 입력하기

107　Lesson 17 피아노 녹음은 어떻게 하나요?
107　건반 녹음을 위한 설정하기
108　실시간으로 건반 녹음하기
109　프리 카운트(Precount) 켜기
109　프리 카운트(Precount) 마디 수 설정하기
110　녹음된 데이터 재생하기
110　저장하기

111　Lesson 18 빠른 연주 시 건반으로 쉽게 입력하고 싶어요.
111　이벤트 생성과 키 에디터 창 설정하기
112　팁&노트 키 에디터를 로우 존이 아닌 별도의 창에서 열리게 할 경우
112　스텝 입력하기
113　팁&노트 키 에디터에서 버튼이 보이지 않을 경우
114　팁&노트 음표를 잘못 입력했을 경우

115　Lesson 19 큐베이스에는 어떠한 악기들이 제공되나요?
115　Halion Sonic SE 3(모든 버전에 내장)
116　Groove Agent SE 4(Le 버전을 제외한 모든 버전에 내장)
116　PadShop(Artist, Pro 버전에 내장)
117　Retrologue 2 (Pro, Artist 버전에 내장)

118	**Lesson 20 건반으로 입력한 박자가 안 맞아요.**
118	퀀타이즈(Quantize) 활용하기
124	**Lesson 21 건반이 없을 땐 어떻게 입력하나요?**
124	온 스크린 키보드 활성화하기
125	온 스크린 키보드 구성 알아보기
126	코드 패드(Chord Pad) 사용하기
127	코드 패드로 녹음하기
129	**Lesson 22 코드 트랙은 어떻게 사용해야 하나요?**
129	코드 트랙(Chord Track) 살펴보기
129	코드 트랙 생성 및 코드 입력하기
131	팁&노트 코드를 박자 단위로 입력하고 싶을 때
132	입력한 코드 연주하기
133	코드 트랙의 코드를 미디 노트로 생성하기
134	팁&노트 코드 트랙의 코드를 미디 노트로 생성하는 또 다른 방법
134	코드 트랙에 맞춰 실시간 녹음하기
136	**Lesson 23 건반으로 코드 녹음 시 어떤 코드인지 모르겠어요.**
136	코드를 인식하여 표시하기
139	**Lesson 24 다음 코드를 어떤 것을 사용해야 하는지 알 수 있나요?**
139	코드 찾기
140	코드 어시스턴트(Chord Assistant) 옵션 살펴보기
142	**Lesson 25 드럼은 어떻게 입력해야 하나요?**
142	드럼의 구성과 악기별 소리 특징 살펴보기
143	드럼 악보 익히기
143	드럼 세트의 구성 악기 소리 들어보기
144	드럼 에디터 구조 살펴보기
145	팁&노트 GM map에 대하여 / General Midi Mode에 대하여
145	드럼 가상 악기 불러오기
147	메이플 키트(Maple Kit) 드럼 맵 생성하기
149	실시간으로 드럼 녹음하기
150	**Lesson 26 드럼 리듬을 모를 땐 어떻게 하죠?**
150	Groove Agent Se의 드럼 패턴 입력하기
152	드럼 패턴을 위한 Performance 섹션 살펴보기

{ CONTENTs }

154   패턴 모드가 설정되어있지 않은 프리셋에 패턴 적용하기

157   **Lesson 27 세련된 연주를 입력하고 싶어요.**
157   미디어(Media) 살펴보기
158   팁&노트 오디오 루프 대하여
159   미디 루프의 검색 방법과 불러오기
162   미디 데이터를 코드 트랙의 코드로 구성하기
164   팁&노트 각 방법의 장점과 단점에 대하여
165   오디오 샘플을 코드 트랙의 코드로 구성하기

168   **Lesson 28 송품에 맞춰 이벤트들을 쉽게 나열하고 싶어요.**
168   어레인저(Arranger) 트랙 생성과 파트 입력하기
169   파트별 이름 수정과 재생 순서 정하기
171   재생 순서에 맞추어 이벤트 재배열하기

PART 03 > 악보제작

174   **Lesson 29 악보를 그리고 싶어요.**
174   악보와 마디 생성하기
176   조표와 음자리표, 박자표 입력하기
177   음표와 그밖에 기호 입력하기
181   끝 마디 정리하기
182   제목 입력하기

185   **Lesson 30 작업한 것을 악보를 만들고 싶어요.**
185   스코어 에디터로 열어보기
186   팁&노트 리드 시트(Lead Sheet)에 대하여
187   피아노 악보 정리하기
191   멜로디 보표의 코드와 악보 사이즈 조정하기
194   멜로디 보표의 가사 입력과 이음줄 만들기

197   **Lesson 31 노래 녹음 후 악보로 표시하고 싶어요.**
197   오디오 데이터를 미디 데이터로 변환하기
199   변환한 미디 데이터를 듣기 위한 악기 설정하기
201   악보를 위한 노트 정리하기

205	**Lesson 32 만든 악보를 다른 사보 툴에서 사용하고 싶어요.**
205	MusicXML 파일 만들기
205	팁&노트 MusicXML 포맷이란?

PART 04 > 레코딩

212	**Lesson 33 마이크와 기타를 녹음하고 싶어요.**
212	마이크로 녹음 설정하기
217	녹음 중인 소리를 들으면서 녹음하기 – 첫 번째 방법
218	녹음 중인 소리를 들으면서 녹음하기 – 두 번째 방법
219	마이크로 기타 녹음하기
222	기타 녹음을 위한 라인 설정하기
223	팁&노트 보컬과 기타 녹음을 위한 팁

224	**Lesson 34 잘못된 부분을 재녹음 후 자연스럽게 연결하고 싶어요.**
224	특정 부분만 다시 녹음하기
225	새로 녹음한 부분을 자연스럽게 연결하기
227	Punch In/Out을 이용하여 부분 녹음하기
227	팁&노트 로케이터 설정 방법

229	**Lesson 35 원하는 부분만 계속 녹음할 수 있나요?**
229	레인(Lane) 트랙을 이용하여 녹음하기
230	녹음 후 테이크의 좋은 부분 선택하기

232	**Lesson 36 녹음 작업한 프로젝트를 정리해서 저장하고 싶어요.**
232	프로젝트의 모든 데이터를 정리하여 저장하기

PART 05 > 편집과 보정

238	**Lesson 37 노래를 하지 않는 부분에 소음을 어떻게 없애죠?**
238	노이즈 부분 제거하기
239	큰 호흡 소리 조절하기
240	게이트(Gate) 플러그인을 사용하여 노이즈 제거하기

{ CONTENTs }

244	**Lesson 38 음정과 박자가 틀린 곳이 있는데 고칠 수 있을까요?**
244	보정할 부분 확인하기
244	보정 전 분석하기
246	음정 보정하기
248	연속적으로 바뀌는 음정 보정하기
248	Smart Controls 옵션에 따른 핸들 구성
250	박자 보정하기
250	일괄적으로 음정 보정하기
252	떨림 음 보정하기
252	보정 작업 초기화하기
254	**Lesson 39 보컬에 코러스를 넣고 싶어요.**
254	코러스 파트 생성하기
257	**Lesson 40 보컬 녹음 후 템포를 바꾸면 보컬을 다시 녹음해야 하나요?**
257	템포 값 변경 시 문제 확인하기
258	녹음된 오디오 데이터 템포 연동하기
260	**Lesson 41 반주의 음정을 수정하고 싶어요.**
260	외부 오디오 파일 가져오기
261	오디오 이벤트의 음정 조절하기

PART 06 › 믹싱

266	**Lesson 42 반주와 보컬의 음량을 어떻게 맞추나요?**
266	트랙 확인과 반복 재생 구역 설정하기
269	음악 전체의 분위기와 각 악기 소리 파악하기
269	음량 조절하기
271	소리의 좌/우 위치 조절하기
273	**Lesson 43 곡 전체의 보컬 음량을 부분적으로 조절하고 싶어요.**
273	볼륨(Volume) 오토메이션의 필요성
279	**Lesson 44 보컬과 기타에 효과를 넣고 싶어요.**
279	Channel Setting 창 살펴보기
281	Equalizer(EQ)로 보컬 음색 조절하기

283	이퀄라이저(Equalizer) 살펴보기
285	컴프레서(Compressor) 플러그인 적용하기
286	Compressor 살펴보기
287	Reverb 플러그인을 Insert 방식으로 적용하기
289	Delay 플러그인을 Send 방식으로 적용하기
292	트랙에 프리셋으로 효과 적용하기

294　Lesson 45 그밖에 주요 플러그인(이펙터)에 대해 알고 싶어요.

294	디스토션(Distortion) 이펙터
295	코러스(Chorus) 이펙터
296	트레몰로(Tremolo) 이펙터
296	오토팬(AutoPan) 이펙터
297	페이저(Phaser) 이펙터
298	플랜저(Flanger) 이펙터
298	피치 커렉트(Pitch Correct) 이펙터
299	디에서(DeEsser) 이펙터
301	맥시마이저(Maximizer) 이펙터

303　Lesson 46 여러 개의 보컬 트랙을 한꺼번에 조절하고 싶어요.

303	그룹 채널(Group Channel) 설정하기
305	그룹 채널(Group Channel) 확인하기
306	여러 트랙에 일괄적으로 그룹 채널 설정하기

307　Lesson 47 작업한 음악을 어떻게 오디오 파일(음원)로 만드나요?

307	음원을 만들 구간 설정하기
308	Wave 파일로 믹스다운(Mixdown)하기
311	MP3 파일로 믹스다운(Mixdown)하기

314　찾아보기

시작하기 ▶

Lesson 1 어떤 버전을 사야 하나요?

Lesson 2 컴퓨터 사양은 어떻게 되나요?

Lesson 3 오디오 인터페이스는 무언가요?

Lesson 4 건반은 꼭 필요한 것인가요?

Lesson 5 스피커와 헤드폰 중 무엇이 좋나요?

Lesson 6 마이크는 어떤 것이 좋을까요?

Lesson 7 오디오 커넥터의 용도는 무엇인가요?

Lesson 8 장비들은 어떻게 연결하나요?

Lesson 9 큐베이스는 어떻게 설치하나요?

Lesson 10 오디오 설정은 어떻게 하나요?

Lesson 11 각 작업 창에 대해 알고 싶어요.

Lesson 12 각 툴들에 대해 알고 싶어요.

Lesson 13 단축키는 왜 사용하나요?

Lesson 14 나만의 단축키를 만들 수 있나요?

어떤 버전을 사야 하나요?

큐베이스(Cubase)는 3가지 버전이 있으며, 가격과 기능이 다르다. 고가의 버전은 제약 없이 모든 기능을 사용할 수 있지만, 경제적인 측면과 목적에 따라 적합한 버전을 선택하는 것이 중요하다. 이 레슨에서는 큐베이스의 종류, 버전 차이, 그리고 구입 방법에 대해 알아본다.

일반용 버전과 교육용 버전의 차이점

교육용과 일반용의 주된 차이는 가격이며, 기능은 동일하다. [교육용이 저렴하니 이를 구매하는 것이 낫지 않을까?]라는 생각이 들 수 있지만, 주의할 점이 있다.

1. 일반용은 일반 사용자들을 위한 버전이며, 상업적으로 사용할 수 있다.

2. 교육용은 학생들과 교사들을 위한 버전이며, 상업적으로는 사용할 수 없다.

3. 교육용 제품 구매 시 스테인버그(Steinberg)사에서 제시한 자격에 적합하고, 또 그것을 증명할 수 있는 서류를 제출해야만 구입이 가능하다. 증빙 서류는 학생증 사본과 학교명, 이메일, 주소 등과 같은 기본적인 정보만 작성하여 제출하면 된다.

교육용 버전 구입 방법

온라인 매장

구입처에서 제공하는 양식(교육용 제품 판매 확인서)을 다운로드 후 기본 정보를 입력하고 학생증 및 재학 증명서 등을 첨부하여 이메일로 제출하면 된다.

오프라인 매장

판매처 양식에 따라 기본 정보, 학생증, 재학 증명서류 사본만 제출하면 된다.

Elements, Artist, Pro 버전의 차이점 살펴보기

큐베이스는 3가지 버전에 따라 가격과 기능에 차이가 있다. 아래 스테인버그사에서 제공하는 표를 참고하여 살펴본다.

Cubase Pro 12	Cubase Artist 12	Cubase Elements 12
전문프로듀서, 믹싱 엔지니어, 작곡가	숙련된 뮤지션, 프로젝트 스튜디오 사용자, 밴드	홈 레코딩 사용자, 밴드, 싱어송라이터
64-bit/192 kHz 스테인버그 오디오 엔진과 5.1ch 서라운드 지원	64-bit/192 kHz 스테인버그 오디오 엔진	64-bit/192 kHz 스테인버그 오디오 엔진
256개의 인풋과 아웃풋	32개의 인풋과 아웃풋	24개의 인풋과 아웃풋
오디오, 악기, 미디 트랙의 개수 제한 없음	오디오, 악기, 미디 트랙의 개수 제한 없음	오디오 48개, 미디 64개, 악기 24개 트랙만 사용가능
256개 그룹 채널 지원	32개 그룹 채널 지원	16개 그룹 채널 지원
64개의 악기(VSTi - 가상악기) 슬롯	32개의 악기(VSTi - 가상악기) 슬롯	16개의 악기(VSTi - 가상악기) 슬롯

> https://new.steinberg.net/cubase/compare-editions 로 들어가면 버전 별 차이에 대한 자세한 정보를 얻을 수 있다.

_{1) Steinberg가 아닌 외부 제조사에서 만든 튠 프로그램
예)Auto-tune, Melodyne}

보컬의 음정 박자를 수정하는 바리오디오(Variaudio)라는 기능은 Pro, Artist(11 버전부터 적용) 버전에만 탑재되어 있다. 만약 Tune 작업 시 Artist 버전보다 하위 버전의 큐베이스를 사용한다면 서드 파티의 다른 튠(Tune) 플러그인[1]을 사용해야 한다. 그리고 같은 노래를 여러 번 녹음한 후 그중 하나를 기준으로 나머지 녹음본의 박자를 맞춰주는 오디오 얼라인먼트 기능은 Pro 버전, 보컬 녹음 후에 코드 트랙의 코드로 보컬 화음을 만들어 주는 하모니 보이시스(Harmony Voices) 기능은 Pro, Artist(11 버전부터 적용) 버전에서만 지원한다. 그 외에도 효과를 줄 수 있는 플러그인 및 가상 악기의 개수, 편곡이나 작곡에 도움을 주는 기능의 유/무 등의 차이가 있다.

큐베이스의 인증방식

큐베이스 12 버전부터 기존의 동글키 인증방식이 아닌 온라인 인증 방식으로 변경 되었으며, 다른 컴퓨터에서도 프로그램 설치 후 Steinberg Activation Manger에서 로그인 후 컴퓨터 인증 후 사용할 수 있다. 3대까지 기기 인증이 가능하며 인증을 취소하는 경우 www.steinberg.net 사이트에서 로그인 후 인증 해제할 수 있다.

큐베이스 11버전 이하를 실행하려면 동글 키(Dongle Key)가 필요하다. 이 키는 제품 인증 라이선스를 내장하고 있어 USB에 연결하지 않으면 큐베이스 실행이 불가하다. 다른 장소에서 사용하려면 동글 키를 연결 후 eLicenser Control Center 프로그램으로 인증해야 한다. 이동 중 분실에 주의하며, 분실 시에는 큐베이스 국내 수입처에 문의하면 되고, Elements 버전은 소프트웨어 인증 방식이므로 동글 키가 필요 없다. 11 이하 버전의 온라인 라이센스 도입 계획은 아직 발표되지 않았다.

◀ 동글 키(Dongle Key)의 모습

> **레슨 정리**
>
> 버전 선택 시에는 본인이 작업하고자 하는 장르의 평균적인 사용 트랙 개수와 가상 악기의 사용 개수를 고려하여 선택하게 된다. 예시로, 트랙이나 악기를 대량으로 사용하는 영상 음악 또는 오케스트레이션 작업에는 Pro 버전을 추천한다. 이 책에서는 Cubase Pro 12 버전을 기반으로 설명하고 있으며, Pro 12 이하의 버전을 사용하는 경우 인터페이스 화면과 기능의 유/무에 차이가 발생할 수 있음을 명심하기 바란다.

컴퓨터 사양은 어떻게 되나요?

이번 레슨에서는 큐베이스 구동에 필요한 컴퓨터 사양과 컴퓨터 구입 시 알아야 할 내용에 대해 살펴보도록 한다. 큐베이스는 윈도우즈(Windows)와 맥(MAC) 운영체제에서 사용이 가능하지만, 본 도서에서는 Windows를 기준으로 설명하기로 한다.

큐베이스를 구동하기 위한 권장 사양 살펴보기

아래의 표는 스테인버그사에서 제공한 큐베이스 구동을 위한 컴퓨터 권장 사양이다.

Mac OS X(매킨토시)		Windows(윈도우즈)
Mac OS big Sur 이상 지원됨		Windows 10 이상 지원됨
CPU	64-bit Intel or AMD multi-core processor	
RAM	8 GB or more recommended	
하드 디스크	70 GB free HD space	
화면 해상도	1440 x 900 display resolution(1920 x 1080 recommended)	
그래픽 카드	Graphics card with native Windows 10 support (Windows only)	
오디오 하드웨어	OS-compatible audio hardware	
인터넷	license activation, account sign up and product registration, installer download	

CPU 현재 이용되는 CPU(중앙 처리 장치)는 모두 사용 가능하다. 현재 보유하고 있는 컴퓨터로 작업을 하면서 더 많은 가상 악기나 플러그인을 사용할 때 지연되는 현상이 있을 경우에는 상위 사양으로 업그레이드를 해주는 것이 좋다. Intel 사의 i5 모델 이상 및 AMD 사의 Ryzen 3600 이상의 CPU를 권장한다.

RAM 권장 RAM(메모리) 용량은 8GB 이상이 필요하다. 현재 가상 악기가 대용량의 제품들이 많이 출시되고 있으므로, RAM 용량이 많을수록 많은 수의 악기와 큰 용량의 악기를 사용할 수 있다. 작업 중에 RAM의 용량이 부족하게 되면 [메모리 용량 부족]에 대한 경고 창이 뜬다. 이런 경우 가상 악기를 프리즈(Freeze) 하여 사용하는 방법이 있지만 불편할 수 있다. 또한 Windows 64bit(비트)를 사용해야만 4GB 이상의 메모리 사용할 수 있기 때문에 64비트(모든 윈도우즈는 일반용 32비트와 전문가용 64비트 방식으로 나눠져 있음)을 권장한다. 큐베이스 12 버전은 64비트에서만 지원한다. 음악 전문 작업용 PC는 16GB 이상의 메모리(RAM)를 권장한다. 만약 16GB의 구입 가격이 부담된다면 8GB로 구입 후 추후에 필요시 업그레이드하면 된다.

하드 디스크 최소 70GB가 필요하다. 이것은 기본 제공하는 큐베이스 프로그램과 가상악기, 샘플을 설치하기 위해 필요한 용량이며, 디스크의 용량은 많으면 많을수록 좋다. 현재 대용량의 서드 파티의 가상 악기들이 많이 출시되고 있는 상황이며, 보컬 또는 악기를 녹음한 오디오 데이터들이 많아질 경우를 대비하여 하드 디스크에 충분한 여유 용량(공간)이 있는 것이 좋다. 하드 디스크 구입 시 한 번에 큰 용량을 구입하는 것보다는 용량을 나누어 2개 이상을 구입하는 것이 좋다. 예를 들어 4TB(4000GB)의 1개의 하드 디스크보다는 2TB(2000GB) 하드 디스크 2개를 구입해서 하나는 윈도우와 데이터 저장용으로, 다른 하나는 가상 악기의 라이브러리 데이터용으로 구분하여 사용하는 것이 좋다. 참고로 현재 많이 보급된 SSD(Solid-state Drive) 제품을 사용할 시 부팅 속도와 프로그램의 실행 속도를 향상시킬 수 있다. SSD(256GB 이상) 1개와 대용량 하드 디스크(1TB 이상) 1개 이상을 장착하여 SSD 디스크에는 Windows 운영체제와 큐베이스 프로그램을 설치하고, 대용량 하드 디스크에는 가상 악기 라이브러리 데이터와 작업 데이터 등을 저장하는 것을 권장합니다.

화면 해상도 화면 해상도는1920 x 1080(최소 1440 x 900)을 추천한다. 해상도가 높을수록 모니터에 표시할 수 있는 창의 개수나 글씨 수가 많아진다. 현재 사용하는 모니터들은 최소 권장 해상도(1440 x 900) 이상을 지원하므로 사용하는데 문제가 없다. 해상도는 [설정] - [시스템] - [디스플레이] 항목에서 확인할 수 있다.

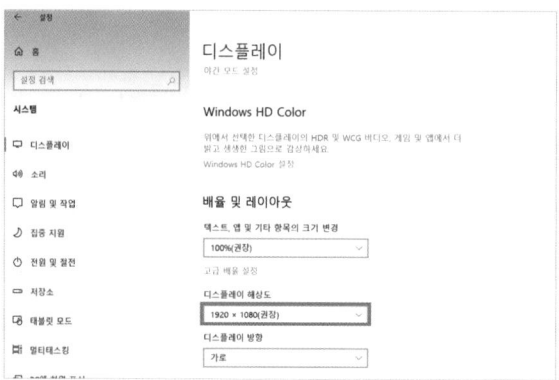

그래픽 카드 그래픽 카드는 Windows 운영체제에만 관련이 있으며, Windows 10에서 지원되는 그래픽 카드이면 전부 호환된다. CPU에 내장된 그래픽 기능으로도 사용 가능하지만 외부의 그래픽 카드를 설치하여 CPU가 음악 작업에만 사용될 수 있도록 하는 것을 권장한다.

USB 포트	동글 키(Dongle Key)를 꽂을 수 있는 USB 포트가 필요하다. USB 포트는 일반적으로 메인보드마다 4개 이상을 지원하고 있으며, USB 장치가 많아서 포트가 부족할 경우 USB 허브를 이용한다. **큐베이스 11버전 이하만 적용**
오디오 하드웨어	이것은 다음 레슨인 [오디오 인터페이스가 무엇인가요?]에서 자세히 설명하였다.
인터넷	소프트웨어 인증과 업데이트 설치 파일을 온라인을 통해 지원하므로 인터넷이 필요하다. 또한 새 기능과 팁(Tip) 등을 표시하는 Steinberg Hub도 온라인을 통해 정보가 업데이트된다. 현재 큐베이스 제품은 인터넷을 통해서만 소프트웨어를 다운로드하여 설치할 수 있도록 되어있다.

레슨 정리

큐베이스를 처음 접하는 경우, 현재 보유 중인 컴퓨터로 시작하여 처리 능력이 불충분하다고 느껴지는 시점에서 업그레이드 혹은 구입을 고려하면 좋다. 또한, 이전에 언급한 추천 사양 및 구매 방향에 대한 설명은 필자의 개인적인 견해에 불과함을 이해해주길 바란다.

오디오 인터페이스는 무언가요?

이번 레슨에서는 소리 입력 및 출력을 하기 위해 만들어진 오디오 인터페이스 (Audio Interface)의 역할과 기능에 대해 알아보기로 한다.

오디오 인터페이스 역할과 사용 시 장점 살펴보기

오디오 인터페이스는 컴퓨터에 내장된 사운드 카드보다 더 우수한 음질로 소리 입력과 출력을 위해 만들어진 장치이다. 마이크를 통해 노래를 부를 때 마이크에서 발생되는 전기신호를 아날로그(Analog) 신호라고 하는데, 이 아날로그 신호를 컴퓨터에서 처리하기 위해서는 디지털(Digital) 신호로 변환해야 한다. 반대로 컴퓨터에서 처리된 디지털 신호를 다시 스피커로 듣기 위해서는 다시 아날로그 신호로 바꿔주어야 한다.

오디오 인터페이스의 신호 처리 과정

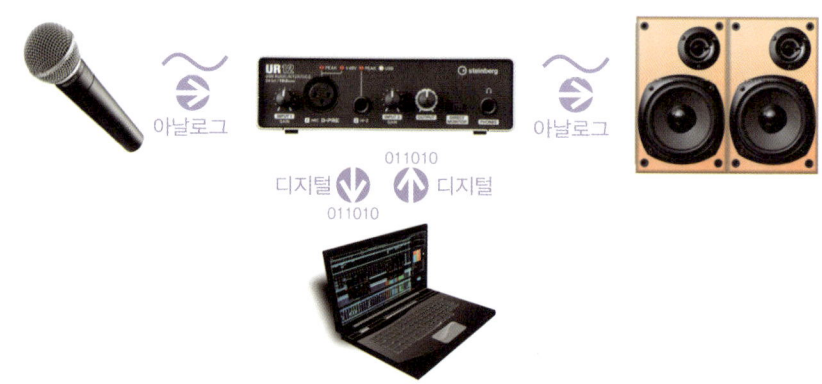

1) Analog Digital / Digital Analog 컨버터

위와 같이 신호를 바꿔주는 변환 장치를 [AD/DA Converter1)]라고 하며, 컴퓨터에 내장된 사운드 카드의 변환 장치보다 오디오 인터페이스의 변환 장치의 성능이 월등히 뛰어나다. 또한 컴퓨터 음악과 오디오 작업 시 **빠른 반응 속도**와 안정성, 그리고 모델에 따라서 DSP 이펙터 등을 제공하므로 오디오 인터페이스를 사용하는 것을 추천한다. 위의 장점 중 언급한 **빠른 반응 속도(Low latency)**를 설명하자면, 내장 사운드 카드

로 큐베이스를 사용하는 경우 가상 악기를 불러온 뒤 건반을 누르게 되면 소리가 지연되어 출력된다. 이러한 문제는 [Asio4all]이라는 프로그램을 통해 해결할 수 있으나, 음질은 내장 사운드 카드 그대로의 음질이다. 시작 단계에서는 내장 사운드카드에 [Asio4all]를 사용해도 좋겠지만 차후에는 전문적인 오디오 인터페이스를 구매하여 사용하는 것이 좋다.

또 하나의 장점은 많은 장비들을 연결하여 사용할 수 있다는 것이다. 설명을 위해 오디오 인터페이스 중 한 가지 모델을 선택하여 예를 들어본다.

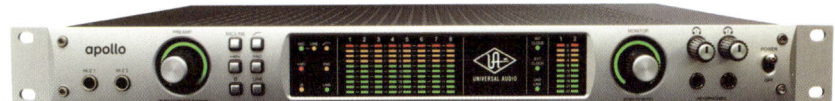
▲ Universal Audio Apollo firewire

위의 오디오 인터페이스는 유니버설 오디오의 [Apollo]라는 제품이다. 아래 그림은 이 제품에 연결할 수 있는 악기 및 장치들이다.

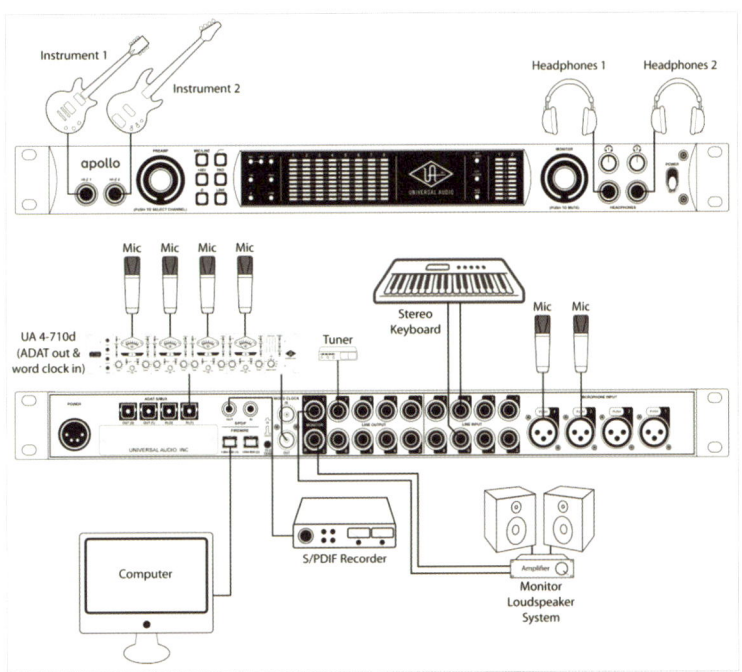
▲ Universal Audio Apollo의 악기 및 아웃보드가 연결된 모습

앞선 그림을 보면 앞 패널(Panel)에는 기타 2대와 헤드폰 2대를 연결할 수 있고, 뒤 패널에는 데이터 전송 케이블, 마이크, 신시사이저, 아웃보드, 외장 레코더, 스피커 등 많은 장비들을 컴퓨터와 연결할 수가 있으며, 좋은 부품들을 사용한 고가의 제품이므로 높은 수준의 음질로 작업을 할 수 있다.

오디오 인터페이스 선택 방법

여기에서는 큐베이스를 처음 시작하는 사용자들을 기준으로 설명하도록 한다. 다음의 설명은 제품을 고르기 전에 결정해야 할 것들이다.

① **예산** 자신이 생각한 예산에서 가격대 성능비가 좋은 제품을 선택하는 것이 좋다. 참고로 [가격대 성능비가 좋다]라는 말은 [10만 원 대 제품이 200만 원 대 제품의 소리를 내준다]라는 것은 아니다. 시작하는 단계라면 처음부터 부담스러운 고가의 장비보다는 예산에 맞는 제품을 구입하길 바란다.

② **인풋 / 아웃풋의 개수** 입력과 출력은 오디오 인터페이스의 주요 기능으로, 입력은 악기나 마이크의 녹음을 위한 단자 수를, 출력은 연결 가능한 스피커 수를 나타낸다. 예를 들어, 동시에 기타와 보컬을 녹음하려면 두 개의 입력 단자가, 두 조의 스피커를 연결하려면 네 개의 출력 단자가 필요하다.

③ **콘덴서 마이크 사용을 위한 팬텀 파워(v48)지원** 일반적으로 노래방이나 공연장에서 사용하는 마이크는 다이내믹 마이크이다. 이 마이크의 경우 팬텀 파워가 필요 없지만, 콘덴서 마이크를 사용하고자 한다면 팬텀 파워가 필요하다. 팬텀 파워가 지원되지 않는다면 콘덴서 마이크가 있더라도 사용할 수가 없기 때문에 별도의 팬텀 파워 공급 장치를 구입하여 사용해야 한다.

④ **녹음 및 재생 시 사운드의 퀄리티** 제품마다의 재생되는 소리를 실제로 들어볼 수 있는 상황이 안되므로 제품 유저들이 작성한 리뷰 또는 컴퓨터 음악 커뮤니티 사이트에 접속하여 제품에 대한 정보를 얻는 것이 좋다. 그리고 녹음 작업이 많을 경우 마이크

또는 악기를 녹음하기 위한 인풋의 퀄리티도 중요하다. 오디오 인터페이스에 사용되는 마이크 프리 앰프와 AD 컨버터의 종류에 따라 녹음되는 음색이 차이가 나므로 자신의 음악 장르에 맞는 제품을 구입하는 것이 좋다.

⑤ **컴퓨터와의 연결 방식** 오디오 인터페이스는 연결 방식에 따라 USB, Firewire, PCI, Thunderbolt 등이 있다. 30만 원 이하 제품은 대체로 USB 방식을 사용하며, 이는 Windows와 MAC 모두에서 기본 제공되는 포트로, 별도의 장치 구입 없이 사용할 수 있다. USB 3.0은 2.0보다 데이터 처리가 빠르지만, 아직은 USB 2.0이 주로 지원된다. 썬더볼트(Thunderbolt)는 MAC에서 주로 사용되므로 Windows 사용자는 구매 전 확인이 필요하다.

⑥ **드라이버의 안정성과 꾸준한 지원** 드라이버의 안정성과 제조사의 지속적인 지원은 오디오 인터페이스 선택 시 핵심적인 요소이다. 드라이버가 불안정할 경우 시스템 오류 및 소리 문제가 발생하며, 새로운 운영체제 출시 시 제조사의 드라이버 업데이트가 이루어지지 않으면 해당 운영체제에서 사용이 불가능해지는 경우도 있다. 드라이버 업데이트를 통해 새로운 기능 추가, 음질 향상, 노이즈 문제 해결이 가능하다. 이를 통해 기존의 컴퓨터에서만 사용 가능했던 오디오 인터페이스가 아이패드, 아이폰에서도 사용 가능하게 된 사례가 있다. 초보 사용자는 주로 10~30만원 대의 USB 방식 오디오 인터페이스를 사용한다.

Steinberg UR12 인터페이스

스타인버그의 Steinberg UR12는 큐베이스와 완벽하게 호환된다. 앞면에는 2개의 인풋 단자와 헤드폰 단자가 있고, 레이턴시(소리가 지연되는 현상) 없는 녹음을 가능케 하는 Direct Monitor 버튼이 있다. 뒷면에는 스피커 연결 단자와 팬텀 파워 스위치가 있다. 또한, 큐베이스 AI 버전이 번들로 제공되어, 기본적인 큐베이스 기능을 무료로 사용할 수 있다.

▲ Steinberg UR12 인터페이스

Steinberg UR242 인터페이스

2) 홀이나 방 등의 울림 효과를 줄 수 있는 이펙터

3) 소리의 크기를 일정하게 맞춰주거나 소리의 힘을 조절 할 수 있는 이펙터

스타인버그의 UR242도 UR12와 같이 큐베이스와 완벽하게 호환된다. 앞면에는 콤보 커넥터를 사용한 2개의 인풋 단자가 있어, 마이크 케이블과 악기 케이블 모두 연결 가능하다. PAD 버튼을 통해 음량이 큰 악기의 게인을 낮출 수 있고, 팬텀 파워와 헤드폰 단자를 지원한다. DSP 기능을 통해 리버브2), 컴프레서3) 등의 이펙트를 처리하며, 이는 CPU 부담을 줄여주므로 작업 환경을 개선한다. 마찬가지로, 큐베이스 AI 버전을 번들로 제공하여 큐베이스의 기본적인 기능을 무료로 사용할 수 있다.

▲ Steinberg UR42 인터페이스

Focusrite Scarlett Solo 3rd Gen 인터페이스

마이크 프리 앰프로 유명한 포커스라이트(Focusrite)사 제품이다. 붉은색의 몸체가 스칼렛이라는 이름과 너무 잘 어울리는 제품이다. 이 모델도 마이크 1개와 악기 1개를 연결할 수 있으며, 팬텀 파워, 다이렉트 모니터 기능을 모두 지원한다.

▲ Focusrite Scarlett Solo 3rd Gen 인터페이스

Focusrite Scarlett 2i2 3rd Gen 인터페이스

이 제품도 인풋 단자가 콤보 방식으로 되어있으므로 기타와 마이크를 동시에 두 대까지 연결할 수 있다. 또는 신시사이저의 Left / Right output을 연결해서 사용할 수도 있다. 이 가격대에 다른 제품과 마찬가지로 기본적으로 지원하는 기능들은 다 갖추고 있다.

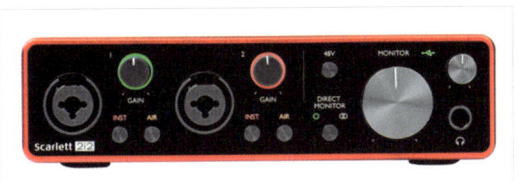

▲ Focusrite Scarlett 2i2 3rd Gen 인터페이스

Yamaha AG06 인터페이스

야마하(Yamaha)사의 제품이다. 오디오 인터페이스 기능 외에 믹서로도 사용 가능하며, 이 가격대의 다른 제품들보다 더 많은 인풋과 아웃풋을 지원한다.(6채널까지 연결이 가능하지만 Cubase에서 녹음 시 2채널로 녹음이 됨) 콤보 방식의 마이크 인풋, 인터넷 방송 시 많이 사용되는 루프 백 기능, 자체 DSP 등을 탑재하고 있어 CPU를 사용하지 않고 녹음 중이나 믹싱 중에 리버브나 컴프레서 등과 같은 이펙터를 사용할 수 있다. 그리고 버전을 번들로 제공하여 큐베이스의 기본적인 기능을 무료로 사용할 수 있다.

▲ Yamaha AG06 인터페이스

밴드와 같이 많은 악기를 한꺼번에 녹음을 할 때에는 그만큼의 인풋이 더 필요하며, 어떤 제품에는 헤드폰 단자가 2개를 지원하여 두 명의 아티스트가 동시에 모니터링 할 수도 있다. 헤드폰 단자가 하나인데 두 명이 동시에 모니터링하고 싶을 때에는 Y 커넥터(일명 Y짹)를 사용하면 된다. 그리고 요즘은 오디오 인터페이스들이 아이패드 (Ipad)와 같은 휴대용 기기를 지원하므로 태블릿 PC와 오디오 인터페이스, 마이크만 으로도 어디에서든 녹음을 할 수 있게 되어있다.

그외 추천 오디오 인터페이스는 MOTU 사의 M2 모델과 Audient 사의 iD4 (MKII) 모델 등이 있다. 오디오 인터페이스 제조사로는 RME, M-audio, Audient, MOTU, AVID, Tascam, Yamaha, Roland, Behringer, Antelope, ESI, AudioProbe, Infrasonic, Universal Audio 등이 있다.

> **레슨 정리**
>
> 시작 단계에서는 낮은 가격의 제품으로 충분하나, 경제적 여유가 있고 더 많은 악기를 동시에 녹음하거나 우수한 음질을 원한다면 높은 클래스의 제품을 구입하는 것이 좋다.

건반은 꼭 필요한 것인가요?

이번 레슨에서는 사용자의 느낌을 직접적으로 음표로 전환할 수 있게 돕는 키보드의 연결 방법과 다양한 유형에 대해 알아본다.

건반의 필요성에 대하여

컴퓨터 음악 제작에 있어 건반의 활용은 중요하다. 마우스를 통한 음표 입력보다 건반을 이용하면 작업자의 음악적 감각을 표현하는 데 더 효과적이다. 또한 다양한 음표를 동시에 입력할 수 있다는 장점이 있다. 건반이 없는 상황에서는 큐베이스의 온 스크린 키보드(ON Screen Keyboard) 기능을 활용하여 컴퓨터 키보드로 음을 입력할 수 있다. 그러나 컴퓨터 키보드를 통한 복잡한 피아노 연주 입력은 어렵다. 특히 음의 강약 조절이 제한적이기 때문에 실시간 연주 표현에 제약이 있다. 간단한 연주나 리듬 입력은 가능하나, 더 복잡한 음악적 표현에는 한계가 있다.

▲ 온 스크린 키보드

디지털 키보드나 디지털 피아노의 뒤 패널에 MIDI 포트 또는 USB 포트가 내장되어 있다면 컴퓨터와 연결하여 사용할 수 있다. 오래전에 출시된 모델들은 MIDI 포트를 대부분 지원한다. 컴퓨터와 건반 연결 방법은 Lesson 8에서 자세하게 다루도록 한다.

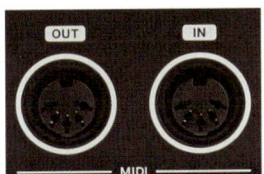 

▲ MIDI 포트   ▲ USB 포트

건반의 종류와 선택 방법

컴퓨터 음악을 위한 건반 선택 시 자신의 연주 스타일이나 용도에 맞게 선택하는 것이 중요하다.

신시사이저(Synthesizer)와 마스터 키보드(Master Keyboard) 신시사이저와 마스터 키보드 모두 미디(MIDI) 정보의 입출력이 가능하다. 신시사이저는 다양한 악기 음색을 내장하고 있으며, 음색 편집과 시퀀싱 기능을 지원하는 모델이 있어서 공연 등에 활용하기 좋다. 하지만 가격이 비싸고, 대부분 내장 스피커가 없어서 별도의 스피커나 헤드폰이 필요하다는 단점이 있다.

▲ Yamaha S90xs

▲ Roland V-Combo VR-09

마스터 키보드는 악기 음색이 없으며, 오직 미디 신호를 송수신할 수 있다. 놉, 페이더, 드럼 패드 등의 컨트롤러가 있고, 신시사이저에 비해 가격이 저렴하다. 단점은 건반 연습 시 컴퓨터와 DAW를 실행해야 하므로 번거롭다.

▲ Alesis VI49

▲ Nektar IMPACT LX49

건반의 개수 건반의 개수는 주로 25, 49, 61, 88개로 구분되며, 이 중 88건반은 일반적인 피아노와 동일한 건반 수를 갖추고 있다. 공간의 제약이나 다양한 음역대 연주의 필요성이 없는 사용자에게는 적은 건반 수를 가진 모델이 적합하다. 하지만 25건반 모델을 사용할 경우, 옥타브 변경을 위해 별도의 버튼을 활용해야 하는 불편함이 있다. 이 모델은 주로 보조 연주나 리듬, 간단한 코드 연주에 활용되곤 한다. 건반을 처음 구매하는 경우, 61건반 이상의 모델을 추천한다. 이는 건반의 수가 많을수록 연주의 편의성이 좋기 때문이다.

건반 터치의 무게 감 피아노와 유사한 무거운 터치를 선호하는 이들에게는 해머 웨이티드 건반이, 다양한 악기 연주에 더 가벼운 터치가 필요한 이들에게는 세미 웨이티드 건반이 적합하다. 연주 강도가 예상보다 약하게 입력될 경우, 벨로시티 커브를 조절하여 개인의 연주 스타일에 맞게 설정할 수 있다. 조절이 불가능한 모델의 경우에는 DAW 상에서 벨로시티 센스를 실시간으로 조정하면 해결된다. 건반 선택에 있어서는 터치 감이 각기 다르므로, 오프라인 매장에서 직접 시험 연주 후 가격대에 맞게 구매하는 것을 권장한다.

> 💡 **팁 & 노트**
>
> **벨로시티 커브에 대하여**
>
> 벨로시티는 노트의 셈 여림 값이다. 단계는 1~127 값으로 되어있으며, 값이 클수록 음량이 크고, 강한 톤으로 연주된다. 벨로시티 커브(Velocity curve)는 사용자가 건반의 벨로시티 민감도(Sense)를 조정할 수 있는 기능이다.
>
>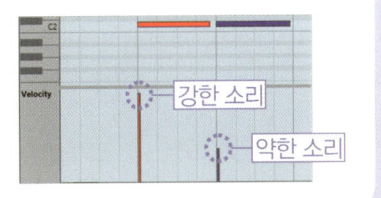

서스테인(댐퍼) 페달 서스테인 페달은 별도 구매가 필요하며, 구매 시 건반과의 극성 일치 여부를 확인해야 한다. 극성 불일치 시, 페달 작동과 소리 지속성이 반대가 되는 문제가 발생할 수 있다. 따라서 제조사가 권장하는 극성의 제품, 또는 극성 변환 스위치가 장착된 제품을 선택하거나, 건반 자체에 극성 변환 기능이 있는 경우 어느 제품이든 선택할 수 있다. 아래 제품들은 10~20만 원대의 마스터 건반들이다.

▲ NEKTAR IMPACT LX+ 시리즈

▲ NEKTAR IMPACT GX 시리즈

▲ M-audio Keystation Mk3 시리즈

▲ Alesis V 시리즈

레슨 정리

건반 선택 시 오프라인 매장 또는 지인의 건반을 눌러본 후 본인에게 맞는 모델을 구입하는 것을 권장한다.

스피커와 헤드폰 중 무엇이 좋나요?

스피커와 헤드폰은 소리를 판단하는 결정적인 장비로, 그들의 객관적인 소리 재현 능력이 부족하다면 작업한 음악이 다른 환경에서 재생될 때 발생하는 소리의 차이로 인해 작업자는 어려움을 겪을 수 있다. 이에 따라 스피커와 헤드폰의 역할, 종류, 그리고 구매 시 고려 사항에 대해 이해하는 것이 중요하다.

스피커와 헤드폰의 용도와 선택 방법

스피커는 오랜 사용에도 귀에 부담을 주지 않고, 헤드폰은 야간이나 이웃에게 소음을 주지 않기 위해 사용한다. 또한, 방이나 작업실이 음향적으로 좋지 않을 경우에도 헤드폰을 사용하여 사운드 체크한다. 각 스피커나 헤드폰 모델마다 음색과 정위감 등의 차이가 있으므로 원하는 소리 성향에 맞는 제품을 선택하는 것이 중요하다. 음악 감상용 스피커나 헤드폰보다는 객관적인 소리를 들려주는 모니터 스피커와 모니터링 헤드폰을 선택하는 것이 좋다. 이렇게 하면 소리 성향을 판단하는데 도움이 된다.

저음역대, 중음역대, 고음역대의 밸런스는 어떠한가?

저음이 크면 킥 드럼이나 베이스 악기는 잘 들리지만, 과하면 다른 음역대의 악기들은 상대적으로 작게 들릴 수 있다. 또한, 고음이 과하면 귀가 쉽게 피로해질 수 있다. 모든 악기의 음량이 밸런스 있게 들리는 것이 좋다.

정위감이 좋은가?

스피커나 헤드폰으로 음악을 들을 때 특정 악기의 위치가 파악되면 [정위감이 좋다]고 말한다. 예를 들어 밴드 곡에서 [일렉 기타가 보컬보다 뒤쪽에 약간 왼쪽에서 연주되고 있다]고 느껴지면 이것을 정위감이 좋다고 할 수 있다. 음악 선택 시 음역대 밸런스와 정위감을 판단해보고 구입하는 것이 좋다.

스피커 선택을 위한 조건 살펴보기

스피커도 비싼 제품일수록 좋은 성능을 가지고 있지만, 처음 시작하거나 예산이 한정되어 있다면 저렴한 스피커를 사용해도 괜찮다. 많은 뮤지션들도 저렴한 스피커로도 훌륭한 결과물을 만들어내고 있는 것을 보면 처음부터 고가의 스피커를 구입하기보다는 상황에 맞게 업그레이드하는 것이 좋다.

소리 성향은 어떠한가?

주변에 스피커를 가지고 있는 지인이나 또는 스피커 매장에서 자신이 많이 듣는 CD 또는 스마트폰 안의 음원을 재생하여 직접 들어보고 자신의 성향에 맞는 모델을 구입해야 한다.

패시브(Passive)인가? 액티브(Active)인가?

스피커는 액티브 방식과 패시브 방식으로 나뉜다. 액티브는 내장 앰프로 소리를 낼 수 있고, 패시브는 별도 앰프를 사용해야 한다. 액티브 스피커는 소리 성향이 일정하고 앰프 구매가 필요 없어 편리하다. 패시브 스피커는 스피커와 여러 앰프를 조합해 개인의 시스템을 만들 수 있다. 현재는 대부분의 모니터 스피커가 액티브 방식이며, 처음 구입 시 액티브 스피커를 추천한다. 아래의 스피커들은 5~30만 원 대에서 많이 사용되는 제품들이며, 모니터 스피커를 구매할 때 1조(2통)인지 1통인지 확인한다.

◀ Britz-1000a plus

☑ 위 Britz-1000a plus 모델은 모니터 스피커가 아닌 PC 스피커지만 5만원대로써 처음 시작하기에 괜찮은 제품이다.

▲ Presonus Eris05 XT   ▲ KRK RP5 G4   ▲ Tascam VL-S5   ▲ YAMAHA HS5

≡ 헤드폰 선택을 위한 조건 살펴보기

헤드폰 선택을 위한 예산과 소리 성향은 스피커 설명 시 내용과 같다.

착용감은 어떠한가?

헤드폰을 장시간 사용하게 될 경우 귓바퀴 또는 머리 윗부분에 불편함을 느낄 수 있다. 그러므로 이어 패드가 귓바퀴를 모두 덮는 사이즈, 머리 윗부분의 압박이 심하지 않는 제품을 추천한다.

오픈형인가? 밀폐형인가?

오픈형과 밀폐형의 차이는 헤드폰의 소리가 바깥으로 새어 나가는가? 새어 나가지 않는가?의 차이다. 오픈형은 소리가 자연스럽고 저음이 깔끔하게 들리는 성향이 있다. 단점으로 외부의 소리가 들어오고, 반대로 헤드폰의 소리도 밖으로 새어 나가므로 주변 사람에게 피해를 줄 수 있다. 그리고 앞에서 언급한 저음이 깔끔하다는 기준은 어떤 사람에게는 [저음이 부족하다]라는 느낌을 줄 수도 있다. 밀폐형은 외부의 소음이 잘 들리지 않고 헤드폰의 소리도 새어 나가지 않는다. 그리고 저음이 풍부해 드럼이나 베이스 사운드를 체크하기에도 용이하다. 그러나 오래 착용할 경우 오픈형에 비해 청각에 무리를 줄 수 있으며, 클래식 또는 자연스러운 사운드를 추구하는 사람들에게는 [저음이 많다]라는 느낌을 줄 수 있다. 헤드폰 구매 시 지인이 보유한 헤드폰이나 헤드폰 매장에서 자신의 뮤직 플레이어나 스마트폰으로 자신이 많이 듣던 음악을 들어보고 착용감도 확인한 후에 선택하는 것을 추천한다. 다음은 10~20만 원 대에 많이 사용하는 제품들이다.

▲ KRK KNS-8400

▲ SHURE SRH840

▲ SONY MDR-7506

▲ SENNHEISER HD 569

> **레슨 정리**
>
> 한 가지 중요한 점은 스피커나 헤드폰에 자신의 귀를 맞춰야 한다는 것이다. 자신의 스피커 및 헤드폰으로 믹싱(Mixing)이 잘 된 좋은 음반들을 많이 청취하면서 [이 음악의 저음역대, 중음역대, 고음역대가 내 스피커에서는 이 정도의 밸런스(Balance)로 들리는구나. 나도 이 정도 밸런스로 믹싱하면 되겠다]는 생각을 가지고 작업하길 바란다. 그리고 믹싱 후에는 하나의 스피커에서만 듣지 말고 자신이 많이 듣는 이어폰, PC 스피커, 차 안의 오디오 시스템 등 여러 곳에서 체크하는 것이 좋다.

마이크는 어떤 것이 좋을까요?

큐베이스 작곡 및 편곡 후 노래 녹음을 위해 마이크가 필요하다. 이번 레슨에서는 마이크의 종류와 선택 방법에 대해 학습할 것이다. 마이크는 소리를 녹음하기 위해 필수적인 장치로서 정식 명칭은 마이크로폰이다. 마이크의 원리는 사람이나 악기로 발생한 소리가 공기를 통해 전달되어 마이크의 얇은 막인 다이어프램을 진동시킨다. 이 진동으로 미세한 전기 신호를 생성한다.

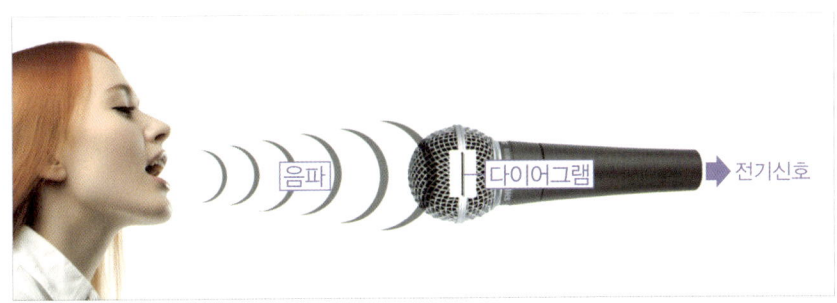

마이크 종류 살펴보기

마이크는 작동 방식에 따라 다음과 같이 크게 2가지로 분류된다.

다이내믹 마이크(Dynamic Microphone) 다이내믹 마이크는 일반적으로 노래방이나 공연장에서 보컬이 사용하는 마이크이다. 장점으로는 내구성이 뛰어나 튼튼하며, 큰 소리에도 강하므로 락(Rock) 보컬, 드럼, 기타 앰프의 큰 소리를 수음할 경우 많이 사용한다. 단점으로는 감도가 둔하다는 것이다.

콘덴서 마이크(Condenser Microphone) 콘덴서 마이크는 녹음실에서 많이 사용되며, 팬텀 파워(v48)가 공급되어야만 마이크가 작동된다. 장점으로는 흡음력이 뛰어나 섬세한 소리의 녹음이 가능하며, 단점으로는 내구성이 약하므로 충격의 주의해야 한다.

마이크 선택 방법

가이드용 녹음은 저가의 다이내믹 마이크도 충분하며, 더 좋은 품질을 원한다면 10만 원 이상의 콘덴서 마이크를 구입할 수 있다. 주변이 소음이 많으면 감도가 낮은 다이내믹 마이크를, 조용한 곳에서 섬세한 음색으로 녹음하려면 콘덴서 마이크를 추천한다. 마이크의 제조사와 모델에 따라 주파수 응답률에 차이가 있어 음색도 다를 수 있다.

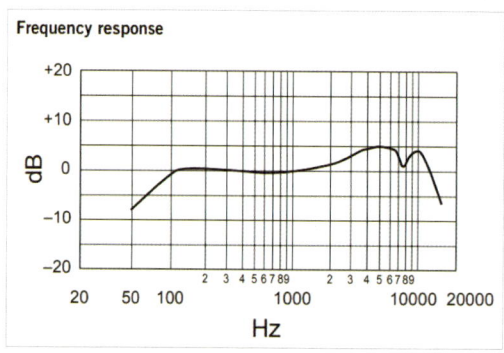

▲ Shure사의 SM58 마이크 주파수 응답률

위 그래프는 슈어(Shure) 사의 SM58 마이크의 주파수 응답률이고, 마이크의 음색에 대한 정보를 확인할 수 있다. 높은 가격의 마이크가 모든 보컬 음색이나 장르에 맞는 것은 아니며, 저렴한 마이크도 어울리는 경우가 있다. 콘덴서 마이크를 구입할 때는 팬텀 파워(48V)를 지원하는 오디오 인터페이스가 필요하다. 다음은 1~30만 원 대에 많이 사용되는 모델들이다.

다이내믹 마이크로폰 Audio-technica AT-818II 모델은 낮은 가격대로 부담없이 쓰기에 좋으며, Shure SM58 모델은 많이 사용되는 베스트셀러 마이크이다.

▲ Shure SM58

◀ Shure beta58A

◀ audio-technica AT-818 II

콘덴서 마이크로폰 다음은 20~30만 원대에 많이 사용되는 모델들이다.

▲ Lewitt LCT 240 PRO　　　▲ MXL 2006　　　▲ Avantone CK-6

마이크로 녹음을 할 경우 마이크 스탠드를 사용하여 마이크를 손에 쥐고 발생하는 핸드 노이즈를 방지할 수 있으며, 팝 필터(Pop Filter)는 노래 녹음 중 파열음(ㅃ, ㅂ, ㅍ 등) 발음 시 생기는 팝핑(Popping) 노이즈를 차단해 주고, 침과 같은 오염물로부터 마이크를 보호해 준다.

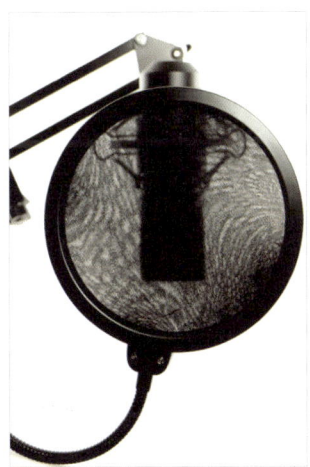

◀ Pop Filter

> 📝 **레슨 정리**
>
> 큐베이스를 입문하는 단계에서 장비 구입 시 컴퓨터, 오디오 인터페이스, 건반 구입을 우선으로 하고, 마이크는 추후에 구입해도 무방하다.

오디오 커넥터의 용도는 무엇인가요?

오디오 인터페이스와 악기, 스피커 등의 장비를 오디오 케이블에 연결할 때에는 여러 생김새의 커넥터(Connector)들을 사용한다. 이번 레슨에서는 커넥터의 종류와 용도에 대해 알아본다.

XLR 커넥터 살펴보기

1) 오디오 라인은 밸런스(balance) 타입과 언밸런스(Unbalance) 타입으로 구분할 수 있는데, 밸런스 타입은 프로 오디오에서 쓰이는 타입으로 장거리 연결에 사용되며 노이즈도 적다.

XLR(일명 캐논) 커넥터는 밸런스(Balance)1) 타입의 커넥터로 암(Female)과 수(Male)로 구분된다. 주로 마이크 연결에 사용되며, 프로 오디오 장치에서 스피커, 레코더, 플레이어 등 다양한 용도로 범용적으로 사용된다.

◀ XLR 커넥터 암(좌측)과 수(우측)

마이크와 오디오 인터페이스와 연결할 때 마이크는 암 커넥터와 연결하고, 오디오 인터페이스는 수 커넥터와 연결하면 된다.

▲ 커넥터 연결방법

폰(Phone) 커넥터 살펴보기

일명 55 커넥터로 불리는 1/4인치 커넥터로 TS의 언밸런스 타입과 TRS의 밸런스 타입으로 구분된다.

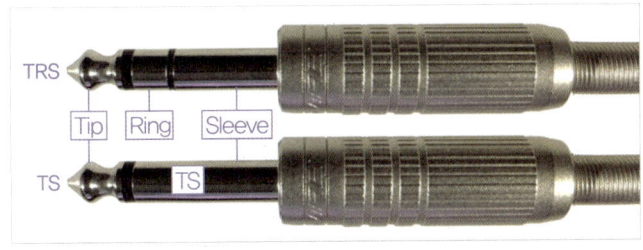

TS 커넥터는 Tip, Sleeve 2개의 부분으로 구성되고, TRS 커넥터는 Tip, Ring, Sleeve 3개의 부분으로 구성된다. 악기와 연결되는 케이블에는 TS 커넥터를, 이어폰이나 헤드폰의 케이블과 프로 오디오에는 TRS 커넥터를 주로 사용한다. Phone 커넥터는 XLR 커넥터와 함께 널리 사용되는 커넥터이다.

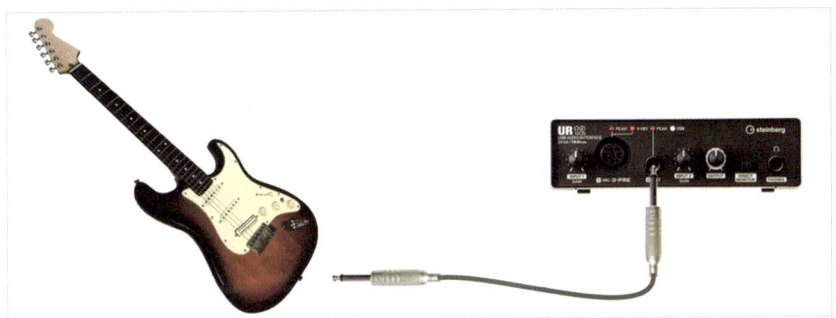

▲ 커넥터 연결방법

포노(Phono) 커넥터 살펴보기

보편적으로 RCA 커넥터라고 불리며 일반적으로 TV 또는 셋톱박스, 오디오 연결 등에 많이 사용된다. 음향 신호뿐만 아니라 영상 신호를 주고받을 때도 사용되는 커넥터이다. Phono 커넥터는 언밸런스 타입만 있다.

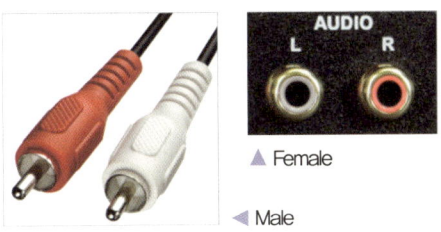

▲ Female

◀ Male

이 외에도 다른 종류의 커넥터들이 있지만 지금까지 설명한 커넥터만 알아도 기본적인 연결은 가능하다.

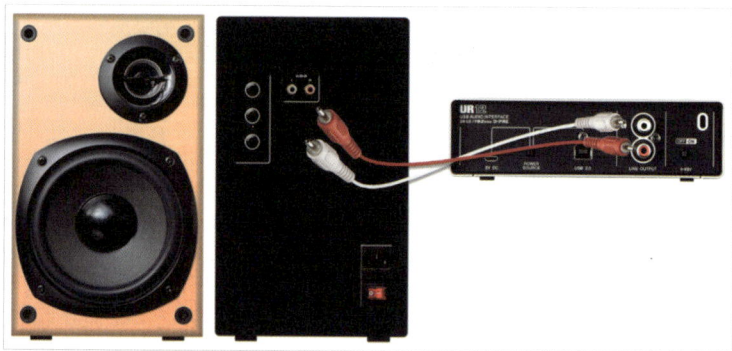
▲ 커넥터 연결방법

서로 다른 종류의 커넥터와의 조합과 어댑터 살펴보기

같은 커넥터로만 짝을 이루지 않고, XLR-TRS나 TS-Phono 등과 같은 다른 종류의 커넥터로 제작된 케이블도 있으며, 주문 제작도 가능하다.

▲ TRS(M)-XLR(M)

커넥터의 종류를 잘못 알고 구입했다 하더라도 변환 어댑터(일명 젠더)를 사용하여 변환할 수 있다.

◀ TS to RCA Adapter

> **레슨 정리**
>
> 오디오 장비 간 케이블을 연결할 경우 스피커나 앰프의 전원을 반드시 끄고 연결해야 한다. 전원이 켜져 있는 상태에서 연결하게 되면 노이즈로 인해 스피커가 손상될 수 있기 때문이다.

장비들은 어떻게 연결하나요?

이번 레슨에서는 오디오 인터페이스를 중심으로 한 악기 및 오디오 장비의 연결 방법을 다음 그림을 참고하여 설명해 본다.

❶ **오디오 인터페이스와 컴퓨터의 연결** 드라이버 설치 CD나 해당 메이커의 사이트에서 드라이버를 다운로드하여 설치1)한 후, USB 케이블로 컴퓨터와 오디오 인터페이스를 연결한다. 컴퓨터에는 USB(A) 타입을 연결하고, 오디오 인터페이스에는 USB(B) 타입을 연결한다.

1) 오디오 인터페이스 드라이버는 제조사 사이트에 접속하여 업데이트 버전 확인 후 반드시 최신 버전의 드라이버를 다운로드 받아 설치해야 한다. 또한 컴퓨터의 다른 장치(그래픽 카드 등)도 최신 드라이버로 유지할 때 더 좋은 성능을 발휘한다.

◀ USB(A) – USB(B) 케이블

주의할 점은 USB 단자는 본체 뒤 패널의 USB 단자에 연결해야 한다는 것이다. 앞 패널의 USB 단자는 전류가 약하여 원활한 연결이 어려울 수 있다. 그리고 오디오 인터페이스가 USB 3.0(파란색 USB 포트)을 지원하지 않는다면 USB 2.0(검은색 USB 포트) 포트에 연결한다.

오디오 인터페이스가 인식되지 않을 시 원인
드라이버를 설치하지 않았을 경우 운영체제에 맞지 않는 드라이버 설치했을 경우 오디오 인터페이스를 컴퓨터 앞 패널에 연결했을 경우

오디오 인터페이스 드라이버 설치 완료, 연결 후에 노이즈가 생길 시 원인
USB 3.0를 호환 및 지원하지 않는 장치를 USB 3.0 포트에 연결했을 경우 오디오 케이블에 문제가 있을 경우 전기에 문제(접지 문제나 멀티 탭 연결 문제)가 있을 경우

❷ **오디오 인터페이스와 스피커의 연결** 오디오 인터페이스의 아웃풋(Output) 단자와 스피커의 인풋(Input) 단자에 연결한다. 모델마다 지원하는 커넥터들이 다르기 때문에 각 제품에 맞는 커넥터들을 알아보고 구입하면 된다.

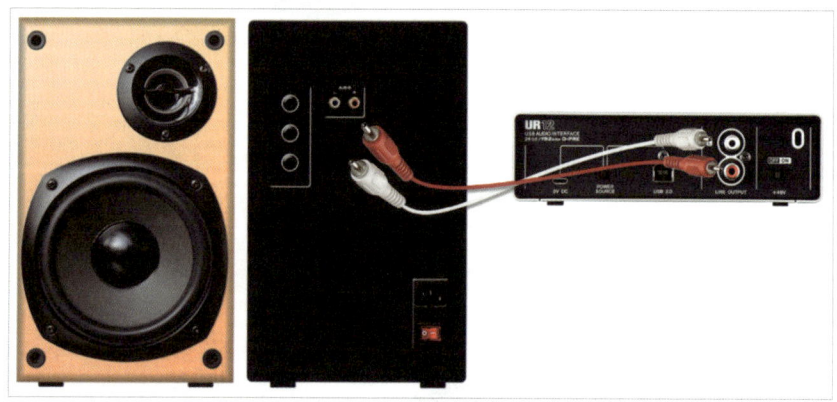

집에 있는 스피커를 사용한다면

일반적으로 집에 있는 오디오 시스템의 스피커가 패시브 방식이므로 오디오 인터페이스에 직접 스피커를 연결할 경우 소리가 출력되지 않는다. 이때는 오디오 시스템에 스피커를 원래대로 연결하고, 오디오 시스템 본체의 외부 입력(AUX) 단자와 오디오 인터페이스와 연결하면 된다.

❸ **오디오 인터페이스와 마이크의 연결** 마이크와 오디오 인터페이스는 XLR(암) - XLR(수) 케이블로 연결하고, 출력 설정은 큐베이스에서 해야 한다. 자세한 내용은 Lesson 32에서 다루기로 한다.

연결 후 소리가 나지 않는 원인
케이블이 단선되었을 경우 콘덴서 마이크인 경우 팬텀 파워(48v) 스위치를 켜지 않았을 경우 마이크 인풋 단자 옆에 있는 게인(Gain)을 적당히 올리지 않았을 경우(보통 10시~2시 방향) 큐베이스에서 설정 문제의 경우

마이크 구입 시 XLR(암) - TS(수) 케이블을 제공하는 모델들이 있다. 이러한 케이블과 같은 경우에는 다이내믹 마이크는 사용 가능하지만 콘덴서 마이크는 사용이 불가능하다. 그 이유는 팬텀 파워를 작동시켜도 팬텀 파워가 공급되지 않기 때문이다. 그러므로 모든 마이크는 XLR(암) - XLR(수) 케이블을 사용하는 것을 권장한다.

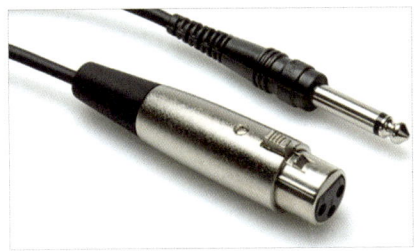

◀ XLR(암) - TS(수) 케이블

❹ **오디오 인터페이스와 악기의 연결** 오디오 인터페이스와 기타(Guitar) 및 신시사이저의 연결은 일반적으로 Instrument, Hi-Z, Line으로 명시된 단자에 연결한다. 인풋단이 콤보 방식으로 되어있는 경우에는 가운데 홀에 기타 케이블을 연결한다.

◀ Combo 방식

❺ **헤드폰과의 연결** 헤드폰 연결 시 오디오 인터페이스의 뮤트 기능에 주의해야 한다. 일부 오디오 인터페이스는 헤드폰 연결 시 메인 스피커를 자동으로 뮤트시키기도 한다. 스피커 소리가 들리지 않을 경우 이 기능도 확인해야 한다.

❻ **건반과의 연결** 최근 출시되는 마스터 건반이나 신시사이저(디지털 피아노)를 컴퓨터와 연결할 경우 USB 케이블을 이용하여 연결하면 된다.

◀ USB B Type 포트

건반 뒤 패널의 USB(B Type) 포트와 컴퓨터의 USB(A Type) 포트를 케이블로 연결한다. 케이블은 USB(A) - USB(B) 타입을 사용하며, 필요 시 대형 마트나 전자제품 매장에서 쉽게 구입할 수 있다. 일부 모델은 드라이버 설치가 필요한 경우도 있다.

건반이 USB 방식이 아닌 5핀 단자를 지원할 경우의 연결 방법

오디오 인터페이스 뒤쪽 패널에 MIDI 5핀 단자가 있는 경우 5핀 케이블을 구입 후 건반의 MIDI OUT과 오디오 인터페이스의 MIDI IN에 연결한다.

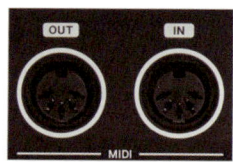 

▲ MIDI 5핀   ▲ 5핀 케이블

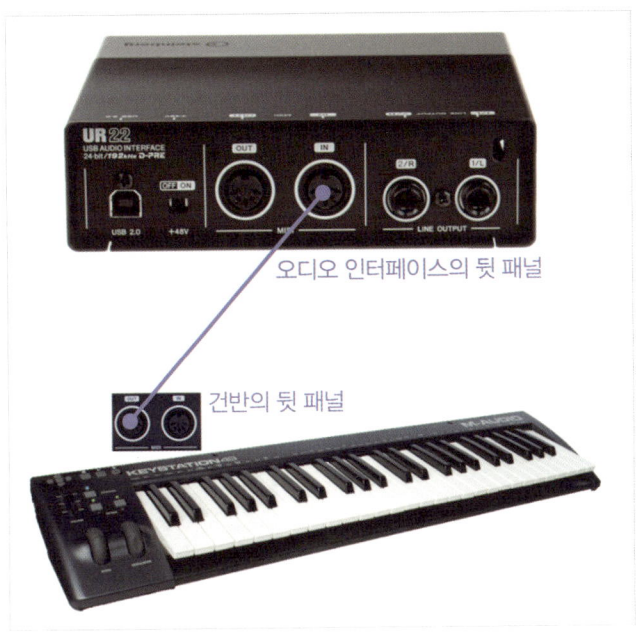

오디오 인터페이스의 뒷 패널

건반의 뒷 패널

만약 오디오 인터페이스에 MIDI 5핀 단자가 없다면 USB 방식의 미디 케이블을 구입하여 건반과 컴퓨터를 연결하면 된다.

◀ USB 미디 케이블(ESI사 MIDIMATE eX)

스피커의 위치와 높이 설정하기

다음의 그림은 스피커의 위에서 아래를 바라본 위치를 보여준다. 스피커와 벽 사이에는 30cm 이상의 간격을 유지하는 것이 좋다. 벽과 가까이 위치할 경우 반사음으로 인해 정확한 모니터링이 어려울 수 있다. 또한, 스피커 사이와 듣는 사람의 귀 사이의 거리를 동일하게 조정하여 정삼각형 형태를 만들어야 한다.

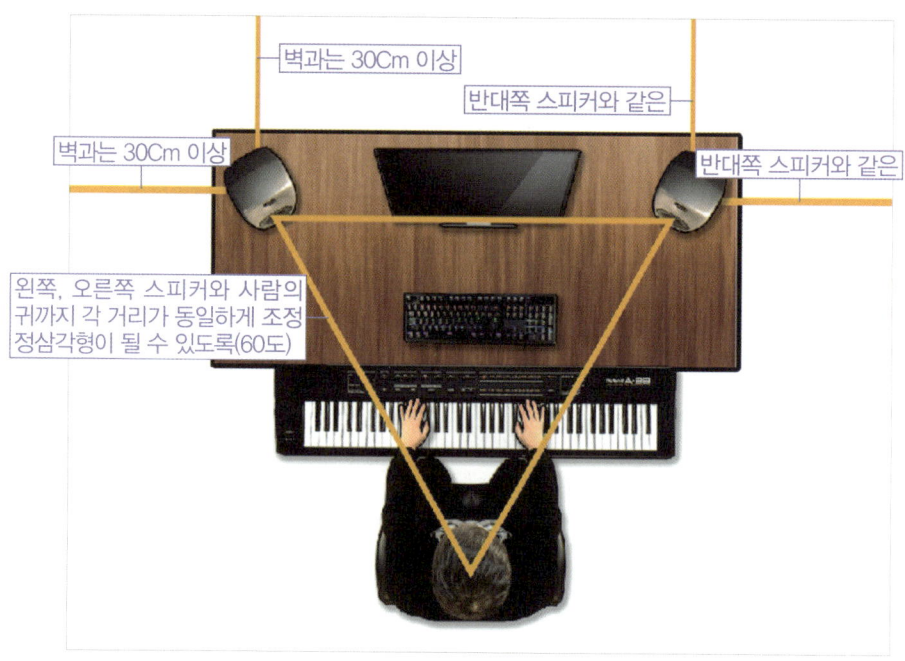

스피커의 높이는 우퍼(저음 담당)와 트위터(고음 담당) 중간에 귀를 맞춘다.

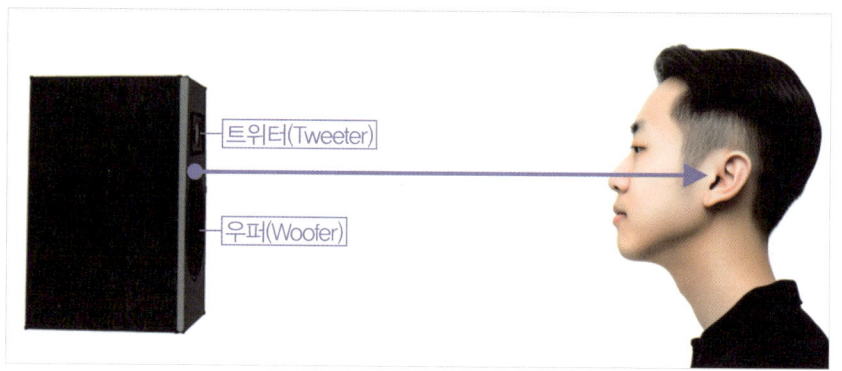

> 📝 **레슨 정리**
>
> 장비마다 커넥터가 다르더라도 여러 조합으로 제작된 케이블들이 시중에서 나와 있으므로 커넥터에 맞게 구입하여 연결하면 된다.

큐베이스는 어떻게 설치하나요?

이번 레슨에서는 큐베이스 설치 방법과 인증 방법에 대해 살펴보도록 한다.

인증 및 설치 전 알아두어야 할 사항

① 큐베이스 인증 및 설치 작업 시 인터넷 연결이 필요하다.

② 큐베이스 11버전 이하의 버전은 동글키를 사용하기 때문에 인증된 11 버전에서는 하위 버전을 사용할 수 있다. 하지만 12 버전부터는 온라인 인증 방식으로 변경되어 하위 버전 사용이 불가능하다.

③ 큐베이스 9버전 이후부터는 윈도우 64비트만 지원된다.

스테인버그(Steinberg) 사이트에 가입하기

① 웹 브라우저의 주소창에 www.steinberg.net 을 입력하여 스테인버그 사이트에 접속한다.

② 사이트의 'MySteinberg' 항목을 클릭한다.

③ 다음 화면에서 [Create account] 버튼을 클릭하여 회원가입을 신청한다.

❹ 사용자 정보 입력 창이 열리면 ❶이메일 주소 입력, ❷패스워드 입력, ❸국가 선택, ❹[Please confirm...]를 체크한 후 ❺[Next] 버튼을 누른다. 입력한 메일 주소에 스테인버그에서 가입 확인 메일이 전송됨으로 정확한 주소를 입력해야 한다.

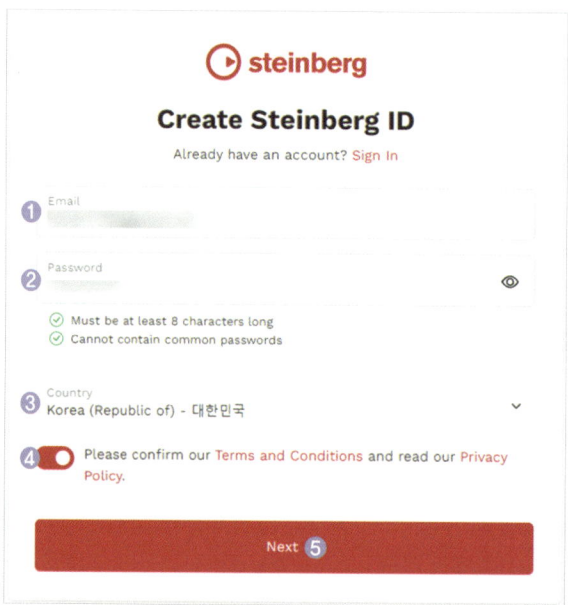

❺ 이후 이메일을 통해 인증번호를 입력해야 하는 창이 표시된다

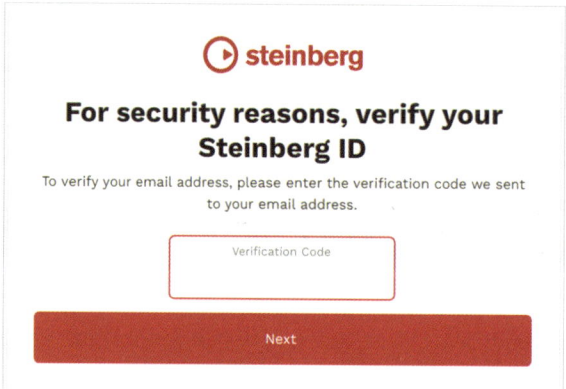

❻ 앞서 입력한 이메일로 들어간 후 ❶[Verify your Steinberg ID]란 제목의 메일을 클릭 후 메일 내용에 있는 ❷[인증번호 6자리]를 이전에 표시된 창에 ❸[입력]하여 본인 ❹[인증]을 ❺[완료]한다.

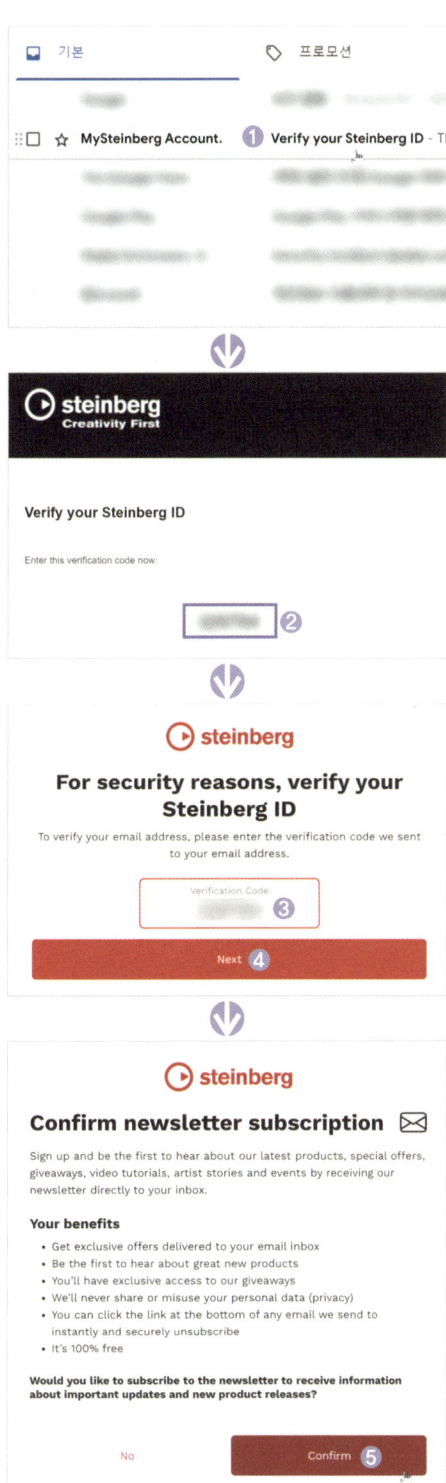

큐베이스 설치하기

1 Steinberg 사이트에서 [Support] 메뉴를 클릭한다.

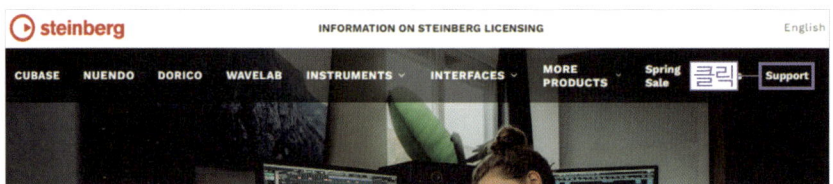

2 다음 화면에서 [Downloads] 항목을 클릭한다.

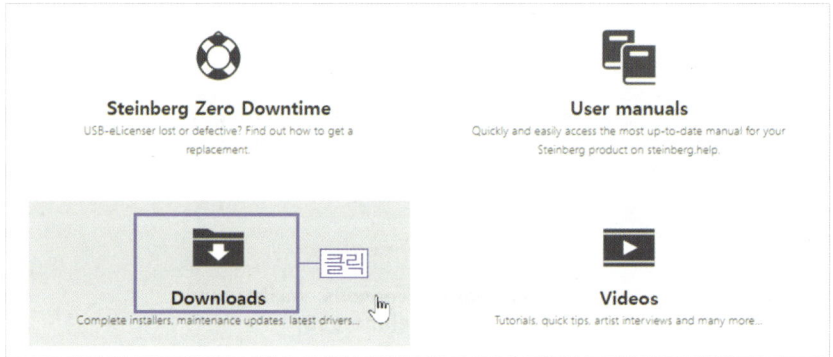

3 다음 화면에서 Download Software의 ❶[Choose product] 메뉴에서 ❷[Cubase 12]를 선택한다.

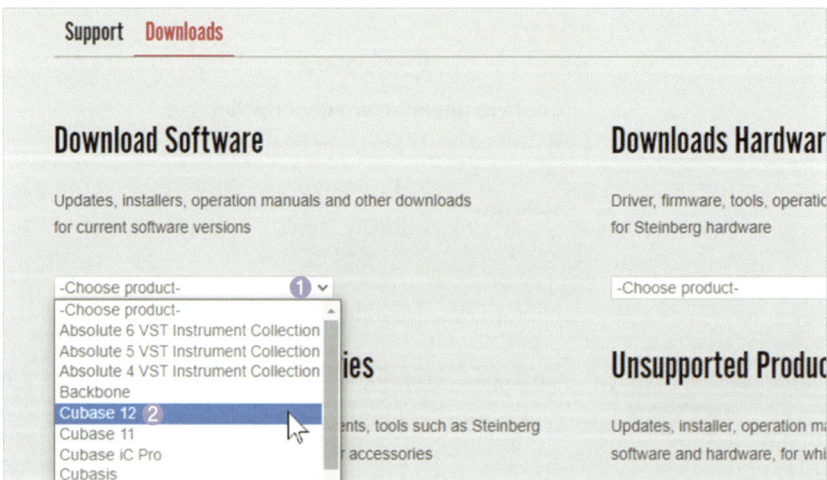

④ 다음 화면에서 [STEINBERG DOWNLOAD ASSISTANT] 링크를 클릭한다

⑤ 자신의 운영체제(맥 또는 윈도우즈)에 맞는 버전을 클릭하여 다운로드 받는다.

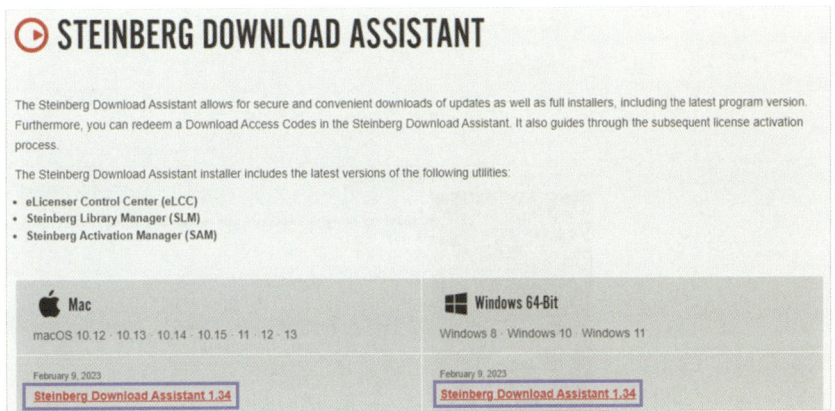

⑥ 다운로드 받은 파일을 실행하여 설치를 진행한다.

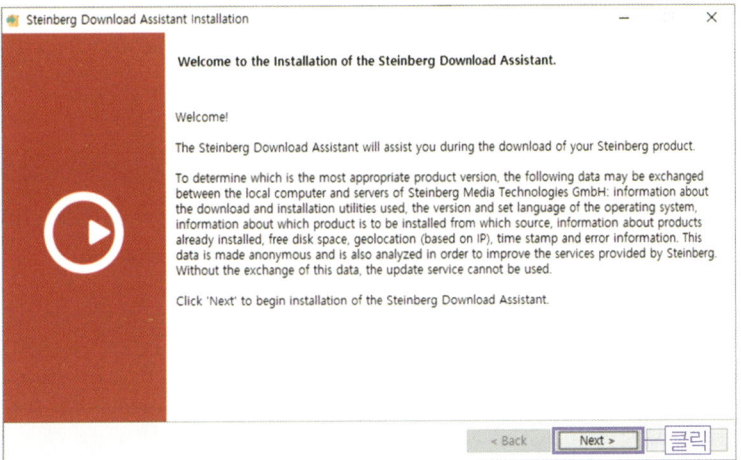

⑦ 라이선스 동의 창에서는 ❶[I accept the agreement]를 체크한 후 ❷[Install] 버튼을 클릭한 후 ❸[OK] 버튼을 클릭하여 설치를 진행한다.

시작하기 **051**

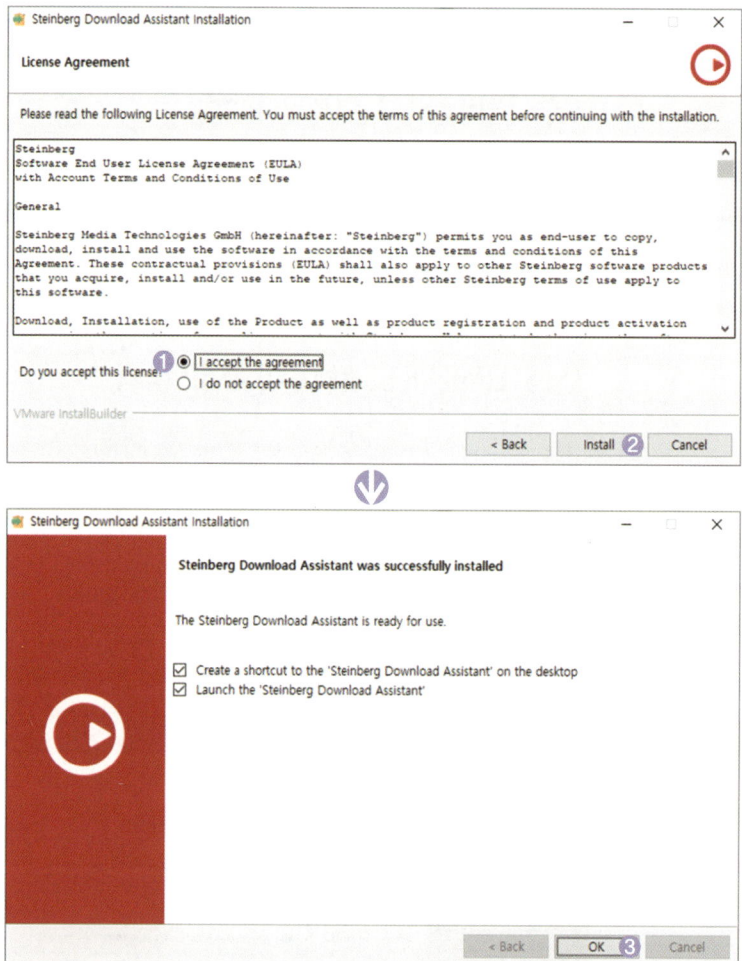

⑧ 프로그램 설치 후 ❶[Steinberg Download Assistant]를 실행한다. 그리고 자신이 구매한 ❷[Cubase 버전]을 선택한 후 오른쪽 창에 있는 큐베이스 프로그램과 악기 및 샘플들의 ❸[Install] 버튼을 클릭하여 설치를 해놓는다.

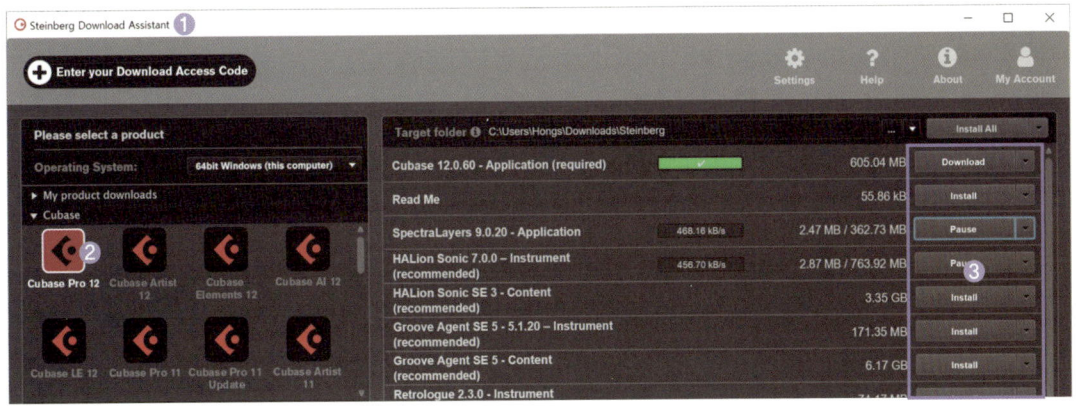

제품 코드 등록하기

Steinberg Download Assistant 창에서 ❶[Enter your Download Access Code] 버튼을 누른 후 입력 창이 뜨면 Steinberg 사이트에서 구매 후 제공 받은 Code 또는 제품 패키지 속 카드에 있는 ❷[Code]를 입력한 후 ❸[OK] 버튼을 눌러 제품을 등록한다.

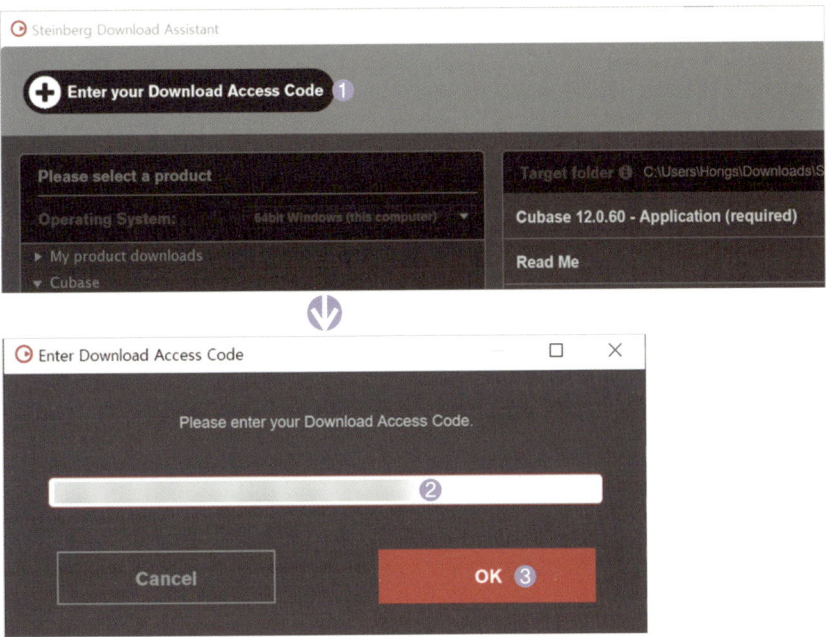

제품 인증 정보 확인하기

❶ Steinberg 웹사이트에서 ❶[MySteinberg] 버튼을 클릭한 후 앞서 등록한 자신의 ❷[계정 정보]를 입력하여 ❸[로그인] 한다

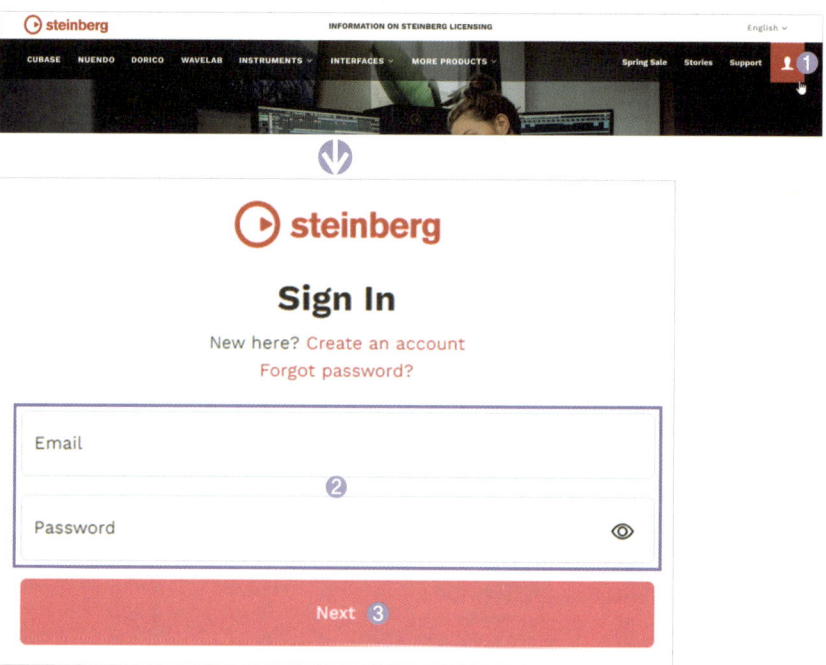

❷ 로그인 후 다음 화면에서 ❶[Products] 항목에서 ❷[Show Steinberg Licensing-based products]를 클릭한다.

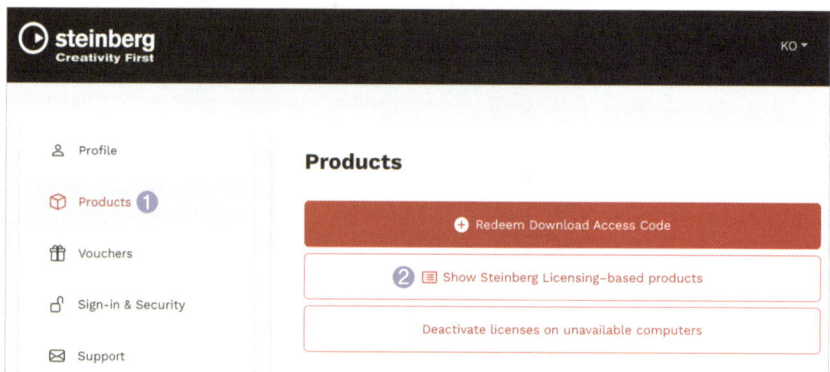

❸ 다음 화면에서 자신의 큐베이스 버전 항목에서 오른쪽 [화살표] 아이콘을 클릭하면 인증한 PC대 수와 인증 날짜가 표시된다.

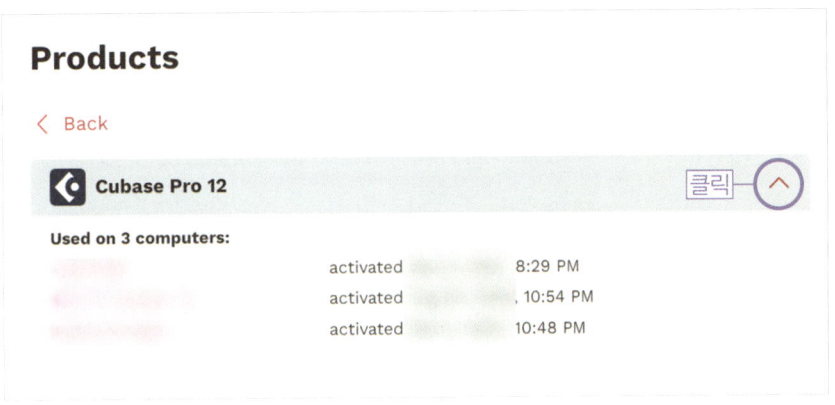

제품 인증 해제하기

이전에는 큐베이스가 인증된 본인의 컴퓨터를 업그레이드를 하였거나, 타인에게 양도(판매)를 했을 경우 해당 컴퓨터에 인증을 해제하는 것은 불가하여 Steinberg 또는 Yamaha Music Korea에 인증 해제 신청을 해야 됐지만 하지만 지금은 간단하게 해당 컴퓨터가 없더라도 인증 해제가 가능하다.

❶ ❶[Products] 항목에서 ❷[Deactivate licenses on unavailable computers]를 클릭한다.

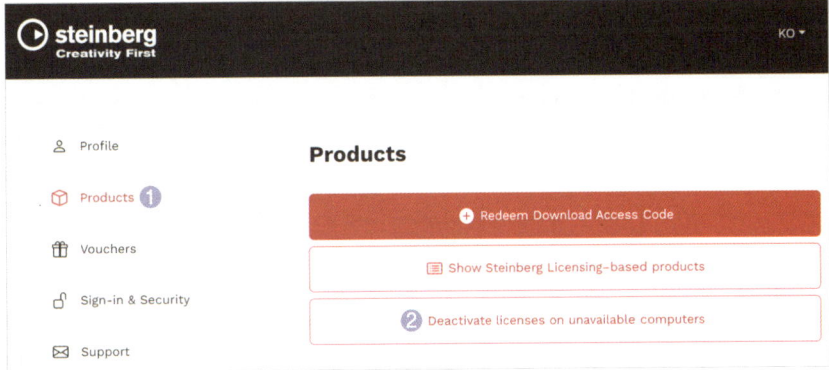

인증 해제 창이 열리면 인증 해제를 하고자 하는 컴퓨터의 [Deactivate] 버튼을 클릭하면 된다.

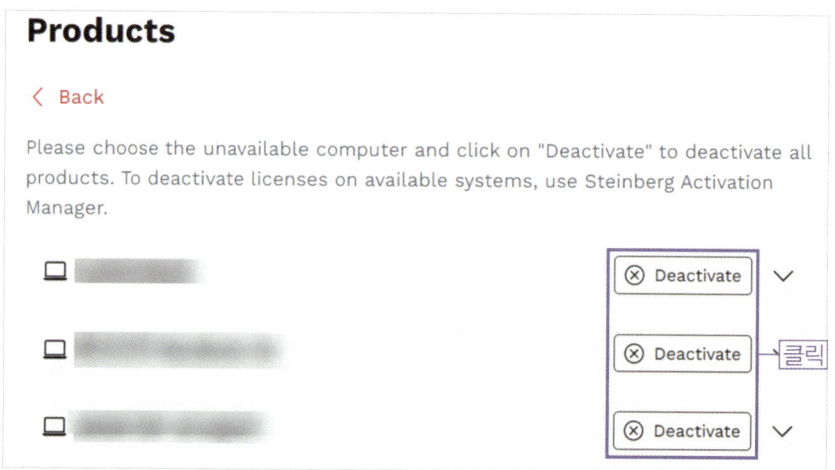

> **레슨 정리**
>
> 큐베이스 12 버전부터 온라인 라이선스가 적용되어 계속적으로 불편한 점에 대한 개선이 이루어지고 있어 더 나은 방향으로 발전될 것이다. 그리고 추후에 높은 버전이 출시될 경우 스테인버그 홈페이지에서 업그레이드 방식으로 신용카드를 이용하여 제품을 구입할 수 있다.

오디오 설정은 어떻게 하나요?

장비들 간에 케이블 연결이 완료되었다면 큐베이스 내에서 자신의 환경에 맞게 오디오 설정을 해주어야 한다. 이번 레슨에서는 오디오 인터페이스의 유무에 따른 큐베이스 설정에 방법에 대해 알아보도록 한다.

레이턴시(지연 시간)에 대해 알아보기

내장형 사운드 카드를 이용할 때 큐베이스에서는 소리가 지연되어 출력된다. 이 문제를 Windows 전용 프로그램인 ASIO4ALL을 사용하여 지연 시간은 줄일 수 있다. 기본 설정인 Generic Low Latency Asio Driver의 Output Latency는 약 20ms, 즉 0.020초로 설정되어 있다. 이는 건반을 눌렀을 때 소리가 0.020초 지연되어 출력된다는 의미이며, 이 정도의 지연된 소리는 인간의 청력(뇌)으로 인지 가능하다.

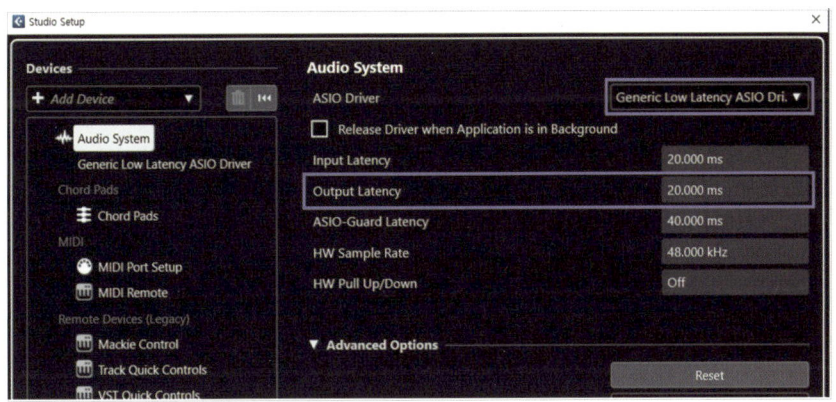

ASIO Driver를 [ASIO4ALL]으로 설정했을 경우 0.015초로 기본 드라이버보다 레이턴시가 2배 이상 빠르다. 레이턴시는 ASIO4ALL 설정 창에서 더욱더 빠르게 시간을 줄여줄 수 있으나 과도하게 설정할 경우 노이즈 등의 안정성 문제가 발생할 수 있다.

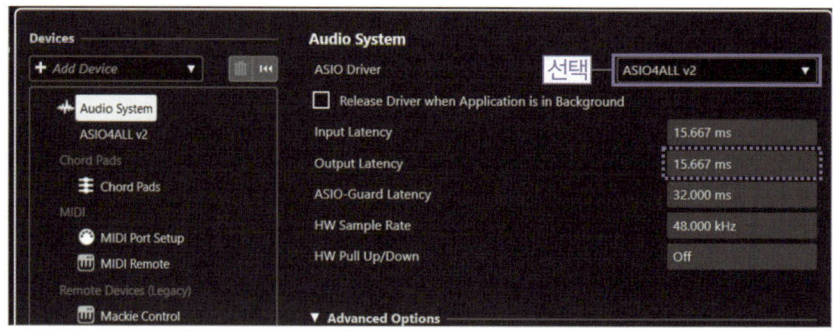

오디오 인터페이스가 있을 경우에는 짧은 레이턴시와 음질의 향상까지 얻을 수 있다. 아래의 그림은 ASIO4ALL으로 설정했을 때와 오디오 인터페이스로 설정했을 때의 레이턴시 차이다.

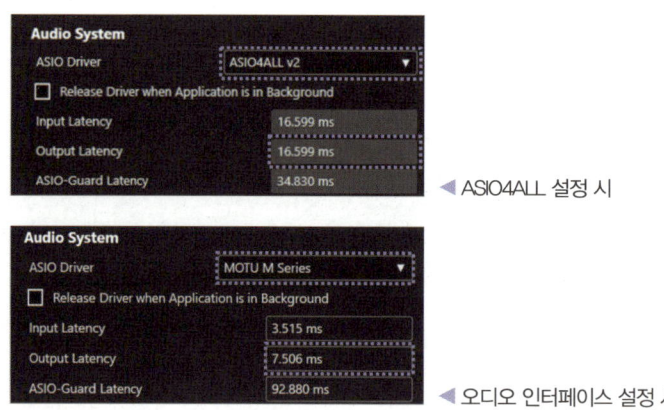

◀ ASIO4ALL 설정 시

◀ 오디오 인터페이스 설정 시

ASIO4ALL을 이용해 레이턴시를 줄일 수 있지만, 오디오 인터페이스에 비해 안정성이 떨어져 노이즈가 발생할 수 있다. 오디오 인터페이스도 레이턴시를 과도하게 줄이면 문제가 발생할 수 있지만, 내장 사운드 카드나 ASIO4ALL에 비해 안정성이 더 높다.

오디오 인터페이스가 없을 때 ASIO4ALL 드라이버 설치하기

① 웹 브라우저의 주소 창에 https://www.asio4all.org/를 입력하여 해당 사이트에 접속한 다음 자신이 원하는 언어를 선택한다. 여기서는 영어를 선택해 본다.

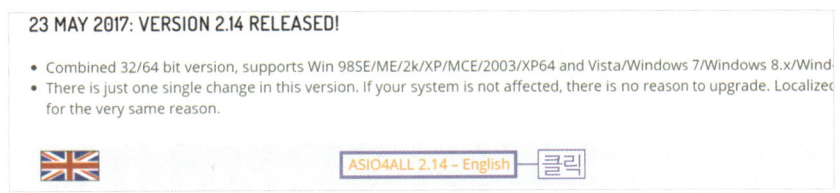

② 다운로드가 완료된 Setup 파일을 실행한 후 [Next] 버튼을 클릭합니다.

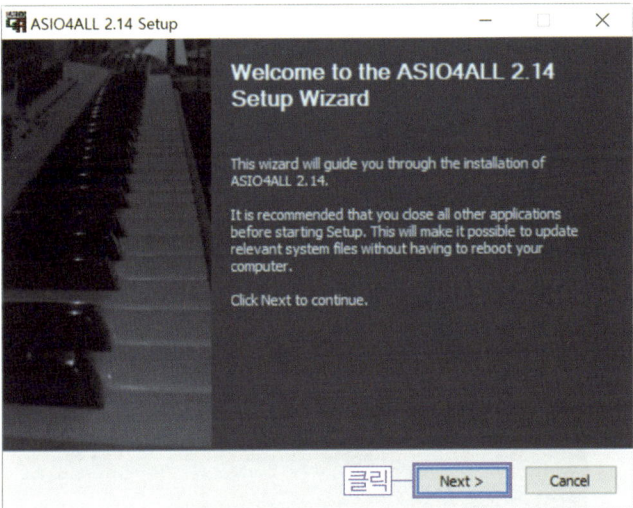

③ ❶[I accept the terms in the License...] 체크 후 ❷[Next] 버튼을 클릭한다

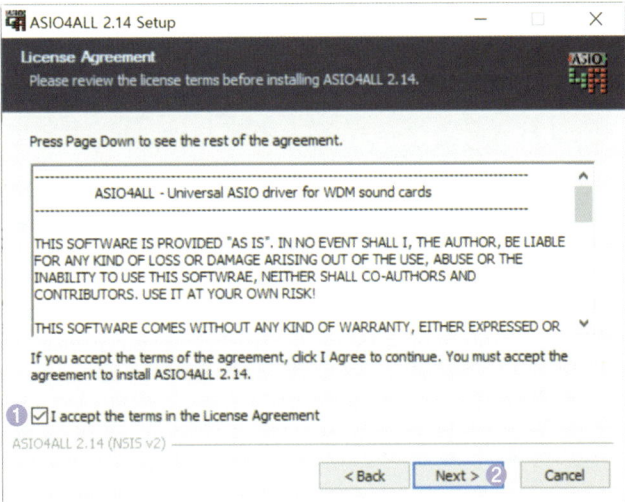

시작하기 **059**

❹ ❶[ASIO4ALL v2] 항목만 체크한 후 ❷[Next] 버튼을 클릭한다

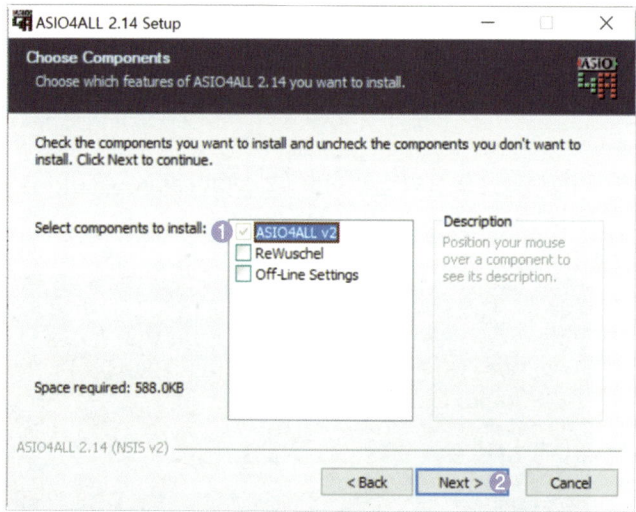

❺ 설치하고자 하는 폴더를 확인(지정) 후 [Install] 버튼을 클릭합니다.

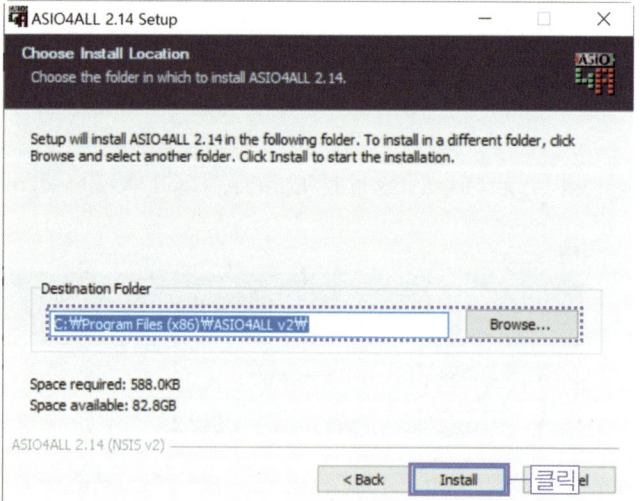

❻ [Finish] 버튼을 눌러 설치를 완료한다.

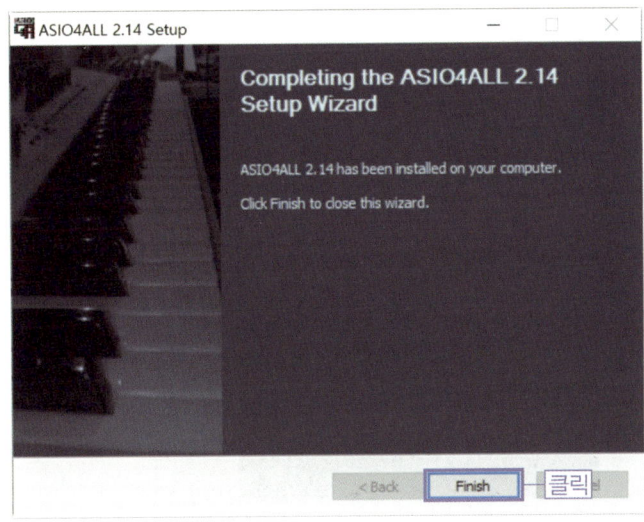

오디오 인터페이스가 있을 때 드라이버 설치하기

오디오 인터페이스 제조사 사이트에 접속하여 최신 드라이버를 다운로드 하여 설치한다.

일반적으로 드라이버는 오디오 인터페이스의 제조사 홈페이지의 [고객지원] 탭이나 [Support] 탭에서 다운로드 받을 수 있다.

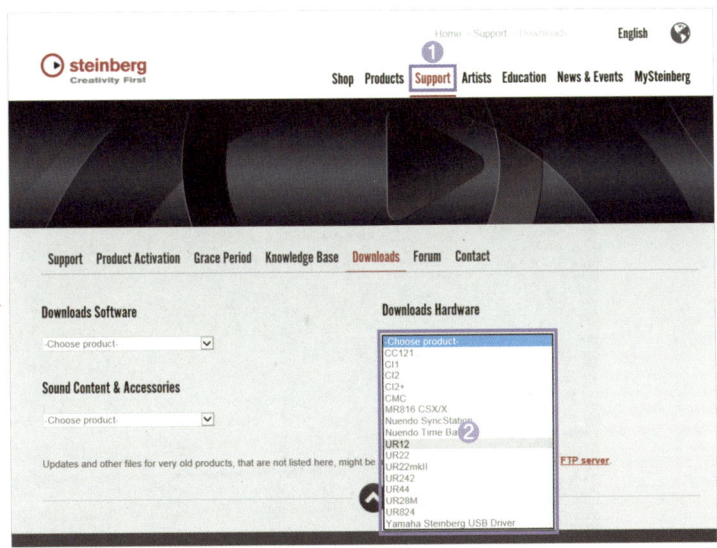

▲ Steinberg사 제품 드라이버 다운로드

드라이버는 설치 후에도 3~6개월마다 제조사의 홈페이지에 접속하여 최신 드라이버에 대한 업데이트 정보 확인 후 다운로드하여 설치한다. 그리고 출시된지 얼마 되지 않은 제품들은 더 빠른 주기를 가지고 업데이트 되므로 반드시 확인하여 최신 드라이버로 유지한다.

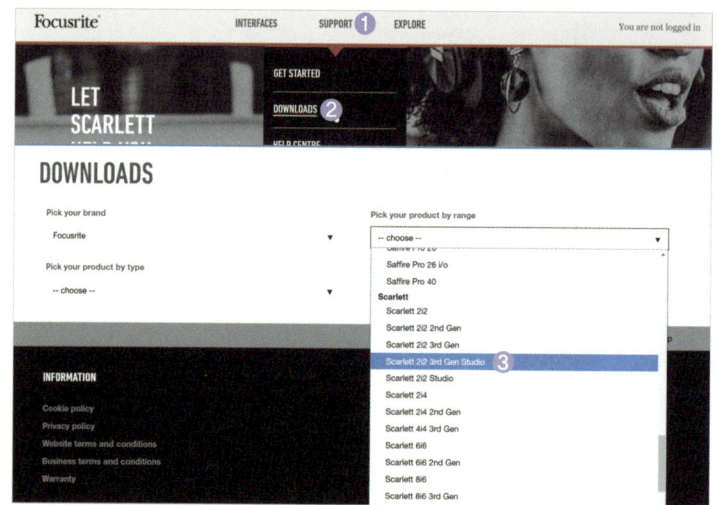

▲ Focusrite사 제품 드라이버 다운로드

큐베이스 내에서 오디오 설정하기

이번엔 ASIO4ALL 및 오디오 인터페이스 드라이버 설치 후 큐베이스 오디오 설정을 해본다.

큐베이스를 실행한 후 Steinberg Hub 창에서 [Cancel] 버튼을 클릭한다. 여기서는 오디오 드라이버를 설정하는 방법에 대해서만 설명할 것이므로 취소하였다.

상단 메뉴에서 ❶❷[Studio] – [Studio Setup]을 선택한다.

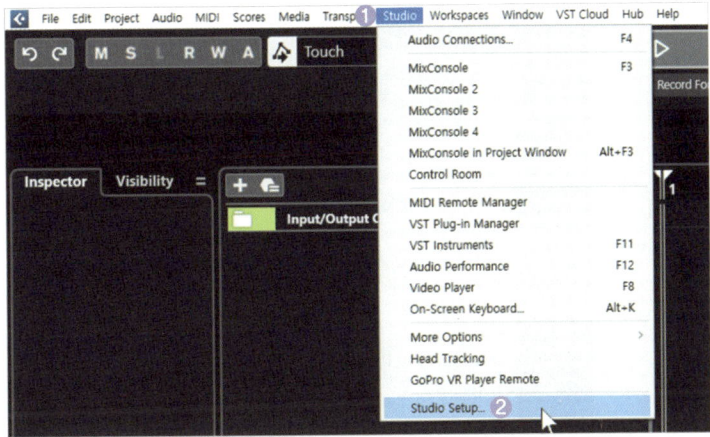

Studio Setup 창에서 왼쪽의 ❶[Audio System] 항목을 선택한 후 오른쪽의 ❷[ASIO Driver] 화살표를 클릭한다. ASIO4ALL 사용자는 ❸[ASIO4ALL v2]를 선택하고, 오디오 인터페이스 사용자는 자신의 모델과 맞는 항목을 선택 후에 ❹[OK] 버튼을 클릭한다.

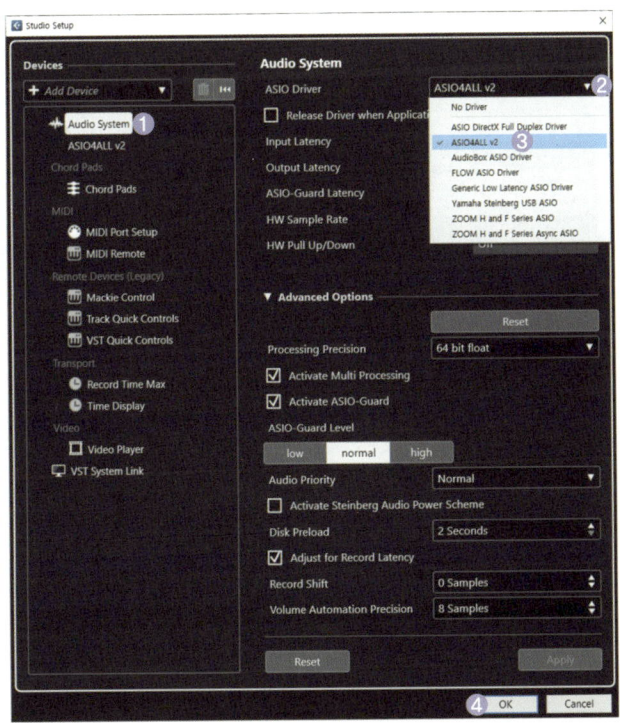

다시 상단 메뉴에서 ①②[Studio] – [Audio Connections]을 선택한다.

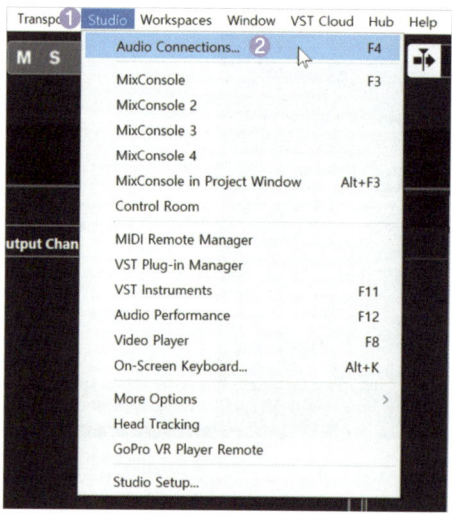

①[Outputs] 탭을 클릭한 후 ②[Audio Device] 항목에서 자신이 설정한 Asio Driver를 선택하고, ③Device Port에서 Left는 1번, Right를 2번으로 선택한다. 큐베이스에서 소리가 출력되지 않는다면 이 부분에서 설정이 되어있지 않은 경우가 많다.

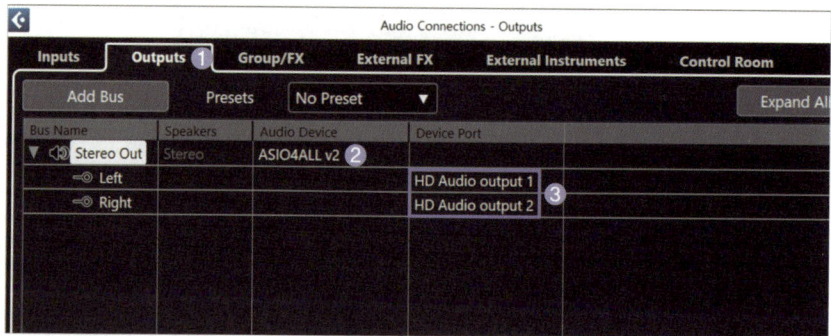

🖉 레슨 정리

설정이 완료되었다면 큐베이스를 닫고 다시 실행하여도 설정은 변하지 않는다.

각 작업 창에 대해 알고 싶어요.

이번 레슨에서는 작업 창(Window)의 종류와 역할에 대해 알아보도록 한다. 여기서는 메인 작업 창인 프로젝트 윈도우에 대해서만 설명하고, 그 외 창들은 간단하게 살펴볼 것이며, 차후 다른 레슨에서 자세하게 설명하도록 할 것이다.

프로젝트 윈도우(Project Window) 살펴보기

프로젝트 윈도우는 새 프로젝트 생성 시 최초로 나타나는 창이며, 여기에는 음악을 구성하는 미디 및 오디오 데이터가 포함된 이벤트들이 막대 형태로 표시된다. 이 이벤트들은 음악을 구성하고 있는 미디 데이터와 오디오 데이터가 표시된다.

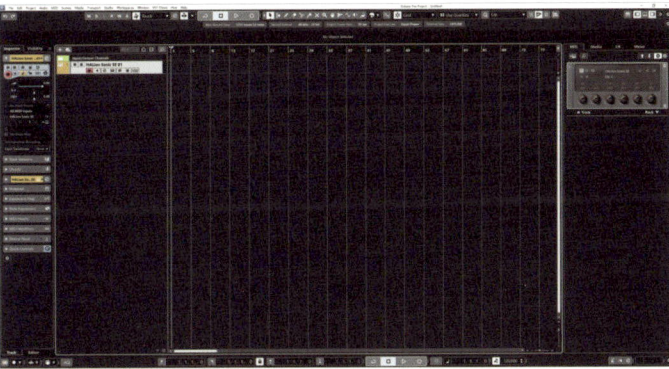

▲ 프로젝트 윈도우

▲ 작업 중인 프로젝트 윈도우

시작하기 **065**

프로젝트 윈도우 살펴보기

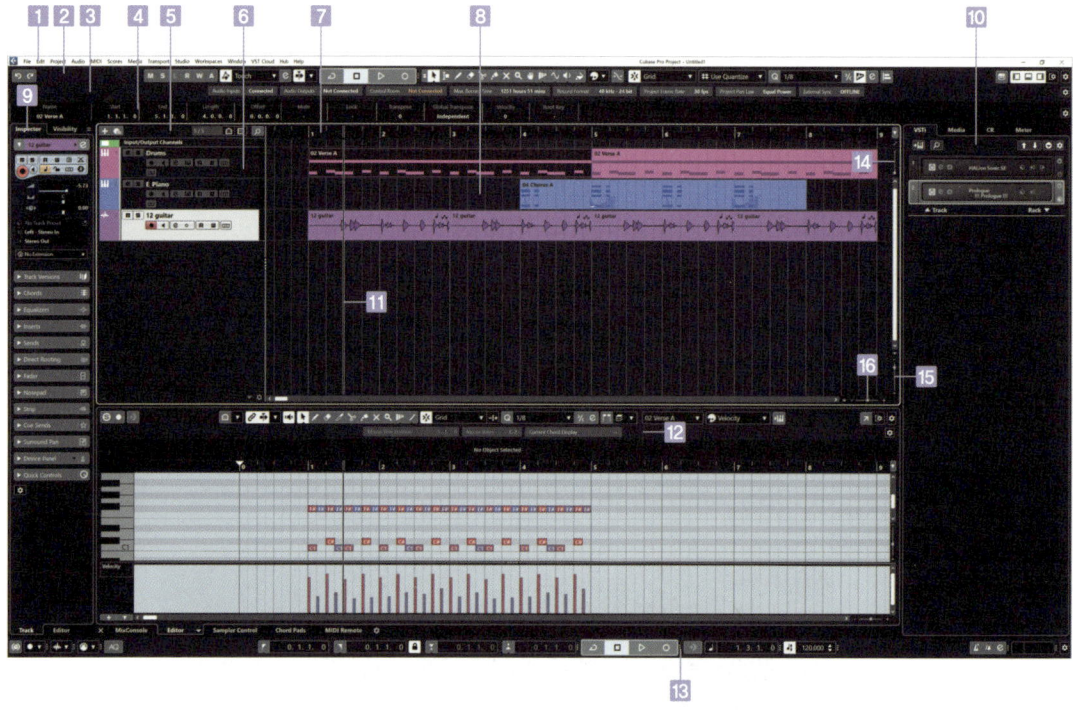

1. **메인 메뉴(Main Menu)** 풀다운 메뉴로써 파일 관리에서부터 편집, 도움말 등 큐베이스의 모든 기능은 이 메인 메뉴에서 실행할 수 있다.

2. **툴 바(Tool Bar)** 음표를 그리고 지울 수 있는 펜 툴, 지우개 툴, 퀀타이즈 설정 등 편집 시 많이 사용되는 도구들을 모아 놓은 곳이다.

3. **스테이터스 라인(Status Line)** 하드 디스크 용량에 따른 녹음 가능 시간과, 현재 프로젝트의 샘플 레이트, 비트 레이트의 정보, 영상 작업 시 설정된 프레임 값 확인, 좌우 팬 레벨 설정값에 대한 정보가 표시되어있다.

4. **인포 바(Info Bar)** 선택한 이벤트에 대한 이름, 시작과 끝의 시간 및 마디 수 등과 같은 정보가 표시되어 있다. 이벤트를 이동 및 편집할 경우 인포 바에서 원하는 값으로 입력하여 선택한 이벤트를 정확한 값으로 이동 및 편집할 수 있다.

5. **트랙 설정 패널(Global Track Controls)** 미디 트랙, 오디오 트랙, 인스트루먼트 트랙, FX 트랙 등의 트랙을 생성할 수 있으며, 선택한 속성의 트랙을 숨기거나 표시할 수 있도록 설정할 수 있다. 여기서 트랙이란 육상 경기에서 선수들이 트랙에 위치하는 것과 같이 큐베이스의 트랙에는 미디 이벤트 또는 오디오 이벤트 등이 위치하게 된다.

6   **트랙 리스트(Track list)** 생성된 트랙들은 트랙 리스트에 표시되며, 트랙의 이름, 상하 위치, 넓이, 높이 등을 변경할 수 있다.

7   **룰러(Rulers)** 마디(Bars+Beats), 시간(Seconds), 프레임 등을 표시하는 곳이다. 간혹 음악 작업을 할 경우 마디 단위가 아닌 시간 단위로 작업하는 경우가 있으므로 작업 전 확인이 필요하다. 룰러 위에서 우측 마우스 버튼을 클릭하면 마디 단위로 변경할 수 있다.

8   **이벤트 디스플레이(Event display)** 전체 이벤트가 표시되며, 이벤트에 대한 복사, 붙여넣기, 자르기, 이동하기 등을 통하여 음악을 편집을 할 수 있는 곳이다.

9   **인스펙터(Inspector)** 선택한 트랙에 대한 음량 조절, 팬 조절(소리의 좌우 균형), 재생 시 지연 시간의 조정, 채널 번호 설정, 악기 선택 등 많은 기능들을 조정할 수 곳이다. 인스펙터 창을 잘 활용하면 연주 시 부족한 부분(조바꿈, 건반 터치 세기 등)을 보완할 수 있다.

10 **랙(Racks)** 가상 악기(VSTi)를 불러오거나 오디오 샘플, 미디 샘플들을 찾아 사용할 수 있도록 한다.

11 **커서(Cursor)** 재생되는 위치를 알려주는 선이다. 또한 이벤트를 복사한 후에 붙여넣기 시 커서의 위치에 이벤트가 복사된다.

12 **로우 존(Low zone)** 큐베이스 9 버전부터 제공되는 창으로 미디 작업 또는 오디오 작업 시 별도의 창이 열리지 않고 로우 존에 표시되어 창을 닫고 여는 번거로움이 사라졌다. 이전 버전과 같이 별도의 작업 창이 열리도록 옵션에서 선택할 수도 있다.

13 **트랜스포트 바** 재생과 녹음의 관련된 기능(박자, 템포, 메트로놈 등)을 여기서 간단히 설정할 수 있다. 트랜스포트 패널은 메뉴에서 [Transport] - [Transport Panel]을 선택하여 열 수 있다. (단축키 F2)

14 **프로젝트 윈도우 줌** 이벤트 안에 표시된 오디오 파형 또는 미디 노트를 세로로 확대/축소하여 표시한다. 오디오 파형이 작은 부분을 편집할 때 유용하다.

15 **이벤트 디스플레이의 세로 확대/축소** 트랙의 세로를 확대 또는 축소한다. (단축키 Shift + G, Shift + H)

16 **이벤트 디스플레이의 가로 확대/축소** 이벤트 디스플레이의 가로 부분을 확대 또는 축소한다. (단축키 G, H)

키 에디터(Key Editor) 살펴보기

키 에디터는 큐베이스에서 가장 많이 쓰이는 작업 창이다. 작은 눈금 안에 보이는 작은 막대들이 노트(음)인데, 이 막대의 위아래의 높이에 따라 음 높이가 정해지며, 막대의 길이에 따라 음의 길이가 정해진다.

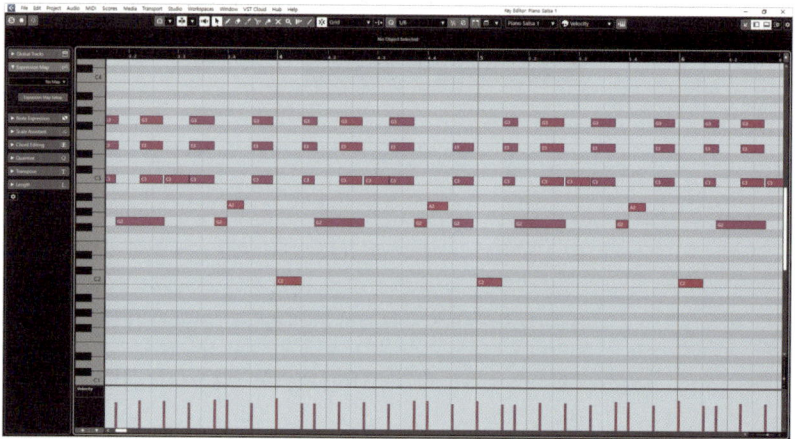

드럼 에디터(Drum Editor) 살펴보기

드럼 에디터는 드럼 비트 입력을 용이하게 하기 위한 작업 창으로, 건반 대신 드럼 악기 리스트가 표시되어 악기를 쉽게 찾아 입력할 수 있다. 또한, 음은 막대가 아닌 마름모 형태로 표현된다.

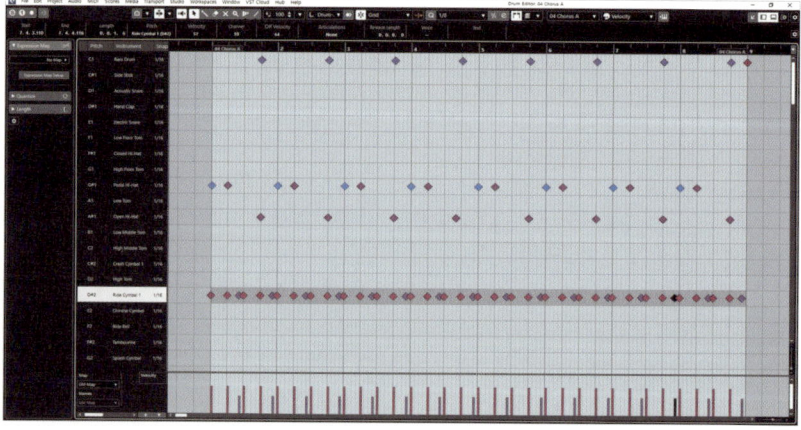

스코어 에디터(Score Editor) 살펴보기

스코어 에디터는 입력한 노트들을 악보로 볼 수 있는 작업 창이다. 음의 입력과 편집이 가능하지만 키 에디터에서 작업이 편리하므로 일반적으로 작업된 음악의 악보 출력을 위한 목적으로 사용된다. Pro 버전에서는 기능의 제약이 없고, Artist 이하 버전은 기본 악보 에디터(Basic score editor)을 지원한다.

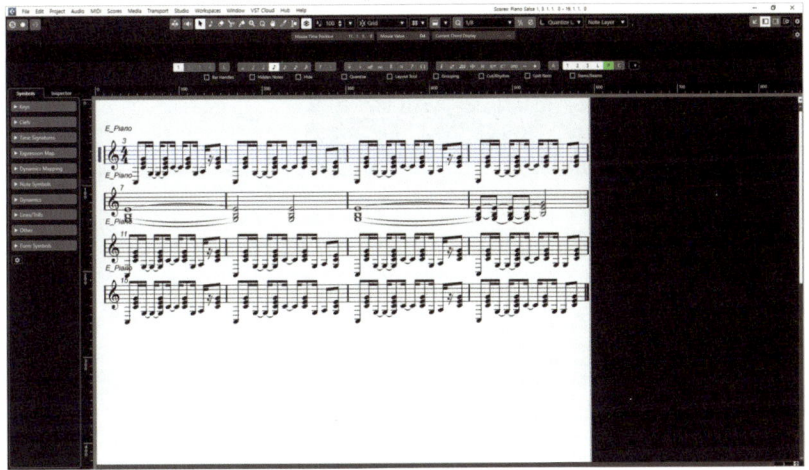

리스트 에디터(List Editor) 살펴보기

리스트 에디터는 그래픽 화면으로 표시해 주는 다른 윈도우들과는 다르게 미디 노트 또는 미디 컨트롤 신호의 모든 정보를 텍스트로 표시해 준다. 이 창의 장점은 모든 신호를 한 창에 표시해 주기 때문에 다른 창에서 찾기 힘든 미디 신호들을 쉽게 찾을 수 있다. 초창기의 컴퓨터 음악 프로그램은 건반을 연주하여 음을 입력한 후 음의 높이나 음의 길이를 수정하고자 할 때 이와 같은 창에서 텍스트로 수정하였다.

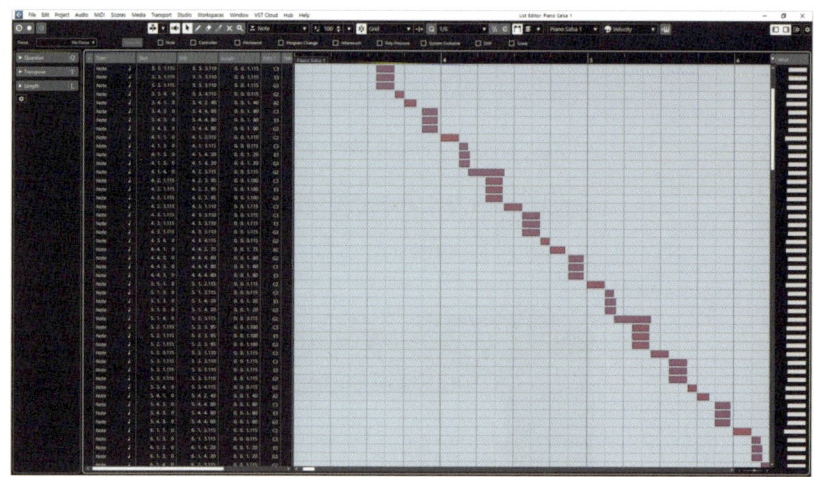

인 프레이스 에디터(In Place Editor) 살펴보기

인 프레이스 에디터는 이벤트 디스플레이 창의 트랙 위에 키 에디터를 표시하여, 다른 트랙과 비교해가며 이벤트 안의 노트를 입력 또는 편집할 수 있다.

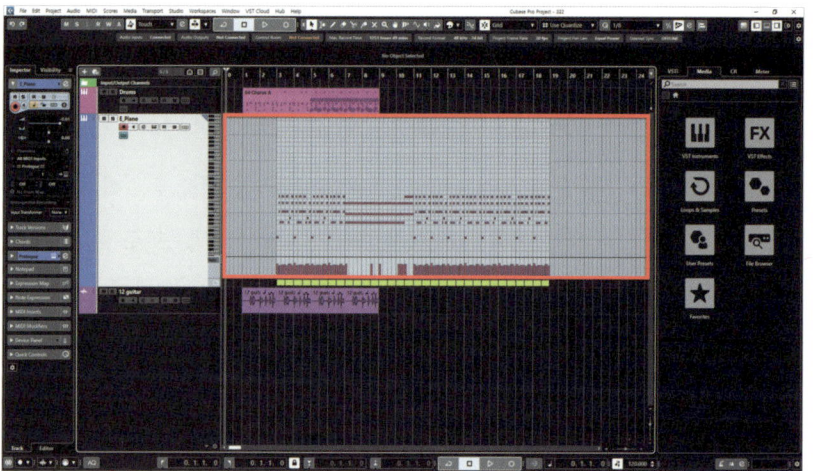

샘플 에디터(Sample Editor) 살펴보기

샘플 에디터는 오디오 이벤트의 오디오 데이터를 세부적으로 편집할 수 있는 작업 창

1) 악기 소리가 리듬 패턴으로 구성된 반복 사용을 위한 오디오 및 미디 샘플이다.

이다. 오디오 샘플의 리듬 조절, 루프 샘플(Loop Sample)1)을 재구성하기에 편리하도록 각 음들을 잘라주는 기능, 보컬의 음정이나 박자를 보정하는 기능 등을 처리할 수 있다.

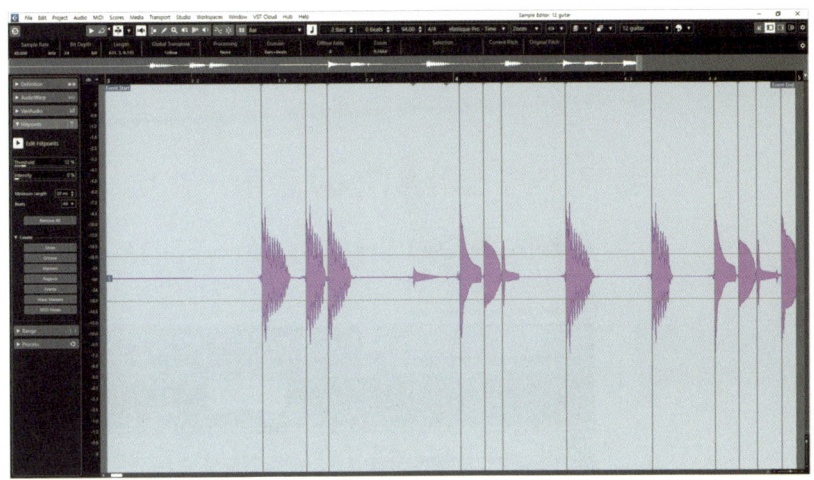

레슨 정리

이번 레슨에서 설명하지 못한 각 작업 창들의 세부적인 기능들은 해당 레슨에서 상황에 맞게 설명하도록 한다.

각 툴들에 대해 알고 싶어요.

이번 레슨에서는 각 작업 창마다 제공되는 툴의 종류와 역할에 대해 알아보도록 한다.

각 작업 창의 툴(Tool) 종류

큐베이스의 각 작업 창에서 제공되는 툴들은 모두 작업 창 상단에 위치하고 있다.

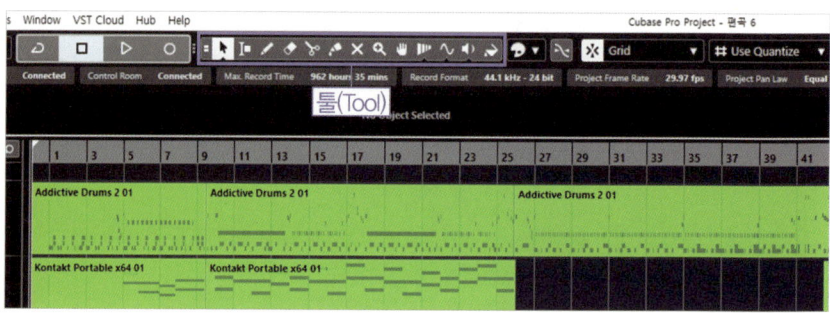

각 에디터마다 툴의 위치나 구성은 다르지만 선택 툴(Object Selection)이나 펜(Draw) 툴 등 모양이 같은 툴은 어디서나 같은 기능으로 사용된다.

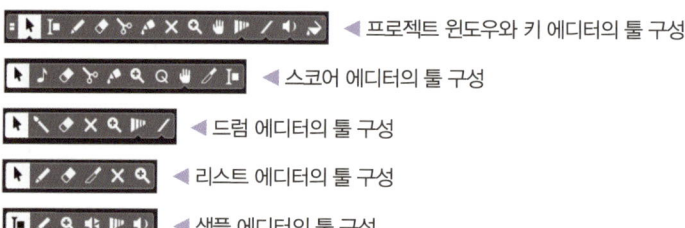

◀ 프로젝트 윈도우와 키 에디터의 툴 구성
◀ 스코어 에디터의 툴 구성
◀ 드럼 에디터의 툴 구성
◀ 리스트 에디터의 툴 구성
◀ 샘플 에디터의 툴 구성

각 툴들의 기능 살펴보기

여기에서는 가장 많이 사용되는 프로젝트 윈도우와 키 에디터의 툴 구성을 가지고 설명하도록 한다.

선택 툴(Object selection tool)

선택 툴에는 Nomal Sizing, Sizing Moves Contents, Sizing Applies Time Stretch 세 가지 타입이 있으며, 선택 툴 버튼을 길게 클릭 시 다른 종류의 선택 툴을 선택할 수 있다.

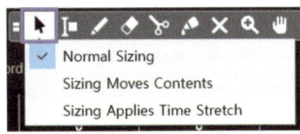
◀ 선택 툴의 하위 메뉴

 노멀 사이즈(Nomal sizing) 위 세 가지의 선택 툴 중에 가장 많이 사용되는 타입으로 첫 번째 기능은 이벤트나 노트들을 선택할 수 있다. 선택 툴로 2개의 이벤트를 선택할 경우 아래의 두 그림 중 위쪽과 같이 2개의 이벤트를 모두 블럭 안에 넣어서 선택이 가능하지만 아래쪽과 같이 선택 블럭이 조금만 이벤트에 닿아도 선택이 가능하다.

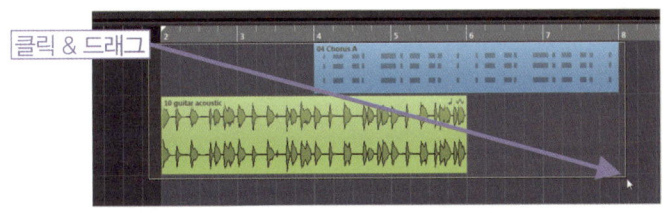
◀ 이벤트 선택방법 1

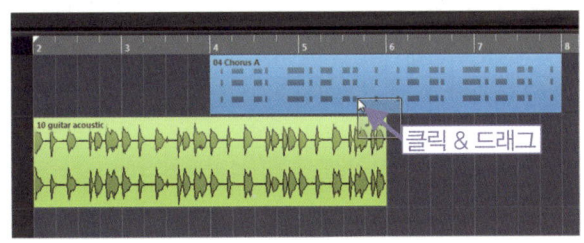
◀ 이벤트 선택방법 2

1) 음악이 서서히 음량이 커지면서 시작되는 것을 페이드 인(Fade in), 음악이 서서히 음량이 줄어들면서 끝나는 것을 페이드 아웃(Fade out)이라고 한다.

두 번째 기능은 이벤트 또는 노트들의 길이, 음량(게인), 페이드인 / 아웃1), 선택한 이벤트에 대한 반복 횟수를 조절할 수 있다. 선택 툴로 이벤트를 선택하게 되면 4개의 네모 모양의 핸들과 좌우 측 상단의 세모 모양의 핸들 2개가 표시된다. 이것을 핸들(Handle)이라고 한다.

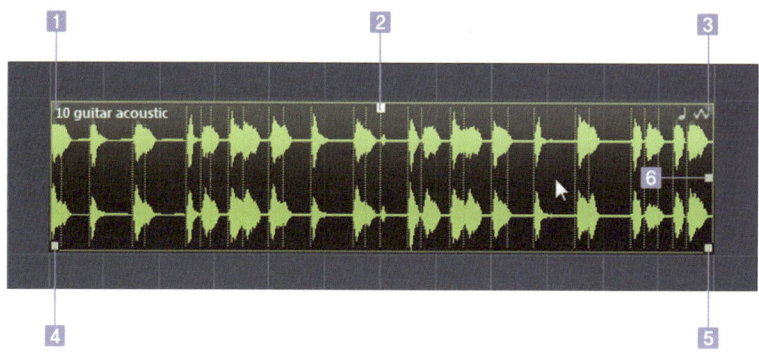

1 3 페이드인/아웃 조절 핸들 좌우 측 상단에 있는 삼각형 모양의 [페이드인/아웃 조절 핸들]을 클릭한 상태에서 좌우로 드래그하면 오디오 이벤트의 시작과 끝에 페이드 효과를 줄 수 있다.

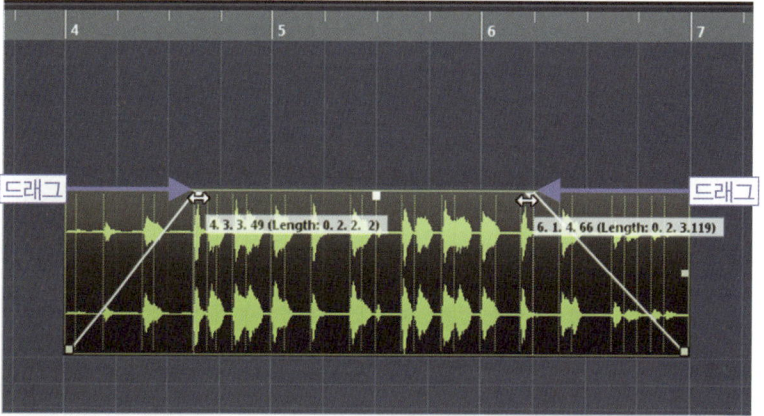

2 음량(게인) 조절 핸들 가운데 상단의 [음량 조절 핸들]을 클릭한 상태에서 위아래로 드래그하면 오디오 이벤트의 음량을 조절할 수 있다.

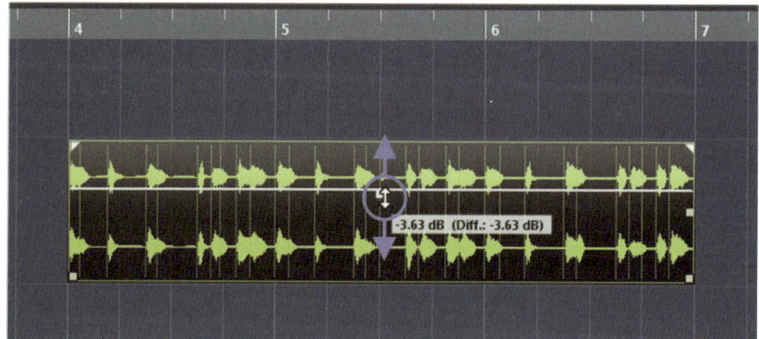

4 5 길이 조절 핸들 좌우 측 하단의 [길이 조절 핸들]을 클릭한 상태에서 좌우로 드래그하면 오디오 또는 미디 이벤트의 길이를 조절할 수 있다.

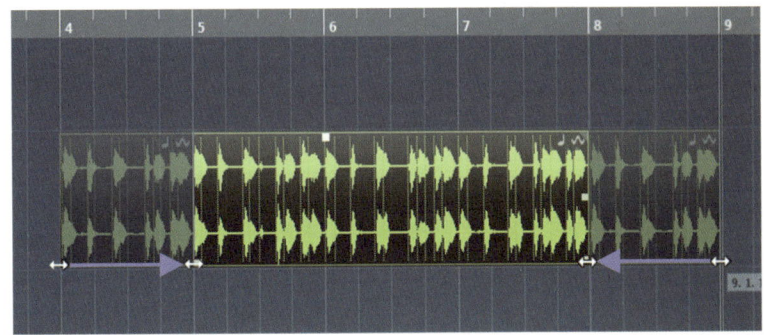

6 이벤트 반복 조절 핸들 우측 중간에 있는 [이벤트 반복 조절 핸들]을 클릭한 상태에서 오른쪽으로 드래그하면 Repeat Count : 숫자의 팝업이 표시되며, 선택한 이벤트의 반복 횟수를 설정할 수 있다.

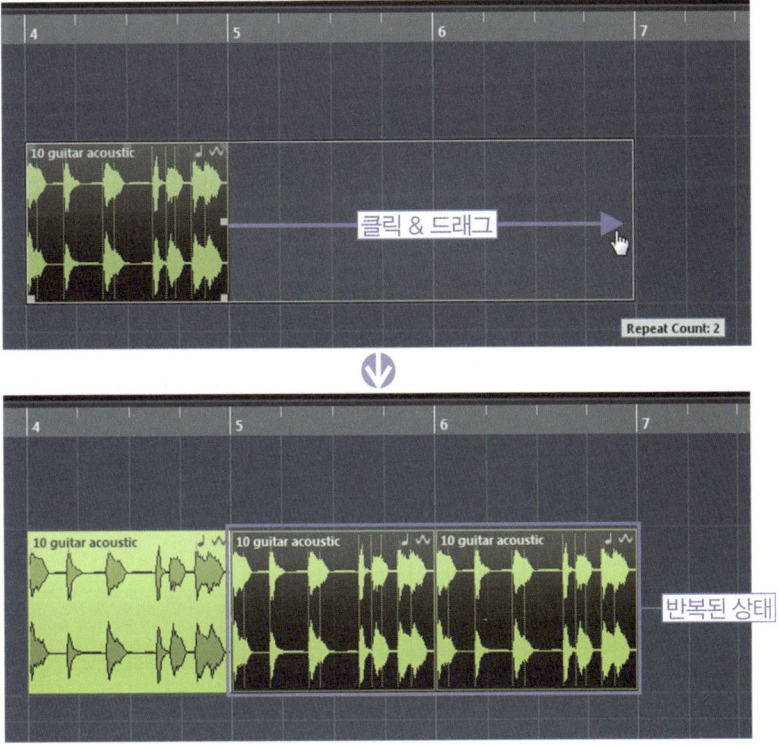

세 번째 기능은 빈 곳에서 [Alt] 키를 누르면 펜 툴, 이벤트나 노트 위에서 [Alt] 키를

누르면 가위 툴로 변한다.

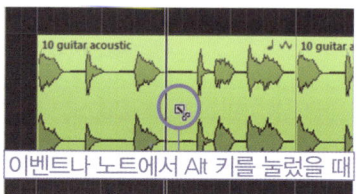

 사이징 무브 컨텐츠(Sizing moves contents) 길이 조절 시 이벤트 안에 있는 미디 노트 또는 오디오 파형도 조절하는 방향으로 이동 및 이벤트의 길이를 조절한다. 아래 그림 중 위쪽을 보면 오른쪽 하단 핸들을 왼쪽으로 드래그 시 이벤트의 길이가 줄어들면서 3마디에 위치하던 파형이 아래쪽 그림과 같이 2마디의 방향으로 이동한 것을 확인할 수 있다.

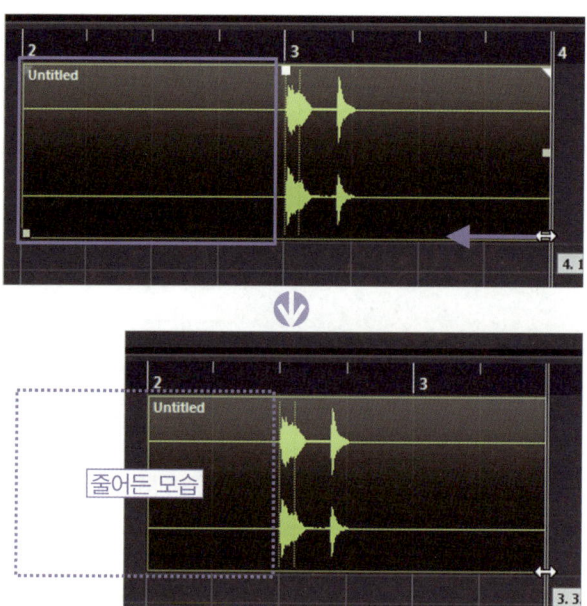

 사이징 어플라이 타임 스트레치(Sizing applies time stretch) 이벤트의 재생 속도를 조절하기 위해 사용된다. 길이 조절 시 이벤트 안에 미디 노트 또는 오디오 파형의 재생 속도도 같이 조절된다. 길이를 줄이게 되면 빠른 속도, 길이를 늘리게 되면 느린 속도로 재생된다. 다음 그림 중 위쪽은 2마디의 루프 샘플의 템포가 ♩=100으로 재생된다면 1마디의 길이로 조절한 아래쪽 그림의 루프 샘플은 ♩=200의 템포로 재생된다.

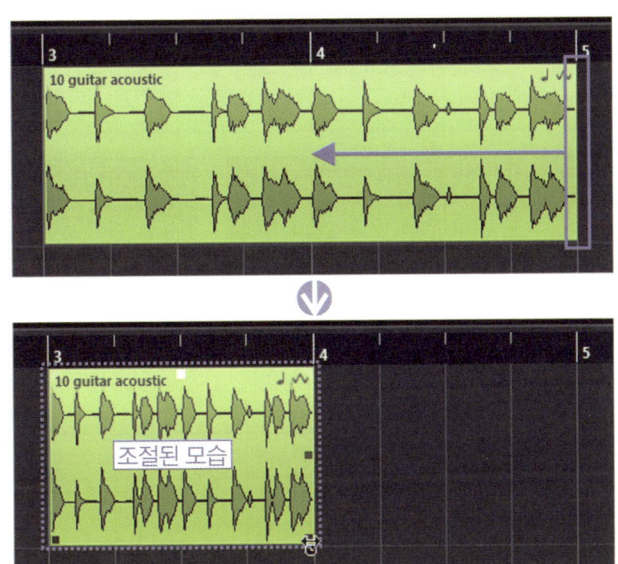

 범위 선택 툴(Range selection tool)

이벤트나 노트에서 클릭 & 드래그하는 것으로 범위를 정하여 이동, 복사, 지우기 등의 기능을 사용할 수 있다.

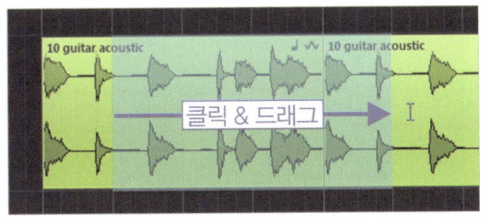

 가위 툴(Split tool)

이벤트 또는 노트의 원하는 곳을 클릭하여 자르고, 자른 후 복사나 이동이 가능하다.

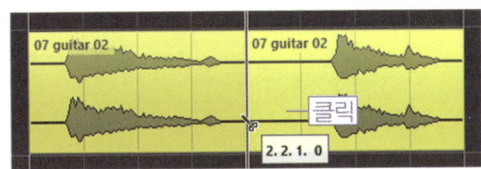

풀 툴(Glue tool)

분리되어 있는 이벤트나 노트를 드래그하여 합쳐줄 수 있다.

   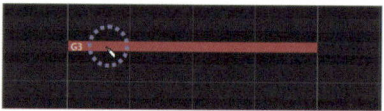

▲ 분리되어 있는 노트   ▲ 풀 툴을 이용하여 연결된 노트

 ### 지우개 툴(Erase tool)

지우개 툴은 이벤트나 노트를 지울 수 있다. 하지만 지우개 툴보다 선택 툴로 선택하여 [Delete] 키로 지우는 방법을 더 많이 사용한다.

줌 툴(Zoom tool)

선택한 곳을 확대 혹은 축소해서 볼 수 있게 한다.

❶ 클릭 시 확대된다.

❷ [Alt] + [클릭] 시 축소된다.

❸ [Ctrl] + [클릭] 시 프로젝트 안에 모든 이벤트를 한 화면에 표시한다.

❹ 드래그하여 구역을 지정 시 그 부분만 확대된다.

 ### 뮤트 툴(Mute tool)

선택한 이벤트나 노트를 뮤트(무음 처리)할 수 있다.

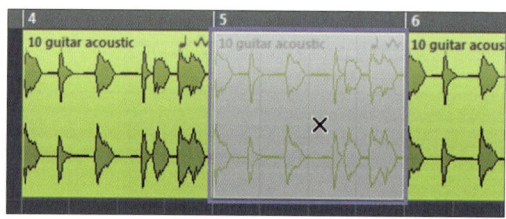

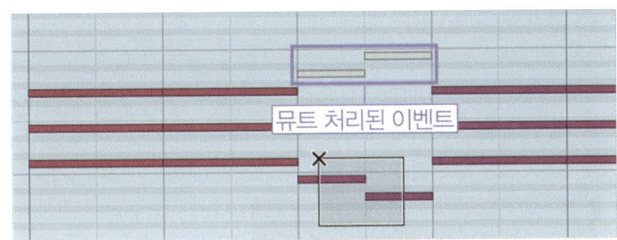

 컴프 툴(Comp tool)

한 구간을 여러 번 녹음했을 때 마음에 드는 부분을 선택하는 툴이다. 예를 들어 1마디부터 3마디까지 3번의 녹음을 했을 경우 녹음된 Lane 1, 2, 3 트랙에서 자신이 원하는 부분(보라색 박스)을 컴프 툴로 클릭하여 선택하면 선택한 부분을 본 트랙에 조합(파란색 박스)하여 만들어준다.

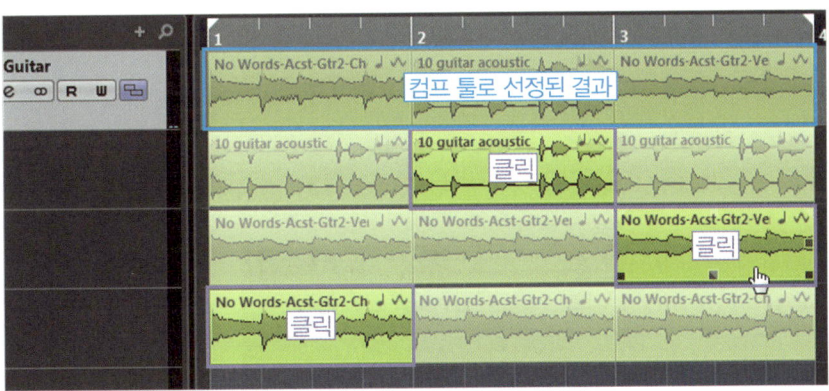

 타임 워프 툴(Time warp tool)

마디마다 템포의 설정을 쉽게 조절할 수 있다. 템포가 일정하지 않은 곡의 템포를 설정할 때 사용된다.

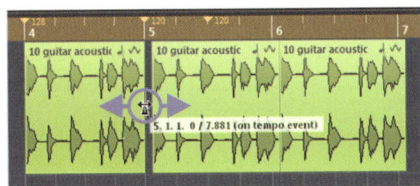

펜 툴(Draw tool)

빈 이벤트, 노트, 컨트롤 신호 등을 생성하거나 템포나 박자를 설정할 수 있는 포인트를 만들 수 있다.

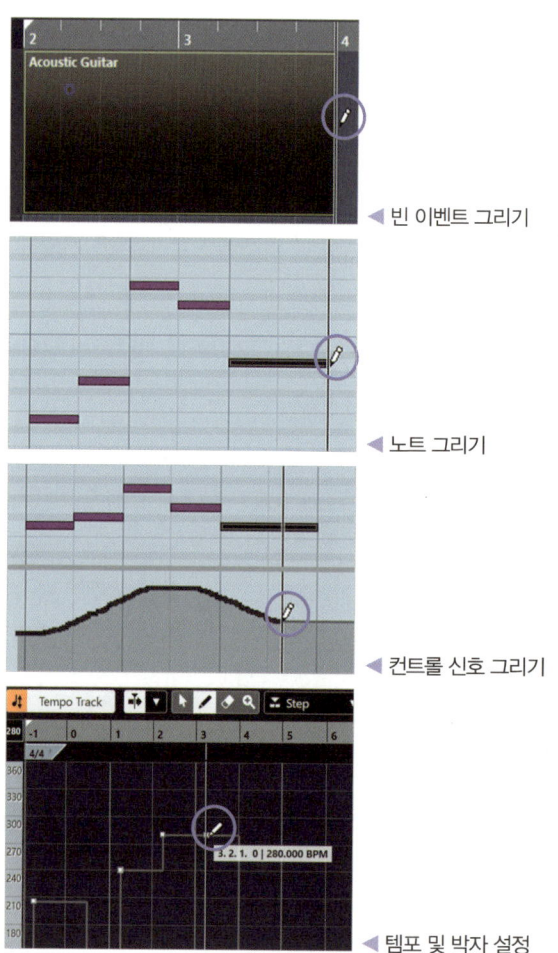

◀ 빈 이벤트 그리기

◀ 노트 그리기

◀ 컨트롤 신호 그리기

◀ 템포 및 박자 설정

 ### 라인 툴(Line tool)

펜으로 그리기 어려운 일정한 패턴으로 노트, 컨트롤 신호, 템포 등을 그릴 수 있다. 라인 툴 버튼을 길게 누르면 하위 메뉴가 표시되며, 여러 가지 패턴의 라인을 선택할 수 있다.

◀ 라인 툴의 하위 메뉴

아래 그림은 패턴의 모양을 조절하는 방법이다.

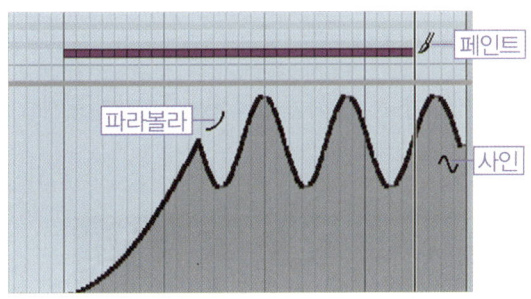

[Shift] + [좌/우 드래그]하여 진동수 조절을 할 수 있으며, [Ctrl] + [좌/우 드래그]하여 시작점 조절 그리고 [위/아래 드래그]하여 진폭 조절을 할 수 있다.

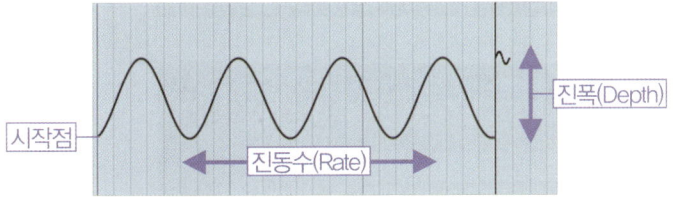

 플레이 툴(Play tool)
듣고 싶은 위치를 클릭하여 재생한다.

 ◀ 플레이 툴의 하위 메뉴

하위 메뉴의 [Scrub] 툴은 클릭하여 드래그 시 턴테이블의 스크래치 효과와 같이 원하는 부분을 앞뒤로 속도를 조절하여 재생할 수 있다.

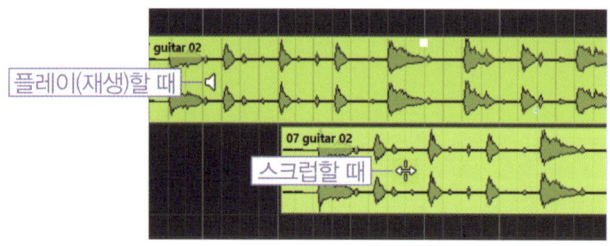

 컬러 툴(Color tool)

이벤트나 트랙을 클릭하여 색을 설정하여 작업자가 쉽게 구분하여 확인할 수 있도록 해준다.

> 📝 **레슨 정리**
>
> 많이 사용되는 툴로는 선택 툴, 펜 툴, 가위 툴, 풀 툴이다. 필요한 상황에 잘 활용할 수 있도록 사용법을 알아 두어야 한다. 툴의 자세한 기능들은 추후 진행하는 레슨에서 다시 살펴보도록 한다.

13. 단축키는 왜 사용하나요?

작업 효율을 높이기 위해 기본적인 단축키들을 활용하는 것이 필요하다. 예를 들어 [Ctrl] + [Shift] + S 단축키는 [Ctrl]과 [Shift] 키를 동시에 누른 상태에서 [S] 키를 누른다는 것이다. 이는 큐베이스에서 자주 사용되는 단축키의 일부이다.

파일 관리에 관한 단축키

명령	단축키	명령 내용
새로운 작업(New Project)	Ctrl + N	새로운 프로젝트를 시작할 때 사용한다.
저장(Save)	Ctrl + S	파일을 저장할 때 사용한다. 매우 중요한 단축키이다.
새 이름으로 저장(Save as)	Ctrl + Shift + S	다른 파일명으로 저장 시 사용한다.
파일 열기(Open)	Ctrl + O	기존의 작업하던 프로젝트를 가져온다.

편집에 관한 단축키

명령	단축키	명령 내용
복사하기(Copy)	Ctrl + C	선택한 이벤트나 노트 등을 클립보드로 복사한다.
붙여넣기(Paste)	Ctrl + V	클립보드로 복사된 노트나 이벤트를 원하는 부분에 붙여넣기한다.
잘라내기(Cut)	Ctrl + X	선택한 이벤트나 노트 등을 클립보드로 복사한 후 지운다. 그 후 붙여넣기로 원하는 부분에 삽입할 수 있다.
되돌리기(Undo)	Ctrl + Z	실행시킨 명령을 다시 취소할 수 있다.
다시 실행(Redo)	Ctrl + Shift + Z	되돌리기로 실행 취소했던 명령을 다시 원상복구할 수 있다.
스냅(Snap)	J	음표 또는 이벤트를 이동, 복사 등의 편집 시 박자/마디 라인에 정확히 맞춰준다.
전체선택(Select all)	Ctrl + A	이벤트나 노트 등을 전체 선택할 수 있다.
퀀타이즈(Quantize)	Q	선택된 이벤트 또는 노트를 마디선이나 박자선에 정확히 맞춰준다.

확대 및 축소에 관한 단축키

명령	단축키	명령 내용
가로 확대(Zoom in)	H	보여지는 윈도우의 가로를 확대한다.
가로 축소(Zoom out)	G	보여지는 윈도우의 가로를 축소한다.
세로 확대	Shift + H	보여지는 윈도우의 세로를 확대한다.
세로 축소	Shift + G	보여지는 윈도우의 세로를 축소한다.
트랙 확대/축소 1	Z	선택한 트랙의 세로를 확대/축소한다. 동일한 사이즈로 확대/축소된다.
트랙 확대/축소 2	Ctrl + ↓/↑	선택한 트랙의 세로를 원하는 사이즈로 확대 및 축소한다.

재생에 관한 단축키

명령	단축키	명령 내용
재생/정지(Play/Stop)	Space Bar	작업 중인 프로젝트를 재생/정지한다.
되감기(Rewind)	키패드 −	커서 위치를 왼쪽으로 되감기 한다.
빨리 감기(Fast forward)	키패드 +	커서 위치를 오른쪽으로 빨리 감기 한다.
처음으로 가기	키패드 Del	커서 위치를 맨 첫 마디로 이동한다.
녹음하기(Record)	키패드 *	선택한 트랙에 미디 또는 오디오 신호를 녹음한다.
반복(Loop)	키패드 /	선택한 로케이터 구역을 반복해서 재생 및 녹음한다.
메트로놈(Click)	C	녹음 및 재생 시 설정한 템포에 맞게 메트로놈을 연주한다.

툴에 관한 단축키

명령	단축키	명령 내용
선택 툴(Object selection)	1	노트나 이벤트를 선택한다.
가위 툴(Split)	3	노트나 이벤트의 중간을 자른다.
풀 툴(Glue)	4	잘라진 노트나 이벤트를 연결한다.
지우개 툴(Erase)	5	노트나 이벤트를 지운다.

펜 툴(Draw)	8	노트나 이벤트를 그린다.
툴 팝업(Tool Pop-up)	우측 마우스 버튼	프로젝트 윈도우 또는 키 에디터의 빈 부분에서 우측 마우스 버튼을 누를 시 툴 팝업 창이 표시되어 툴을 선택할 수 있다.
선택 툴의 활용	선택 툴에서 Alt	노트 또는 이벤트 위에선 가위 툴로, 빈 공간에서는 펜 툴로 바뀐다.

윈도우(창)에 관한 단축키

명령	단축키	명령 내용
트랜스포트 바	F2	트랜스포트 바를 표시 및 숨겨 줄 수 있다.
믹서 창(Mixer console)	F3	믹싱을 하기 위한 믹서 창을 열어준다.
가상 악기 창(VST)	F11	가상 악기를 불러올 수 있는 창을 열어준다.
스코어 에디터	Ctrl + R	악보 작업을 할 수 있는 스코어 에디터를 열어준다.
버츄얼 키보드	Alt + K	키보드 자판으로 음을 입력할 수 있는 온 스크린 키보드를 활성화한다.

> **레슨 정리**
>
> 더 다양한 단축키가 있지만 여기서 다룬 기본적인 단축키만으로도 신속한 작업이 가능하다. 모든 단축키를 한 번에 외우는 것은 어려우니 때마다 필요한 단축키를 기억해 놓은 것이 좋다. 자주 사용하는 기능에 대해 사용자 지정 단축키를 생성하는 방법도 있으며, 이에 대해선 Lesson 14에서 다룰 것이다.

나만의 단축키를 만들 수 있나요?

이번 레슨에서는 앞선 레슨에 이어서 작업에 즐겨 사용하는 기능을 새로운 단축키로 만드는 방법에 대해 알아보도록 한다.

새로운 단축키 추가하기

여기에서는 즐겨 사용하는 펜 툴의 단축키 [8]을 다른 단축키인 [D]로 바꿔보도록 한다.

❶ 상단 메뉴에서 [Edit] – [Key Commands]를 선택한다.

흔히 펜 툴로 부르는 펜 툴의 공식 명칭은 드로우 툴(Draw tool)이다.

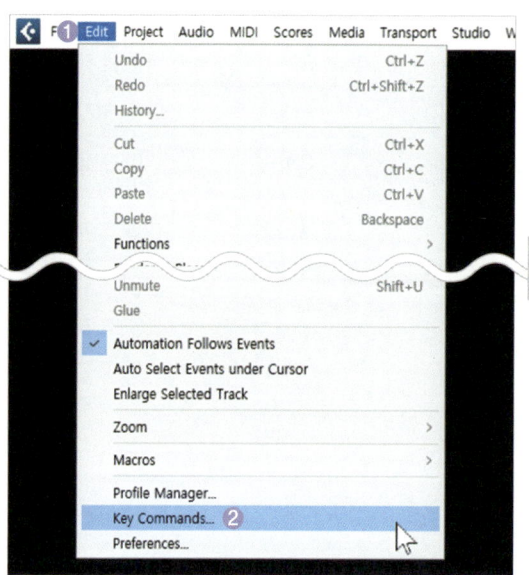

❷ 검색 필드에 ❶[draw 입력], ❷[돋보기 버튼 클릭], ❸[Draw Tool 선택], ❹[Type in Key에 D 입력], ❺[Assign 버튼 클릭], ❻[OK] 버튼을 클릭한다. 이와 같이 설정 완료 후 확인해 보면 펜 툴은 단축키 [D]로 작동할 것이다.

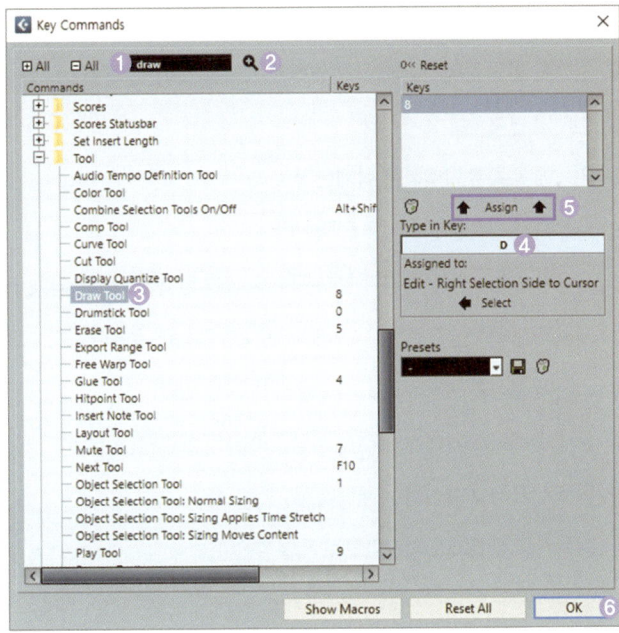

키 커맨드(Key Command) 창 살펴보기

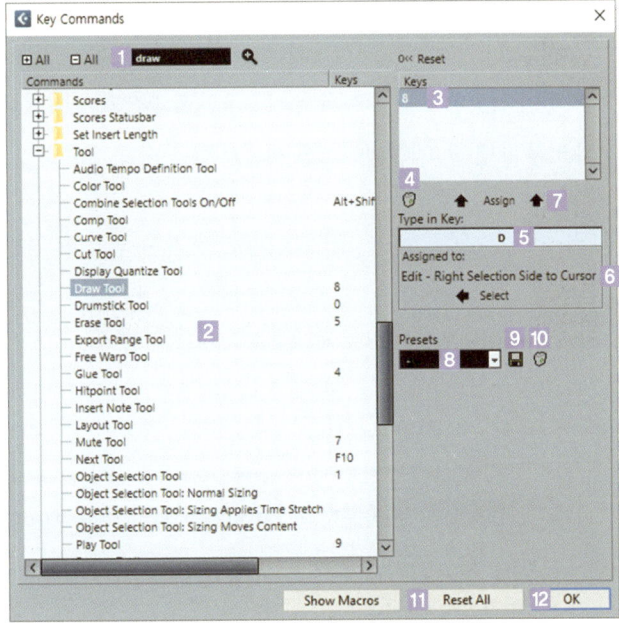

1. 단축키로 사용할 기능의 이름을 입력할 수 있다.
2. 검색된 항목 중에서 사용자가 원하는 기능을 찾아 선택한다.
3. 현재의 단축키를 표시한다.
4. 기능에 등록된 단축키를 삭제한다.
5. 사용자가 원하는 단축키를 입력한다.
6. 사용자가 입력한 단축키가 현재 다른 기능의 단축키로 사용되고 있음을 표시한다.
7. 사용자가 입력한 단축키를 2번에서 선택한 기능에 적용한다.
8. 기존에 설정한 단축키의 프리셋을 선택할 수 있다.
9. 현재 큐베이스 단축키 상태를 저장하여 프리셋을 만든다.
10. 단축키 프리셋 설정을 삭제한다.
11. 단축키를 큐베이스 기본값으로 재설정한다.
12. 설정한 모든 사항을 적용 완료한다.

프리셋(Preset) 파일 사용하기

본 프리셋 경로는 큐베이스 12 Pro 64bit 사용자 기준이다.

자신이 설정한 단축키 프리셋은 [내 컴퓨터] - [C 드라이브] - [Users] - [사용자명] - [AppData] - [Roaming] - [Steinberg] - [Cubase 12_64] - [Presets] - [KeyCommands]에 [자신이 지정한 프리셋 이름.XML] 파일로 저장되어있다. 이 파일을 잘 보관하여 컴퓨터를 포맷 한 후 큐베이스를 재설치 했을 때나 다른 작업 컴퓨터에서 불러와 사용할 수 있다.

레슨 정리

단축키는 작업자의 작업 속도와 관련이 있기 때문에 자신이 즐겨 사용하는 기능이라면 단축키로 만들어 사용하길 바란다.

음악제작 ▶

Lesson 15 작업은 어떻게 시작해야 하나요?

Lesson 16 마우스로 음표를 어떻게 입력하나요?

Lesson 17 피아노 녹음은 어떻게 하나요?

Lesson 18 빠른 연주 시 건반으로 쉽게 입력하고 싶어요.

Lesson 19 큐베이스에는 어떤 악기들이 제공되나요?

Lesson 20 건반으로 입력한 박자가 안 맞아요.

Lesson 21 건반이 없을 땐 어떻게 입력하나요?

Lesson 22 코드 트랙은 어떻게 사용하나요?

Lesson 23 건반으로 코드 녹음 시 어떤 코드인지 모르겠어요.

Lesson 24 다음 코드를 어떤 것을 사용해야 하는지 알 수 있나요?

Lesson 25 드럼은 어떻게 입력해야 하나요?

Lesson 26 드럼 리듬을 모를 땐 어떻게 하죠?

Lesson 27 세련된 연주를 입력하고 싶어요.

Lesson 28 송품에 맞춰 이벤트들을 쉽게 나열하고 싶어요.

작업은 어떻게 시작해야 하나요?

큐베이스에서 작업을 하기 위한 첫 번째 단계는 새로운 프로젝트를 만드는 것이다. 이번 레슨에서는 작업을 시작하기 위한 기본 설정법과 악기 음색을 불러오는 방법에 대해 알아보도록 한다.

새로운 프로젝트 만들기

❶ 다음 악보의 표시된 정보에 맞추어 설정하도록 한다.

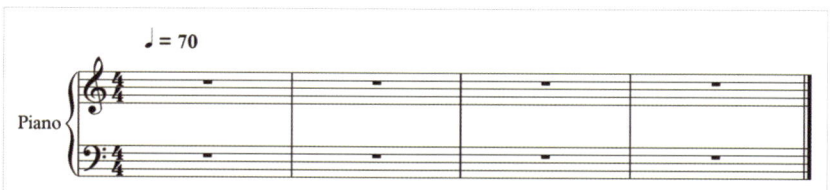

❷ 큐베이스 실행 후 첫 화면인 Steinberg hub 창에서 ❶[More], ❷[Empty], ❸[Prompt for project location], ❹[Create...] 순으로 선택한다.

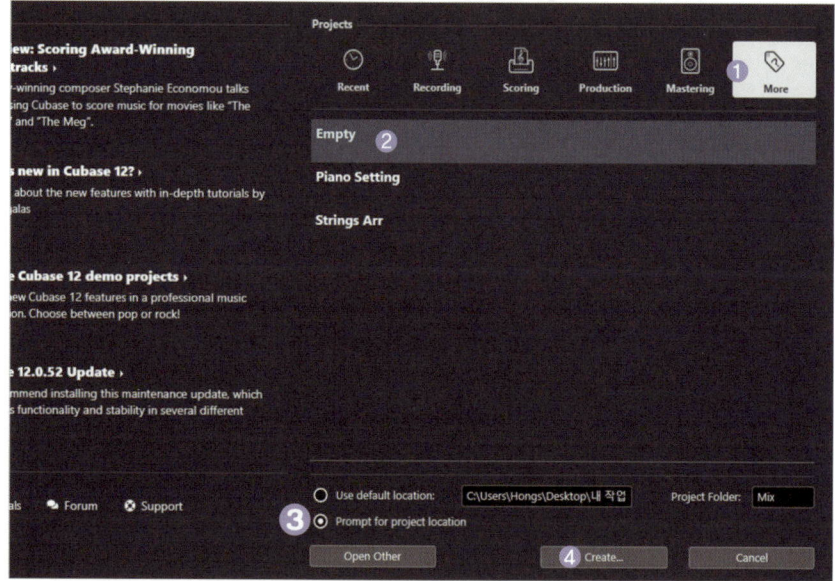

③ 작업할 폴더를 바탕 화면에 [Lesson 15]란 이름의 폴더를 만들기 위해 Set project folder에서 [바탕 화면] - [새 폴더] - [폴더 이름 입력] - [OK] 버튼을 누른다. 만약 폴더 이름을 바꾸지 못하고 [새 폴더]로 지정되었을 때에는 해당 폴더를 선택 후 [F2] 키를 눌러 폴더 이름을 변경할 수 있다.

생성된 폴더의 위치와 이름은 자신이 원하는 위치에 원하는 이름의 폴더를 만들어도 된다.

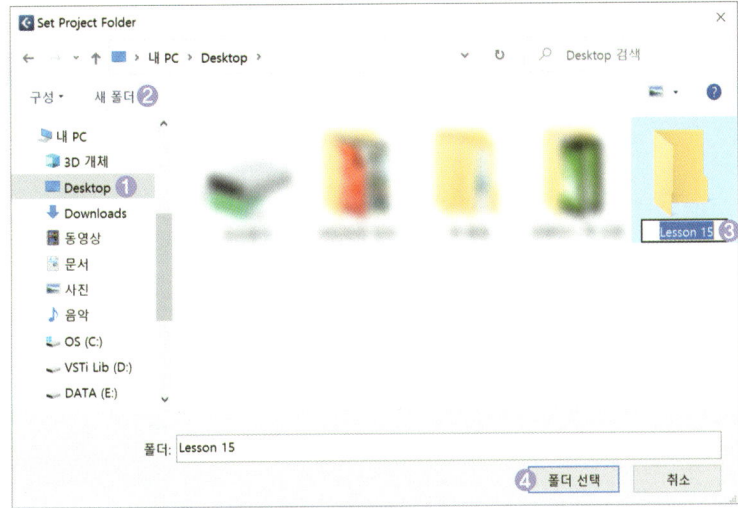

프로젝트 파일 저장하기

큐베이스 상단 메뉴에서 [File] - [Save]를 선택한 후 Save as 창에서 원하는 ①[위치(폴더)], 원하는 ②[파일명]으로 ③[저장]한다.

저장하기 단축키는 [Ctrl] + [S]이다. 작업을 시작하기 전에 저장하기는 중요한 습관이다. 그리고 작업 도중에도 저장하는 습관이 필요하다.

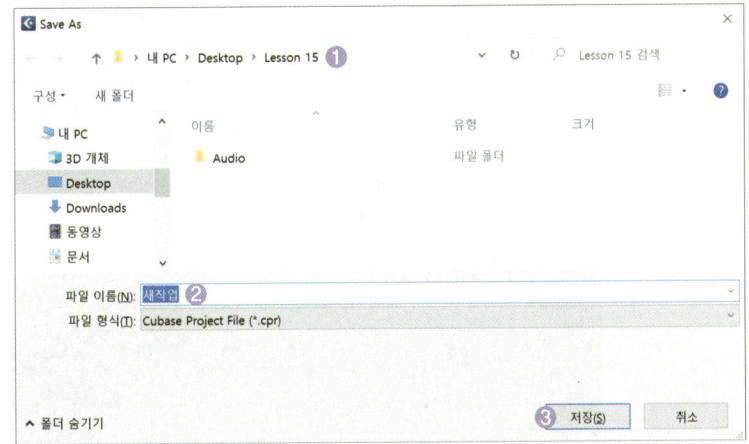

템포와 박자 설정하기

① 큐베이스 하단의 트랜스포트 바에서 템포 설정 창을 더블클릭하여 70으로 변경한 후 박자는 4/4로 유지한다.

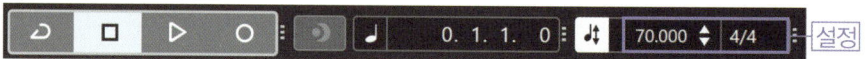

② 박자를 수정해야 할 경우에는 예를 들어 6/8 박자로 변경 시 더블클릭하여 6/8 로 입력하면 된다. 박자 설정 창이 보이지 않는 경우 메트로놈 설정 창 옆에 있는 세로 점 3개를 클릭하면 박자 설정창까지 확장된다.

악기 음색 불러오기 – 첫 번째 방법

큐베이스에 내장된 악기의 음색을 선택할 경우 사용한다. 여기서는 Yamaha S90ES Piano 음색을 선택하기로 한다.

① 오른쪽 Right Zone에서 [Media 탭] – [Search 창에 Yamaha S90ES Piano 입력] – [Yamaha S90ES Piano 항목 더블 클릭]한다. Right zone이 보이지 않는 경우 ☆(별 모양) 부분의 버튼을 클릭하면 된다.

더블클릭 후 Piano 음색의 트랙이 생성된다.

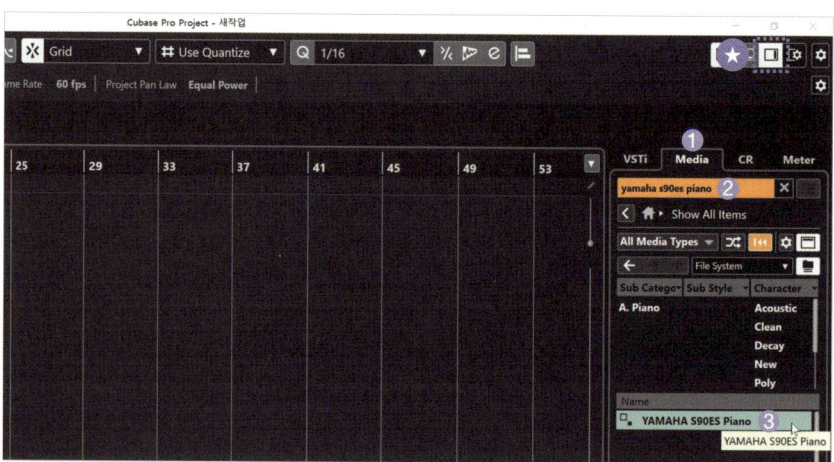

❷ 아래 그림과 같이 설정한 후 컴퓨터와 연결되어있는 건반을 누르면 피아노 소리가 출력된다.

악기 음색 불러오기 – 두 번째 방법

큐베이스의 내장 악기와 별도로 구매한 추가 악기를 사용할 경우 이 방법을 사용한다. 많이 사용하는 외부 악기에는 Kontakt, Serum 등이 있다.

❶ Right zone에서 [VSTi 탭] – [Add Track Instrument.. 버튼] – [Instruments] – [Synth] – [HALion Sonic SE] – [Add Track] 버튼을 클릭한다.

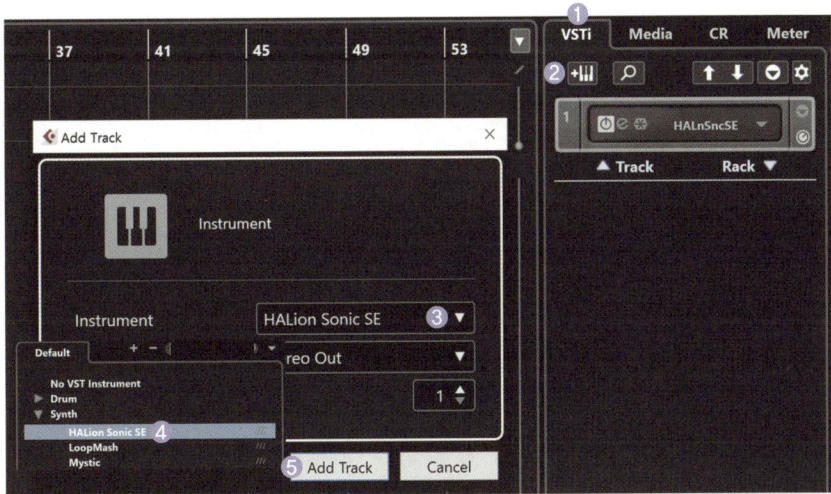

❷ 계속해서 [HALion Sonic SE 3의 1번 채널] – [Search 칸에 Piano 입력] – [YAMAYA S90ES Piano]를 더블클릭하여 선택한 후 1번 채널에 YAMAHA S90ES PIANO 이름이 표시 됐는지 확인한다. 설정 후 컴퓨터와 연결된 건반을 누르면 피아노 소리가 출력되며, HALion Sonic SE 3 악기 창을 닫아도 악기의 소리는 유지된다.

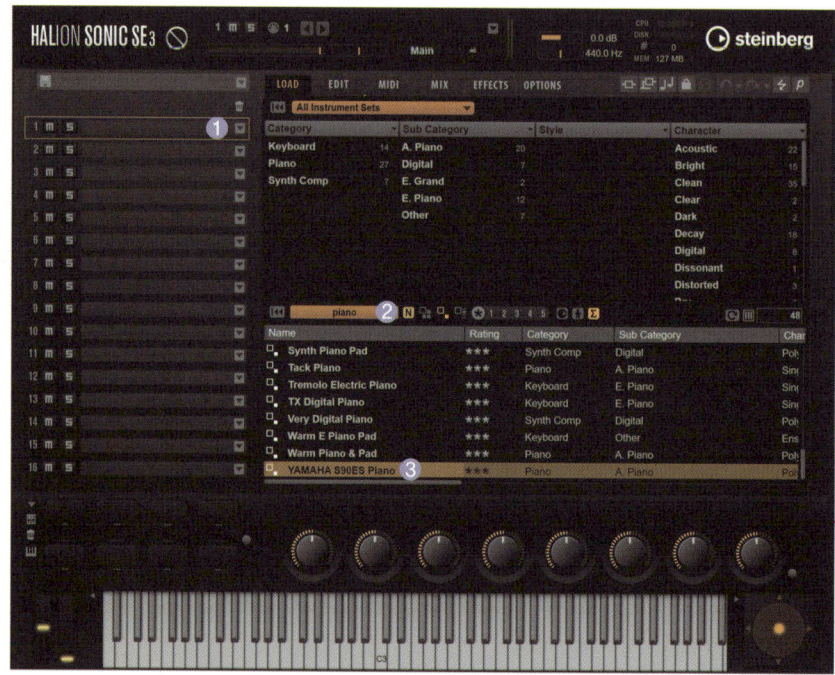

악기 설정 후 트랙의 인스펙터 정보 살펴보기

1. 현재 YAMAYA S90ES Piano 피아노 소리 설정되어 있는 트랙이다.
2. 선택한 트랙이 HALion Sonic SE와 연결되어있다는 의미이다.

3 HALion Sonic SE 악기 하나당 16개의 악기를 불러올 수 있다. 이 트랙은 그 중에 1번 채널 악기라는 의미이다.

4 악기 음색을 다시 선택해야 할 경우 클릭 시 HALion Sonic SE 악기 창이 열린다.

레슨 정리

새로운 프로젝트의 폴더명과 파일명을 아무런 의미 없이 생성할 경우에는 다시 파일을 찾을 때 어려움을 겪을 수 있다. 그러므로 곡 명이 생각이 나지 않더라도 그날의 느낌이나 작업한 곡의 장르로 파일명을 저장하는 것을 권장한다.

파일 저장의 좋지 않은 예 asdasd.cpr / 123123.cpr / ascvjhlse.cpr 등...

마우스로 음표를 어떻게 입력하나요?

마우스를 이용해 음표를 입력하고 수정하는 것은 시퀀싱 프로그램 사용의 기본 기술이다. 특히 자신의 연주 실력으로 악보를 입력하기 어려운 경우나 건반으로 입력한 후 수정을 위해서는 필수적이다. 이번 레슨에서는 마우스를 이용한 음표 입력과 편집 방법을 살펴보기로 한다.

마우스로 음표 입력하기

이번에는 아래에 있는 악보의 음표를 마우스로 입력하는 방법에 대해 알아본다.

① 새로운 프로젝트를 만들어준다. 새로운 프로젝트를 만드는 방법은 [Lesson 15]를 참고하기 바란다.

② 악기는 [Yamaha S90es Piano]로 설정한다.

③ 트랜스포트 창에서 템포를 80으로 설정한다.

④ 마디 라인에 맞추어 정확히 그리기 위해 ❶[스냅(Snap)] 버튼을 켜고 ❷[펜(Pen)] 툴로 ❸[1마디부터 4마디]까지 클릭 후 드래그하여 빈 이벤트를 그려준다.

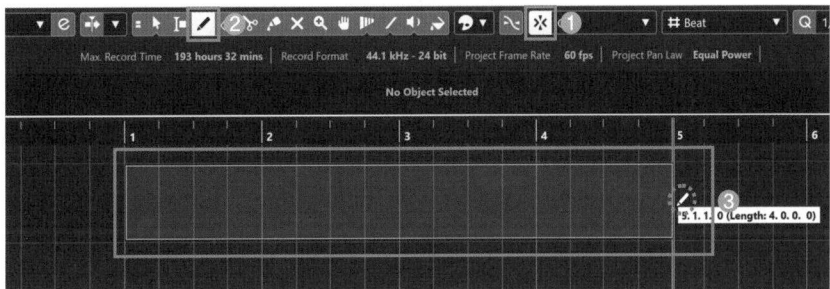

⑤ ❶[선택] 툴로 빈 이벤트를 ❷[더블클릭]하여 하단 Low zone에 Key editor를 실행한다.

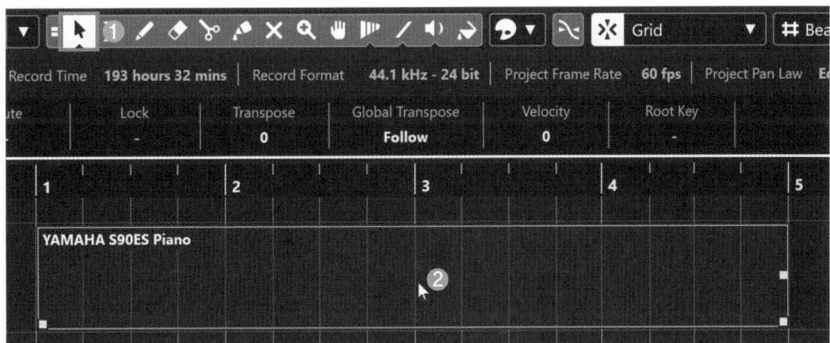

⑥ 키 에디터에서 음표를 편하게 그릴 수 있도록 설정한다.

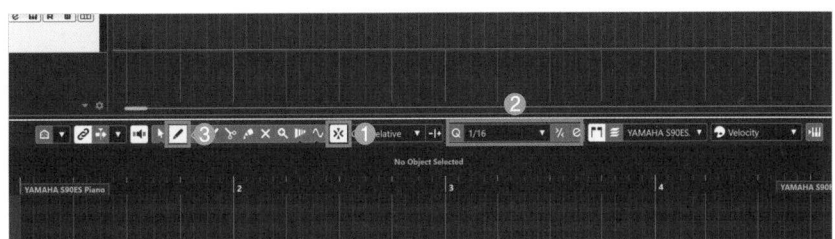

❶ 정확한 라인에 맞춰 그리기 위해 스냅 버튼을 활성화한다.
❷ 퀀타이즈 프리셋(Quantize preset)1)에서 악보에 보이는 제일 짧은 노트인 16분음표로 선택한다.
❸ 펜 툴을 선택한다.

1) 키 에디터에서 보이는 칸을 설정한 음표의 간격으로 보여준다.

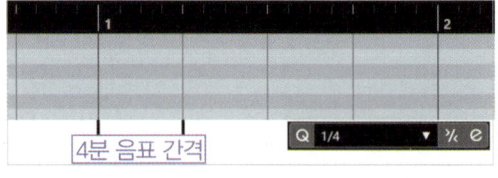
◀ 퀀타이즈 프리셋 4분음표로 지정

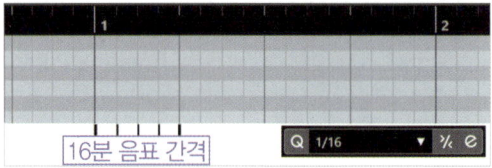
◀ 퀀타이즈 프리셋 16분음표로 지정

❼ 악보를 보고 옥타브와 음의 위치, 길이를 확인하며 펜으로 그린다.

악보에서 기본 도(C)음은 위치는 C3이다. 앞쪽에는 알파벳을 음의 이름, 뒤쪽의 숫자는 옥타브를 표시한다.

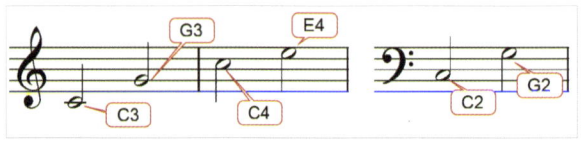

❽ 첫 음(E5)을 그린다. 2분음표와 8분음표가 붙임줄로 연결되어 있으므로 2박자와 반 박자를 더한 길이로 그려준다.

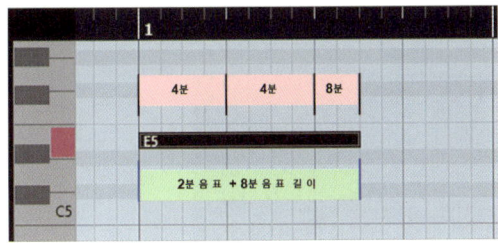

⑨ 악보에 맞춰 전체 음표를 그려본다. 쉼표의 입력은 쉬는 길이만큼 비우고 다음 음표를 그려준다.

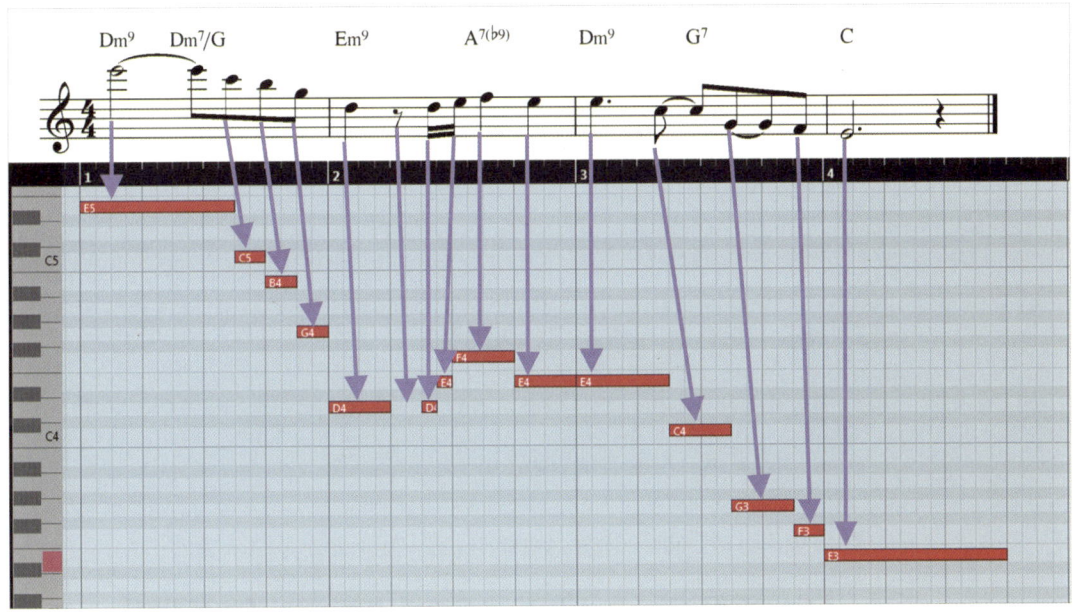

노트 수정하기

이번엔 음표를 잘못 그렸을 때 수정하는 방법에 대해 알아본다.

음표를 입력하다가 음 높이를 잘못 입력한 경우

음높이가 틀렸더라도 음표 길이에 맞춰 그린다. 그 후 곧바로 [↑] 또는 [↓] 방향키를 이용하여 음높이를 수정할 수 있다. 그리고 노트를 선택 후 [Ctrl] + [←] 또는 [→] 방향키를 이용하여 음 위치를 수정할 수 있다.

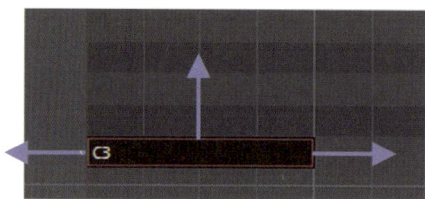

음 길이를 수정하는 경우

선택 툴 또는 펜 툴로 노트의 앞쪽 또는 뒤쪽을 클릭 후 드래그하여 수정한다.

벨로시티(Velocity) 값 수정하기

벨로시티 값은 음의 세기를 나타낸 값을 말한다. 값의 범위는 0~127으로 되어있으며, 값이 127일 경우 가장 세게 연주한 소리가 출력된다.

키 에디터 하단의 Controller Lane에서 벨로시티 값을 조절(조정)한다.

마우스 포인터(커서)를 Controller Lane에 위치하면 펜 툴로 자동 변경된다.

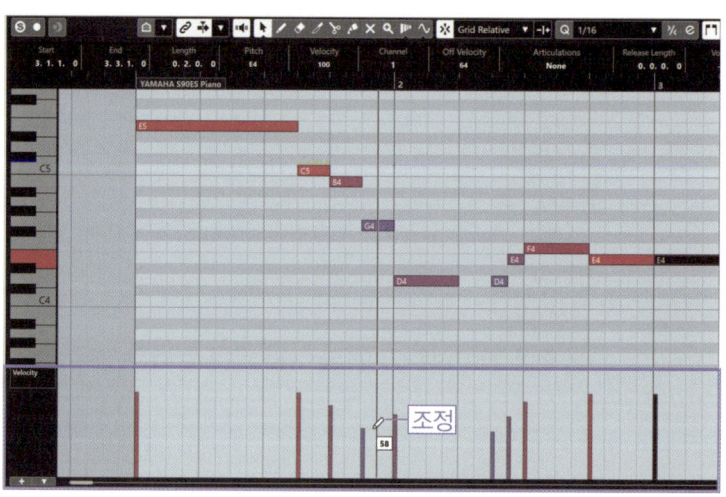

Controller lane이 보이지 않는 경우

키 에디터 좌측 하단의 [Create Controller Lane] 버튼을 클릭한다.

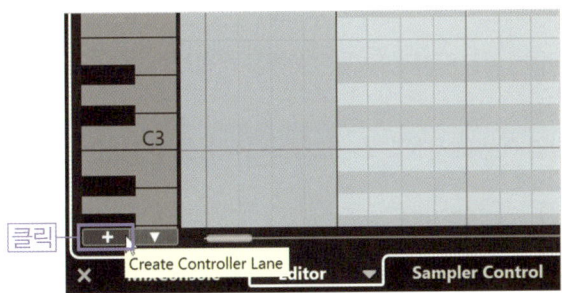

Controller lane의 표시 값이 벨로시티가 아닌 경우

❶[컨트롤 이름]을 클릭 후 팝업 메뉴에서 ❷[Velocity] 메뉴를 선택한다.

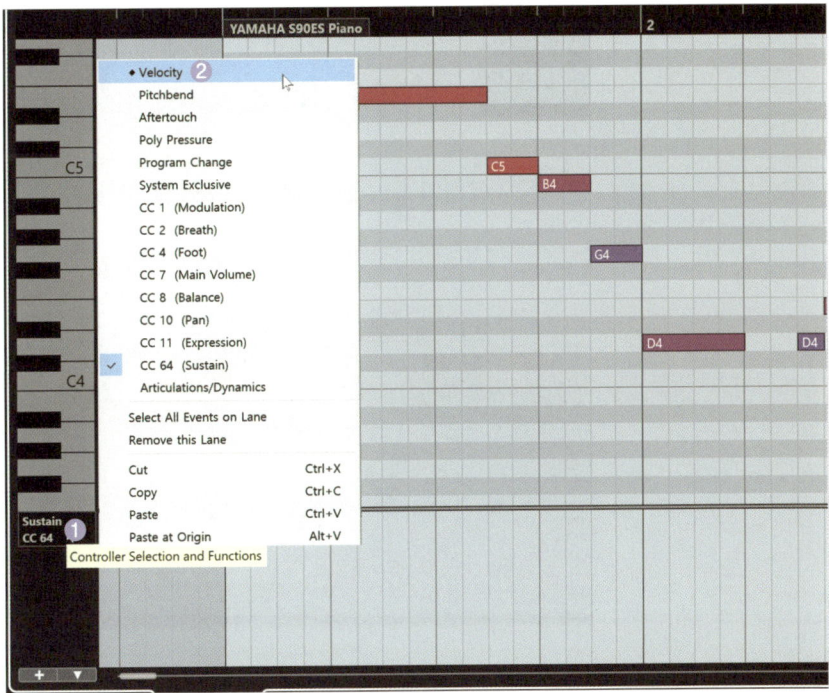

서스테인(Sustain) 값 입력하기

서스테인 페달은 피아노의 세 개 페달 중 맨 오른쪽에 위치해 있으며, 이 페달을 밟으면 연주 후에도 소리가 지속된다. 서스테인 값은 0~127 범위로 설정될 수 있으며, 0은 페달을 뗀 상태, 127은 페달을 밟은 상태를 나타낸다.

❶ 클릭 후 팝업 메뉴에서 [CC 64 (Sustain)] 메뉴를 선택한다.

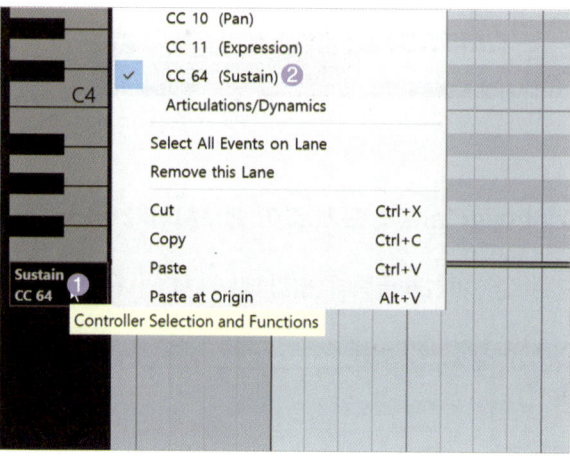

❷ 펜 툴을 사용하여 서스테인 값을 그려서 입력한다.

❸ 실시간 건반 녹음 시 페달을 밟는 경우 Controller Lane의 CC 64 (Sustain) 메뉴에서 수정할 수 있다.

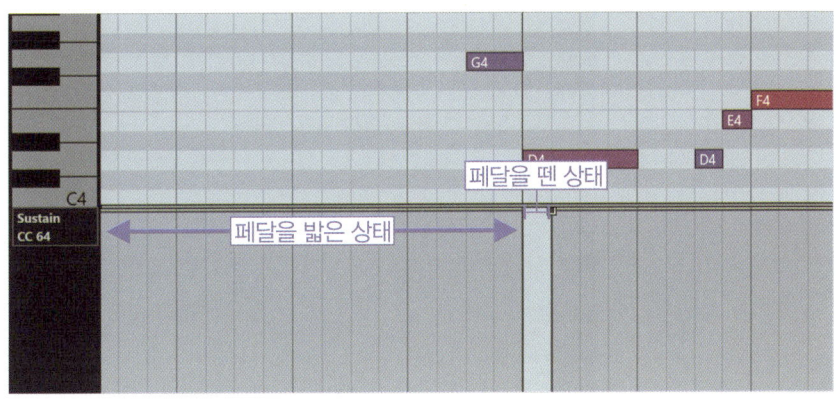

피아노 코드 연주에 서스테인 페달 입력하기

① 코드를 바꿔 치는 앞 부분에서 페달 값을 0으로 설정해 주고, 짧은 간격을 두고 127로 설정한다.

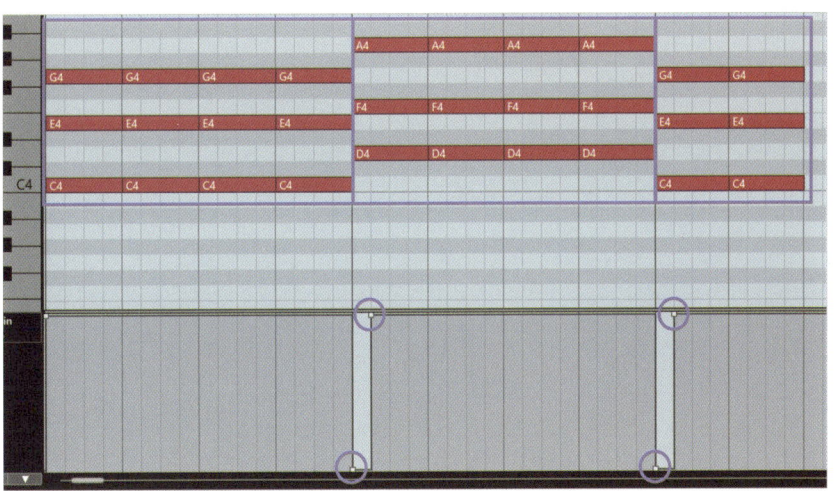

② 다음의 그림은 나쁜 예의 그림으로써 코드가 바뀌기 전 페달을 뗐다가 밟았을 경우 피아노 소리가 끊어져 들리게 된다.

> **레슨 정리**
>
> 작업 시 마우스로 음표를 입력 및 수정하는 방법은 필수적인 능력이므로 익숙해 질 때까지 반복 연습하기를 바란다.

피아노 녹음은 어떻게 하나요?

이번 레슨에서는 컴퓨터에 연결되어있는 건반으로 피아노를 실시간(Real time) 녹음을 하는 방법에 대해 알아보도록 한다.

건반 녹음을 위한 설정하기

여기에서는 아래의 악보를 보며 녹음해 보도록 한다.

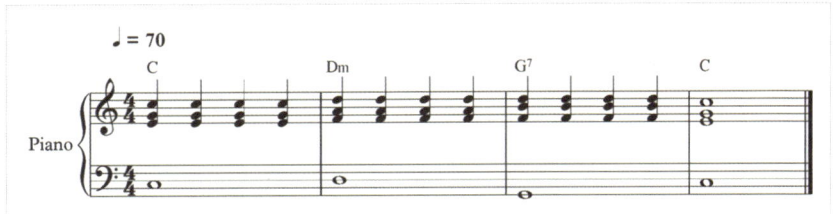

① 새로운 프로젝트(Lesson 15 참고)를 생성한다. 그다음 ❶[Right Zone] 버튼을 클릭, ❷[Media] 탭 클릭, [❸Search 칸에서 Yamaha S90ES Piano] 입력, ❹[Yamaha S90es Piano] 항목을 더블클릭한다. Right Zone 활성화 시 1번 버튼은 누르지 않아도 된다.

❷ 트랜스포트 바에서 템포를 악보와 같이 ❶[70]으로 입력한 후 아래의 ❷[메트로놈] 버튼을 클릭하여 메트로놈 신호를 활성화한다. 다시 한번 클릭하면 해제된다. (단축키 C)

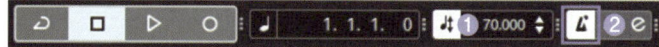

실시간으로 건반 녹음하기

① ❶[스냅]을 클릭하여 활성화한 후 녹음하고자 하는 마디에 ❷[마우스 커서(포인터)]를 위치시킨다. 그다음 ❸[녹음] 버튼 클릭하여 녹음을 시작한다.

녹음 버튼은 위에 위치한 녹음 버튼 또는 트랜스포트 바의 녹음 버튼 중에 어떤 것을 눌러도 상관없다. 그리고 녹음을 위해서는 숫자키패드의 [*] 키를 권장한다.

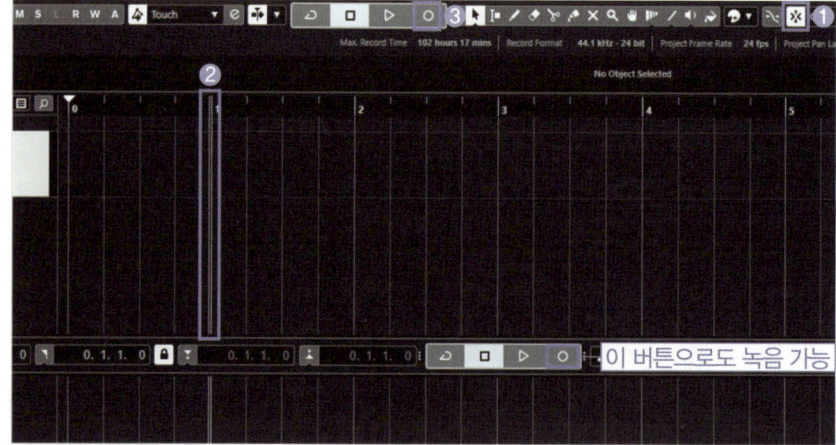

② 녹음 시 선택한 트랙의 커서가 위치한 마디부터 이벤트가 자동으로 생성되면서 녹음이 된다.

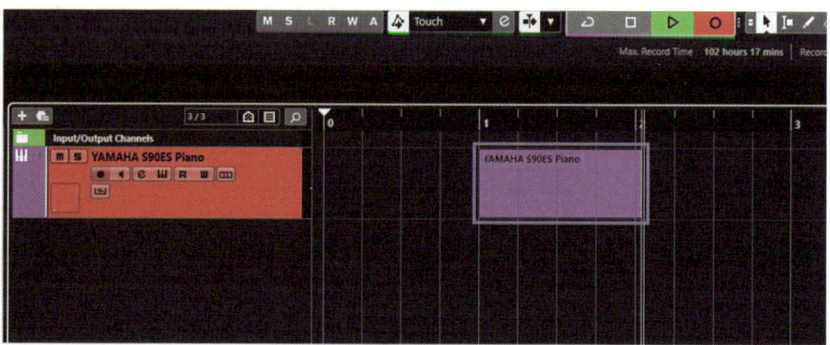

프리 카운트(Precount) 켜기

녹음 버튼을 누른 후 곧바로 녹음하기 어렵다면 프리 카운트(예비박) 기능을 이용하면 편리하다.

❶ 트랜스포트 바에서 박자 설정의 오른쪽에 있는 [프리 카운트 버튼]을 클릭하여 활성화한다.

❷ 프리 카운트 버튼이 보이지 않는다면 [Open metronome setup] 버튼 옆에 세로 점 3개를 잡아 오른쪽으로 드래그한다.

프리 카운트(Precount) 마디 수 설정하기

프리 카운트의 기본적으로 2마디(4/4박자 기준 8박자)로 설정되어있다.

❶ 프리 카운트의 마디를 설정하기 위해 Transport bar에서 [Open Metronome Setup] 버튼을 클릭한다.

❷ 메트로놈 셋업 창이 열리면 Count-in 항목 중 Number of Bars in Count-In에 원하는 프리카운트의 ❶[마디 값]을 입력한다. 그다음 ❷[OK] 버튼을 누르고 나온다.

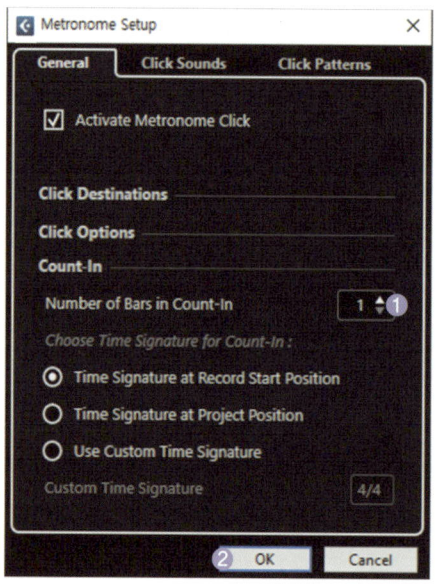

녹음된 데이터 재생하기

녹음이 완료되면 그림처럼 이벤트 안에 녹음한 노트가 입력된 것을 볼 수 있다. 이제 재생하고자 하는 위치에 커서를 갖다 놓고 [스페이스바]를 눌러 재생해 본다.

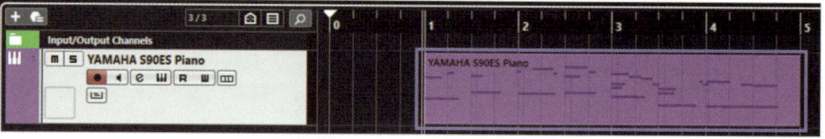

저장하기

단축키 [Ctrl] + [S] 키를 눌러 지금까지 작업한 것을 저장할 수 있다.

> **레슨 정리**
>
> 실시간으로 건반을 입력할 때는 메트로놈에 맞춰야 한다. 메트로놈에 맞추지 않거나 메트로놈 없이 입력하면 입력 노트 수정 시 많은 노력과 어려움이 발생한다.

빠른 연주 시 건반으로 쉽게 입력하고 싶어요.

이번 레슨에서는 건반을 활용하여 단계별(Step)로 입력하는 방법에 대해 알아보도록 한다.

이벤트 생성과 키 에디터 창 설정하기

아래 그림 다음과 같이 짧은 길이의 음표들은 연주가 미숙할 경우 메트로놈에 맞추어 녹음하기가 쉽지 않다.

① 새로운 프로젝트를 생성한 후 피아노 트랙을 생성(Lesson 15 참고)한다.

② [펜] 툴을 이용하여 한 마디의 빈 이벤트를 생성한다.

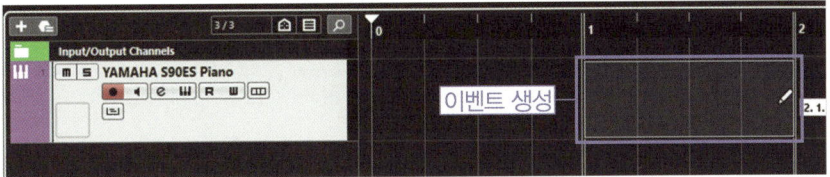

③ 빈 이벤트를 더블클릭하여 키 에디터를 열어준다.

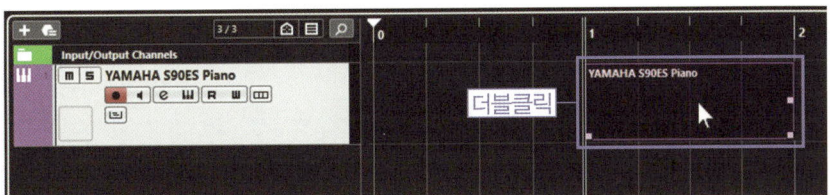

음악제작 111

팁 & 노트

키 에디터를 로우 존이 아닌 항상 별도의 창에서 열리게 할 경우

상단 메뉴에서 [File] - [Preferences] 메뉴를 선택한 후 Preferences 창 오른쪽의 [Edit] - [Double-click opens Editor is a Window] - [OK] 순으로 설정하면 된다.

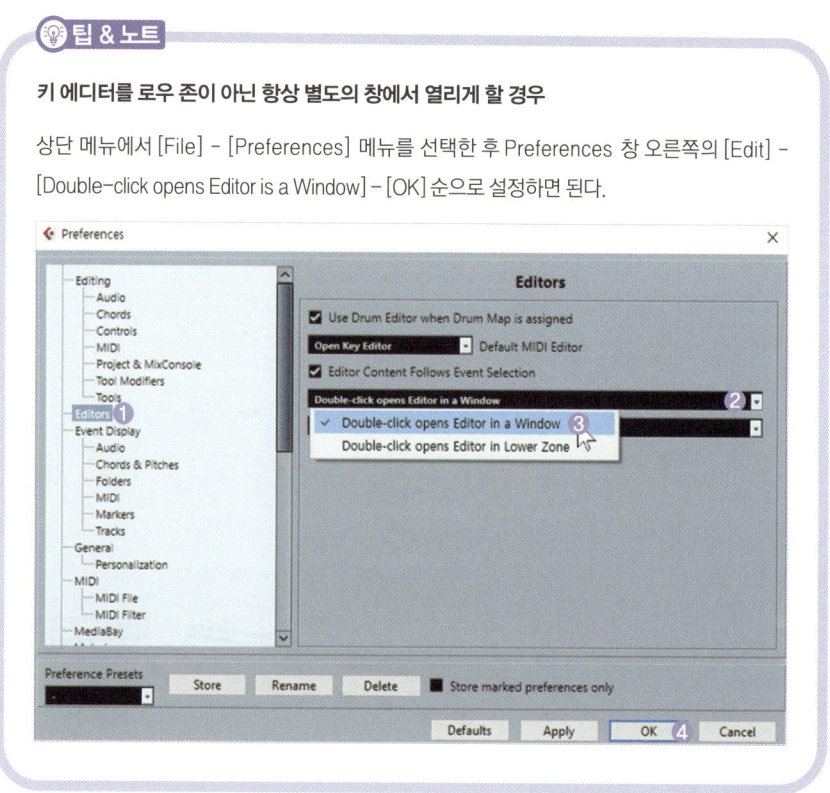

≡ 스텝 입력하기

① 키 에디터에서 ①[Step input] 버튼을 누른 후 파란색 선을 ②[←] 또는 [→] 방향키로 이동하여 음표를 입력할 시작점에 위치시킨다.

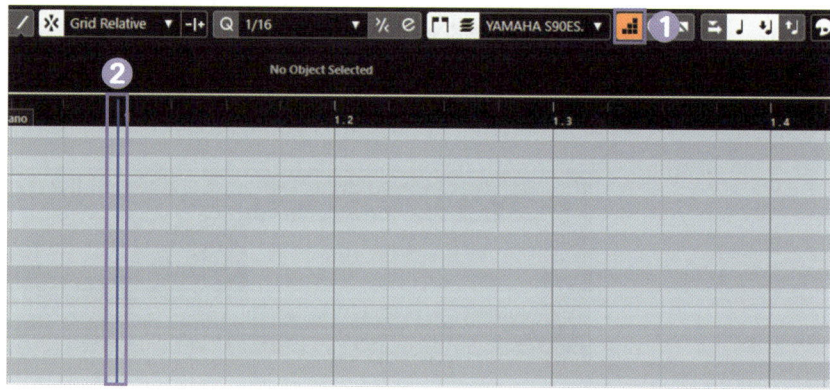

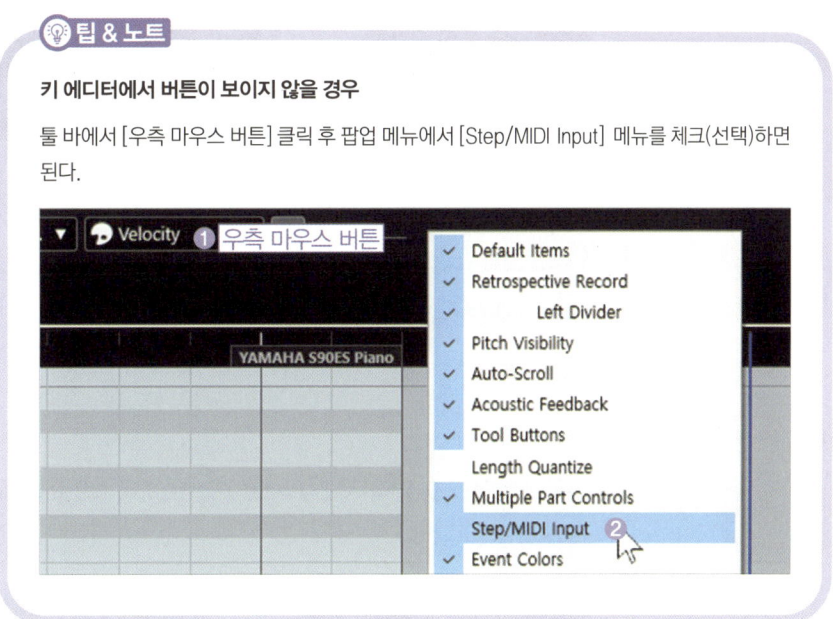

② [Quantize Preset]을 클릭 후 1/16(16분 음표)를 선택하여 건반으로 악보에 맞게 입력한다.

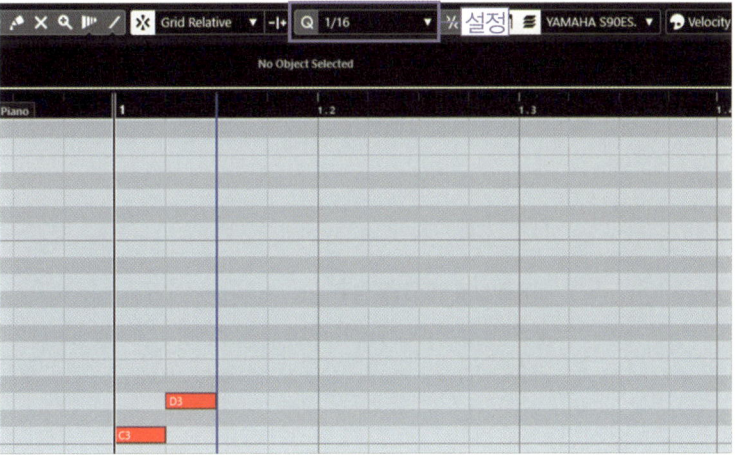

☑ 노트 입력 후 파란색 선은 자동으로 다음 위치로 이동하게 된다.

③ 32분음표 입력 시 Quantize Preset에서 1/32를 선택하여 건반으로 악보에 맞게 입력한다.

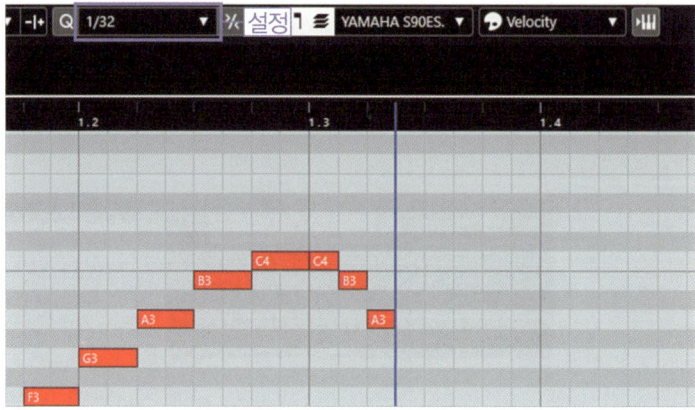

④ 8분 셋 잇단 음표 입력 시 Quantize Preset에서 1/8 Triple을 선택하여 건반으로 악보에 맞게 입력한다.

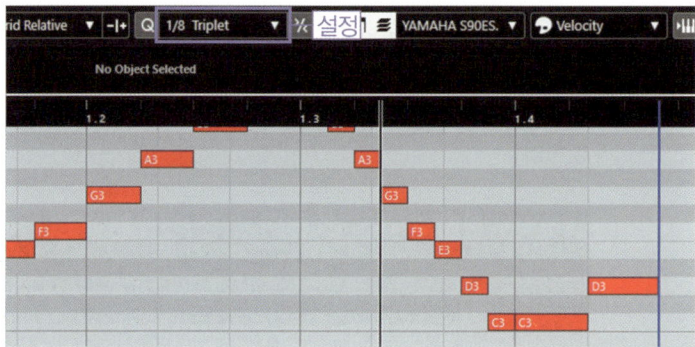

💡 팁 & 노트

음표를 잘못 입력했을 경우

틀려도 그대로 입력한 후 수정하는 방법과 [Ctrl] + [Z] 키를 눌러 음표 입력을 취소한 후 [←] 방향 키로 입력하고자 하는 시작점에 돌아가 다시 입력하는 두 가지 방법이 있다.

📝 레슨 정리

빠른 노트를 입력할 경우 마우스로 입력하는 방법도 있지만 스텝 인풋을 이용할 경우에는 건반의 벨로시티(음의 세기)까지 적용되어 입력된다.

큐베이스에는 어떤 악기들이 제공되나요?

이번 레슨에서는 큐베이스에 내장되어있는 악기의 종류에 대해 간단히 알아보도록 한다.

Halion Sonic SE 3(모든 버전에 내장)

종합 모듈로써 큐베이스 안에서 가장 많이 사용되는 악기이다. 가장 즐겨 사용하는 드럼, 피아노, 기타 외 신시사이저 악기들까지 선택하여 사용할 수 있다. Pro, Artist, Element 버전에 따라 악기 수에 차이가 있다.

음악제작 **115**

Groove Agent SE 5

드럼 및 타악기를 전문적으로 다루고 있는 악기이다.

PadShop 2 (Artist, Pro 버전에 내장)

오디오 샘플을 재생산하여 독특한 패드 계열의 소리를 만들어내는 악기이다.

Retrologue 2 (Pro, Artist 버전에 내장)

아날로그 신시사이저 사운드를 제공하며, 파라미터들을 조작하여 원하는 사운드를 만들수 있다.

레슨 정리

시작하는 단계에서 악기의 세밀한 부분을 알아가기보다는 악기마다의 큰 특징을 알아보고, 직접 악기를 불러온 후 내장되어있는 프리셋들을 선택하여 들어보는 것을 추천한다.

건반으로 입력한 박자가 안 맞아요.

건반으로 실시간 녹음을 할 경우 메트로놈 클릭음에 맞춰 녹음하더라도 노트들의 박자가 당겨지거나 밀려서 맞지 않는 경우가 있다. 이번 레슨에서는 건반으로 입력한 미디 노트의 박자를 박자 선(Grid)에 정확히 맞춰주는 기능에 대해 알아보도록 한다.

퀀타이즈(Quantize) 활용하기

[학습자료] – [Lesson 20 Workshop] 폴더에 있는 프로젝트 파일을 열어서 학습해 본다.

퀀타이즈는 건반으로 음을 입력할 때 어긋나게 연주된 노트들을 박자 선(Grid)에 정확히 정렬해주는 기능이다. 아래 그림을 보면 퀀타이즈 전후의 모습을 비교했을 때 퀀타이즈 후의 노트들의 시작 위치가 박자 선에 정확히 정렬되었음을 볼 수 있다.

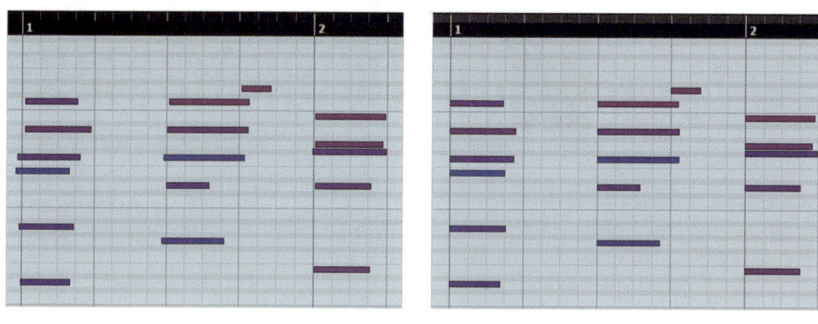

▲ 퀀타이즈 전   ▲ 퀀타이즈 후

퀀타이즈 하기

❶ [Lesson 20 Workshop.cpr] 파일을 불러온다.

❷ 예제 파일 안에는 악보에 맞추어 미리 노트들이 입력된 Piano와 Solo 트랙이 있다. 먼저 프로젝트를 재생하여 들어보고, 박자가 맞지 않는 부분을 파악해 본다. 그리고 Solo 트랙의 미디어 밴드를 더블클릭하여 Key Editor로 들어간다.

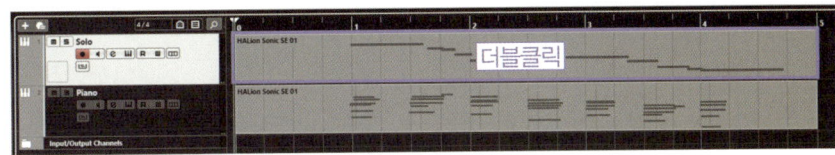

❸ 그러면 키 에디터 확인 시 입력된 노트들이 박자선에 정확히 맞지 않은 것을 확인할 수 있다.

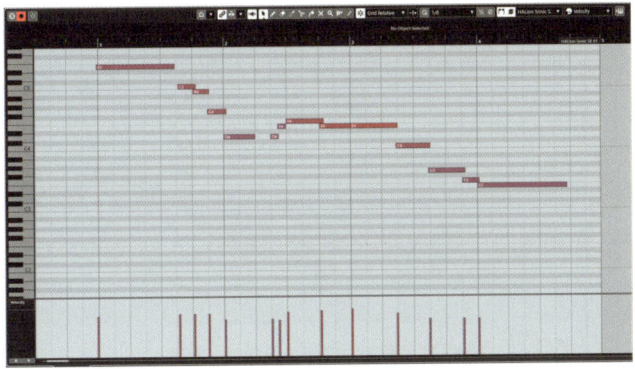

❹ ❶[퀀타이즈 프리셋]을 클릭하여 ❷[1/16]로 설정한다. 노트 길이를 정하는 기준은 입력된 노트 중에 가장 길이가 짧은 노트로 한다.

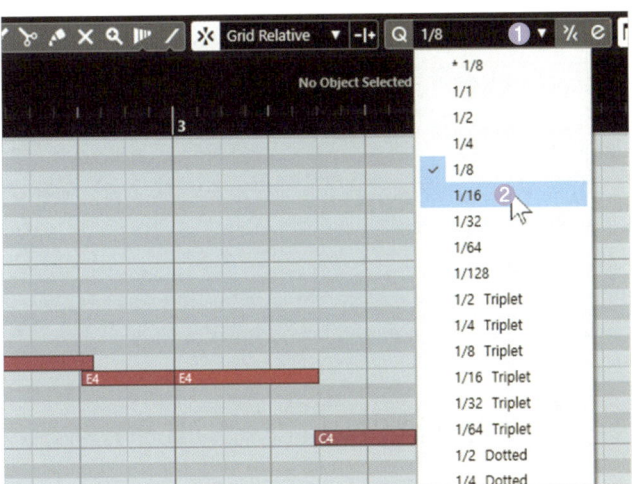

음악제작 119

⑤ 만약 퀀타이즈 프리셋을 4분 음표(1/4)로 설정하여 퀀타이즈를 실행했을 경우에는 4분 음표 박자선에 노트를 정렬한다. 퀀타이즈 기능은 큐베이스가 노트들을 음악적으로 인식해서 정렬해주는 것이 아니라 설정한 퀀타이즈 프리셋의 음표 길이에 맞춰 정렬시켜주는 것이다. 그러므로 연주 시 메트로놈에 맞게 연주하는 것이 가장 중요하다.

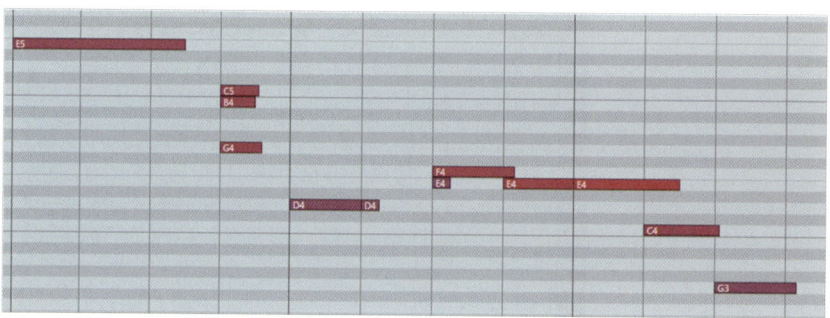

▲ 퀀타이즈 프리셋을 4분음표로 설정 시

⑥ 퀀타이즈로 지정할 영역을 선택합니다. 현재 이벤트의 모든 노트를 퀀타이즈로 지정할 경우에는 단축키 [Ctrl] + [A]를 눌러 전체 선택한다.

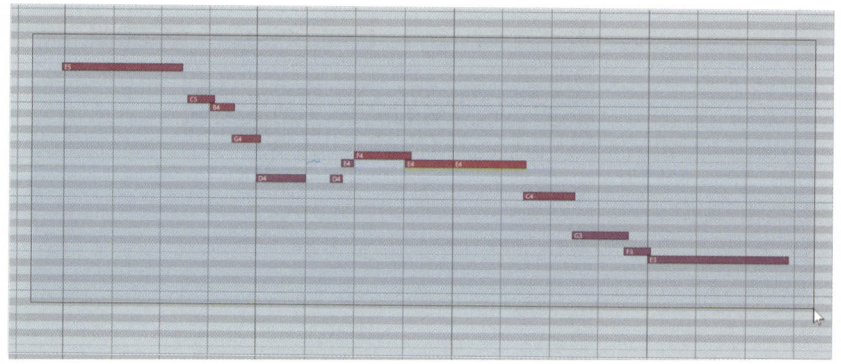

⑦ 메뉴에서 ❶[Edit] 메뉴에서 ❷[Quantize]를 선택하여 퀀타이즈를 실행한다.

퀀타이즈는 많이 사용하는 기능이므로 단축키를 사용하는 것이 좋다. 만약 단축키 사용 시 [Q] 키를 눌러도 명령이 실행되지 않을 경우 [한/영] 키를 눌러 영어로 설정한다. 또한 다른 기능의 단축키도 실행이 안될 경우 [한/영] 키를 확인해 본다.

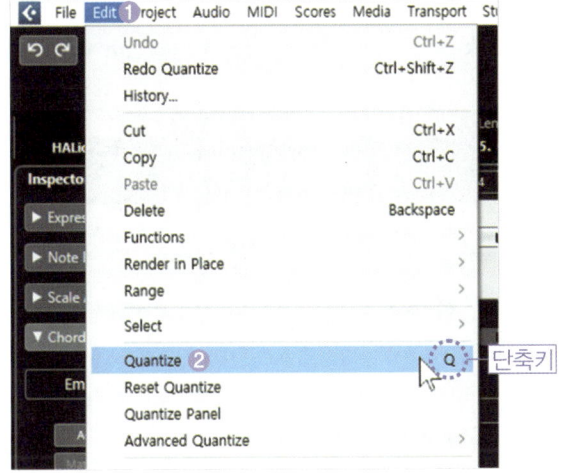

⑧ 퀀타이즈 실행 후 정확히 라인에 맞춰 정렬되었음을 확인할 수 있습니다.

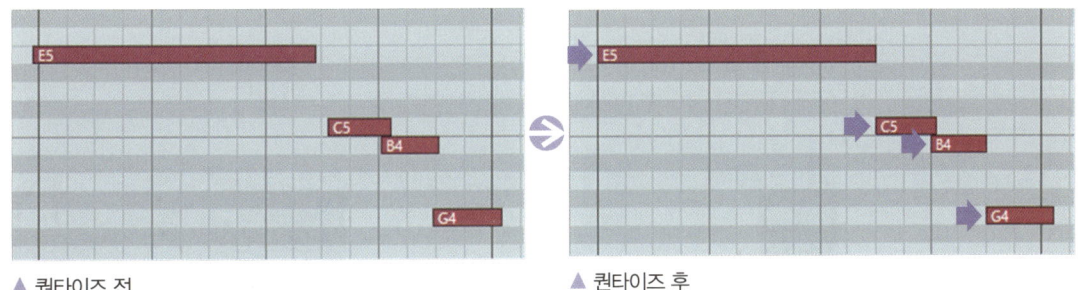

▲ 퀀타이즈 전　　　　　　　　　　▲ 퀀타이즈 후

자연스러운 퀀타이즈 하기

이번엔 퀀타이즈 후 노트들의 박자가 너무 정확하게 맞춰지게 되면 잃을 수 있는 자연스러운 느낌들을 살리며 퀀타이즈하는 방법에 대해 알아본다.

① 퀀타이즈 프리셋 옆에 있는 [Soft Quantize] 버튼을 눌러 활성화한다. 그다음 음표를 선택 후 퀀타이즈의 단축키 [Q]를 눌러 퀀타이즈를 실행한다.

❷ 그러면 아래 그림과 같이 기본 퀀타이즈는 정확히 라인에 정렬시키고, 소프트 퀀타이즈는 라인 앞뒤의 가까운 쪽에 임의로 정렬시켜 자연스럽게 정렬한다.

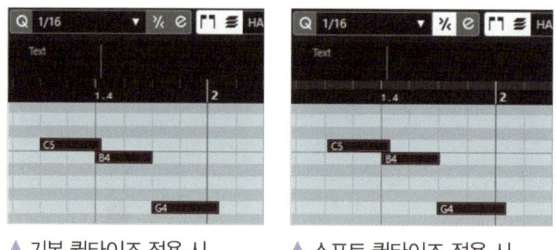

▲ 기본 퀀타이즈 적용 시   ▲ 소프트 퀀타이즈 적용 시

노트의 끝부분 퀀타이즈 하기

이번에는 퀀타이즈 후에 노트 끝부분도 라인에 맞춰 퀀타이즈 하는 방법에 대해 알아본다.

❶ 퀀타이즈할 영역을 선택한 후 [Edit] – [Advanced Quantize] – [Quantize MIDI Event Ends] 메뉴를 선택하여 퀀타이즈한다.

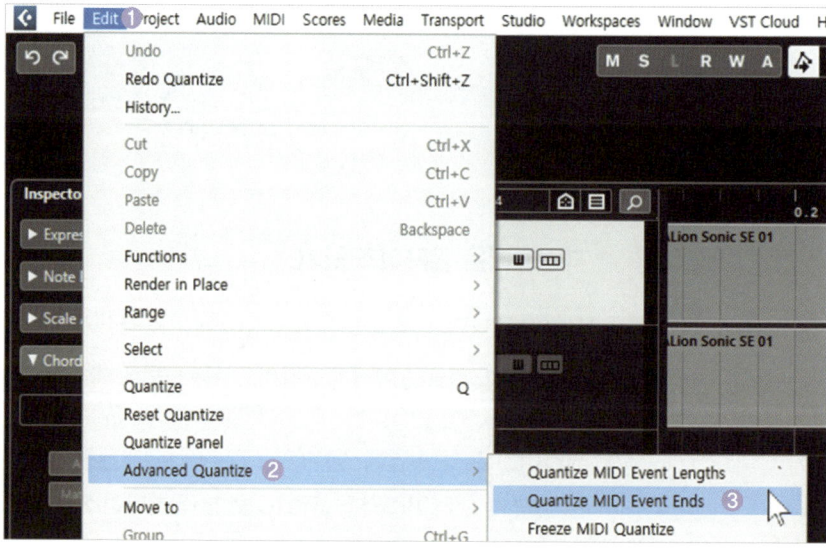

❷ Quantize MIDI Event Ends를 적용한 결과를 보면 다음의 그림처럼 음표의 끝부분이 박자선에 맞춰진 것을 확인할 수 있다.

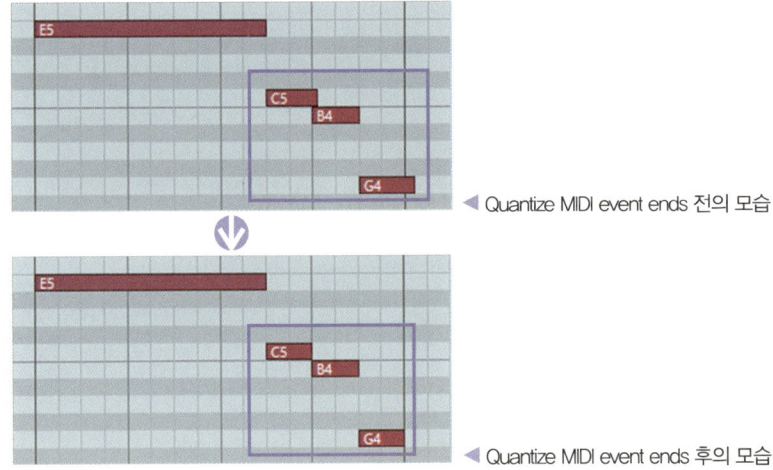

◀ Quantize MIDI event ends 전의 모습

◀ Quantize MIDI event ends 후의 모습

> **레슨 정리**
>
> 건반으로 입력 후 퀀타이즈에 의존하여 모든 음표를 퀀타이즈 할 경우 자연스런 느낌이 없어지기 때문에 무조건적인 사용은 좋지 않다. 그러므로 메트로놈에 맞춰 연주하는 박자 감각을 키우길 바란다.

건반이 없을 땐 어떻게 입력하나요?

작업을 하다 보면 건반이 없는 상황에서 음을 입력해야 할 경우가 생긴다. 이럴 때 키보드 자판을 이용해서 건반을 입력할 수 있는 방법이 있다. 이번 레슨에서는 온 스크린 키보드(On Screen keyboard)를 이용한 입력방법에 대해 알아보도록 한다.

온 스크린 키보드 활성화하기

온 스크린 키보드를 사용할 경우 저장(Ctrl + S), 녹음(키패드 *), 재생/정지(Space Bar), 삭제(Delete), 반복(키패드 /), 트랜스포트 바(F2), 버추얼키보드(Alt + K), 왼쪽 로케이터로 이동(키패드 End)의 단축키만 사용할 수 있다.

❶ 메뉴에서 [Studio] – [On-Screen Keyboard...] 항목을 선택한다. (단축키 Alt + K)

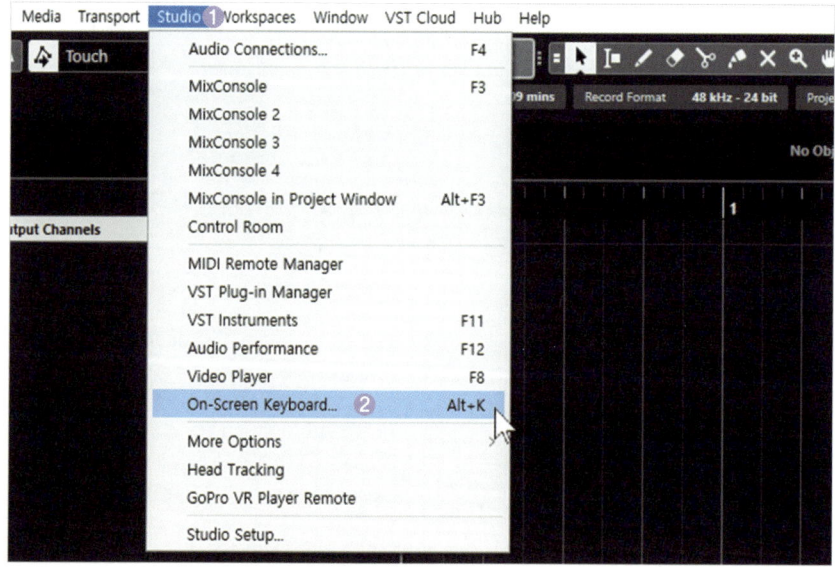

❷ 그러면 다음 그림처럼 온 스크린 키보드가 표시된다.

온 스크린 키보드 구성 알아보기

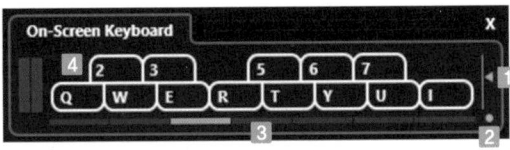 

1. **벨로시티(Velocity) 설정** 키보드 자판은 건반과는 달리 터치 세기를 조절할 수 없다. 그러므로 벨로시티 페이더를 조정하여 입력 세기를 조절해야 한다. 녹음 시 매번 조절하는 것 보다 녹음을 완료한 후에 키 에디터 창에서 수정하는 것이 편리하다.

2. **건반 스타일 변환** 온 스크린 키보드의 모양을 컴퓨터 자판 형식 또는 피아노 건반 형식으로 설정할 수 있다. 컴퓨터 자판으로 설정할 경우 설정해 놓은 한 옥타브 안의 음들만 입력할 수 있다. 피아노 건반으로 설정할 경우 옥타브를 한꺼번에 입력할 수 있다.

3. **옥타브 설정(단축키 ← / →)** 컴퓨터 자판 스타일로 설정한 경우 옥타브를 설정할 수 있다.

4. **건반** Q(도)부터 I(한 옥타브 위의 도)까지 음을 연주할 수 있다.

5. **피치밴드(Pitch band) & 모듈레이션(Modulation) 조절** 건반 왼쪽에 음의 피치를 미세 조정할 수 있는 피치 밴드와 음정의 떨림(비브라토)을 조절할 수 있는 모듈레이션의 량을 조절할 수 있다. 페이더 위에서 마우스로 클릭한 상태에서 위아래로 드래그하여 조절할 수 있다. 요즘 제작되는 대부분의 현(Strings), 금관(Brass), 목관(Woodwinds) 가상 악기에서의 모듈레이션은 음의 떨림이 아닌 음의 세기(Expression)를 조절할 수 있도록 되어있다.

온 스크린 키보드로 녹음하기

건반이 아닌 키보드 자판으로 녹음하는 것이므로 Lesson 15에서 설명한 것 같이 녹음하는 방법은 같다. 주의할 점은 앞서 설명한 것과 같이 단축키의 사용이 한정되어있으므로 녹음 후에는 온 스크린 키보드 기능을 비활성화시켜야 모든 단축키를 사용할 수 있다.

코드 패드(Chord Pad) 사용하기

코드 패드는 연주하려는 코드를 미리 설정하여 쉽게 입력할 수 있도록 만든 기능이다.

메뉴에서 [Project] – [Chord Pads] – [Show/Hide Chord Pads] 를 선택한다. (단축키 Ctrl + Shift + C)

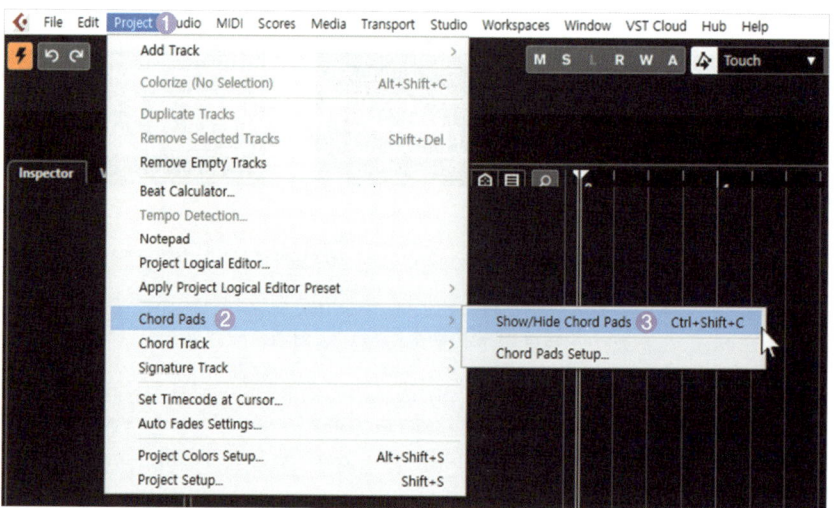

코드 패드의 구성 살펴보기

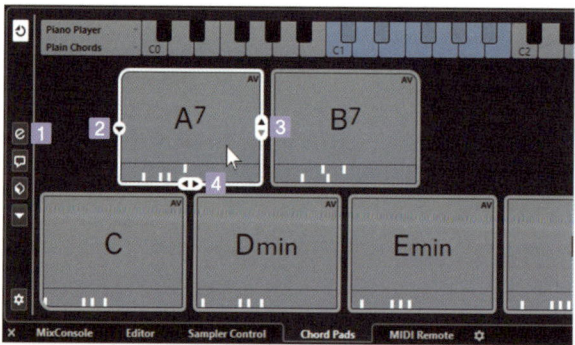

1 코드 패드 설정(Show/Hide Player setup) 코드 패드의 세부 설정을 한다. 악기에 따른 보이싱, 미디 루프를 이용한 리듬 패턴 등을 선택할 수 있으며, 앞서 살펴본 그림처럼 패드 모양으로 보이지 않을 경우 [e] 모양의 버튼을 클릭하면 화면이 전환된다.

2   **코드 설정** 자신이 원하는 코드를 선택하여 설정할 수 있다. 아래 그림은 C#m7/E 코드를 입력한 예이다.

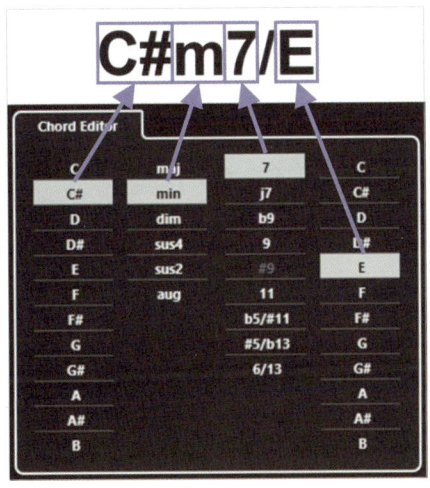

3   **보이싱(Voicing) 설정** 코드의 자리 바꿈을 설정할 수 있다. C코드의 [도미솔] 순서를 [미솔도] 혹은 [솔도미]로 자리 바꿈한다.

4   **텐션(Tession) 설정** 화살표 버튼을 좌우로 클릭할 때마다 설정한 코드에서 사용 가능한 텐션으로 자동으로 적용한다.

코드 패드로 녹음하기

녹음 버튼을 누른 후 코드 패드를 마우스로 클릭하여 녹음할 수 있다. 다른 방법으로는 온 스크린 키보드를 이용하여 코드 패드에 해당하는 컴퓨터 자판을 눌러 녹음할 수도 있다. 코드 패드는 [C1]에서 [B1]까지의 건반을 눌러서 코드 패드를 연주할 수 있다. 온 스크린 키보드에서는 옥타브 설정 섹션에서 3번째 칸이 C1에서 B1까지므로 3번째 칸을 설정 후 컴퓨터 자판을 눌러서 녹음 할 수 있다.

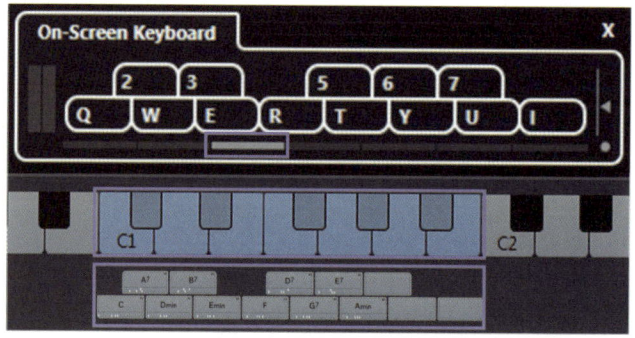

🖉 레슨 정리

온 스크린 키보드로 피아노처럼 연주하기는 어렵다. 그러므로 간단한 멜로디 또는 드럼 리듬 등을 입력하는 경우에 많이 사용된다. 그리고 코드 패드는 건반으로 코드 연주가 힘들거나 텐션 코드 연주가 힘들 경우에 사용할 수 있다. 이 두 가지의 기능을 사용해서 녹음할 경우도 메트로놈에 맞춰서 연주해야 한다.

22 코드 트랙은 어떻게 사용하나요?

이번 레슨에서는 코드 트랙의 기능과 활용방법에 대해 알아보도록 한다.

코드 트랙(Chord Track) 살펴보기

코드 트랙은 프로젝트 창의 마디마다 코드를 입력하여 작업 시 코드를 확인할 수 있으며, 코드 트랙을 이용하여 아래와 같은 테크닉을 구사할 수 있다.

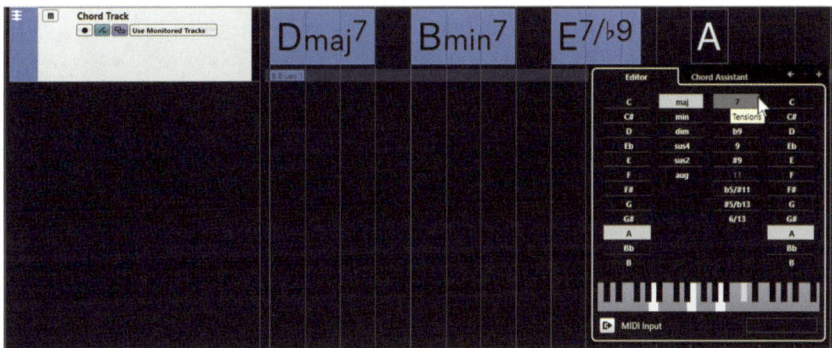

- 미디 트랙에 입력한 음들을 인식하여 코드 트랙에 표시 (Lesson 23 참고)
- 미디 샘플의 음들을 코드 트랙에 맞춰 재구성하여 편곡 (Lesson 27 참고)
- 녹음한 보컬을 코드 트랙의 코드에 맞춰 보컬 하모니 생성 (Lesson 39 참고)

코드 트랙 생성 및 코드 입력하기

아래 그림과 같이 코드를 입력해보도록 한다.

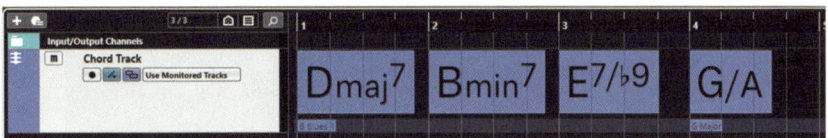

음악제작 **129**

① 트랙 윈도우 위에서 우측 마우스 버튼을 클릭한 후 팝업 메뉴에서 [Add Chord Track]을 선택한다.

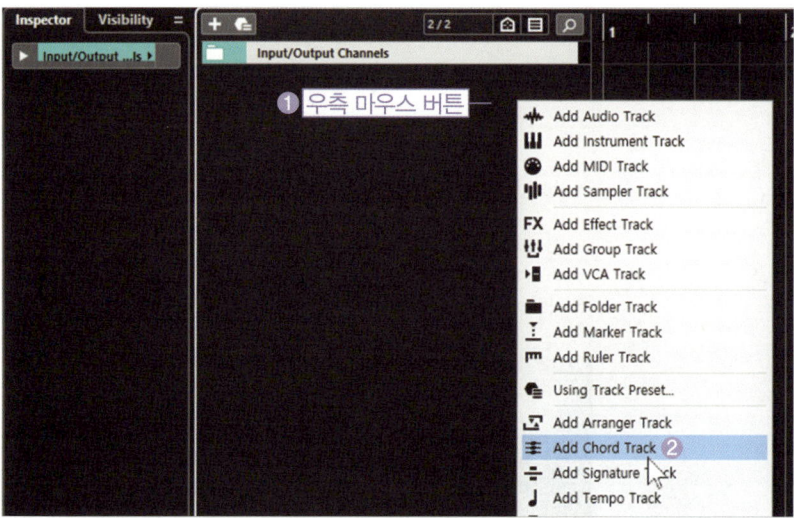

② [펜] 툴을 선택한 후 코드를 입력할 마디마다 클릭하여 [X] 칸을 만든다.

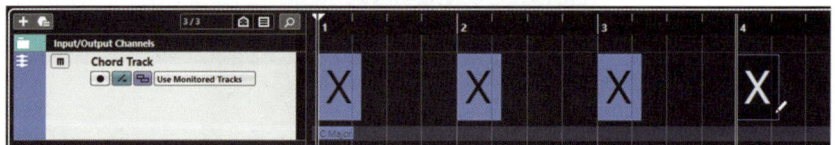

③ Dmaj7을 입력하기 위해 선택툴로 교체 후 [X] 모양을 더블클릭 한 후에 [D]를 선택한다. 그다음[j7]을 클릭한다.

Dmaj7을 입력할 때 [D] – [maj] – [7]을 선택하면 D7이 표시되므로 maj7 코드는 [j7]으로 선택해야 한다. 참고로 [D7]의 7th 음은 단7도의 음정이며, Dmaj7의 maj7은 장7도의 음정이다.

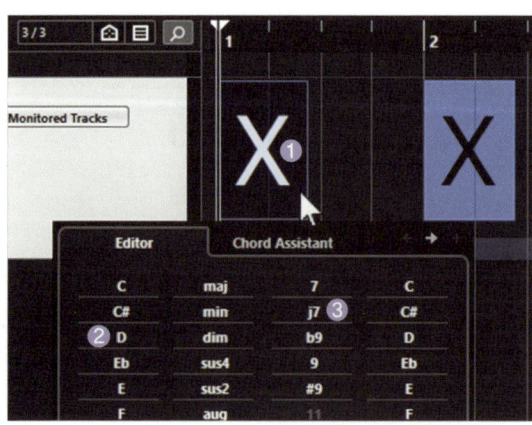

④ 계속해서 아래 그림들을 보고 나머지 코드들을 입력한다.

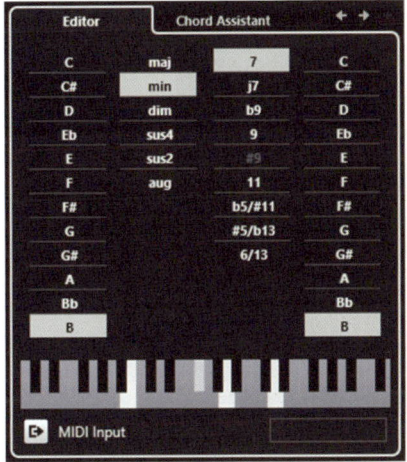
▲ Bm7 코드 입력

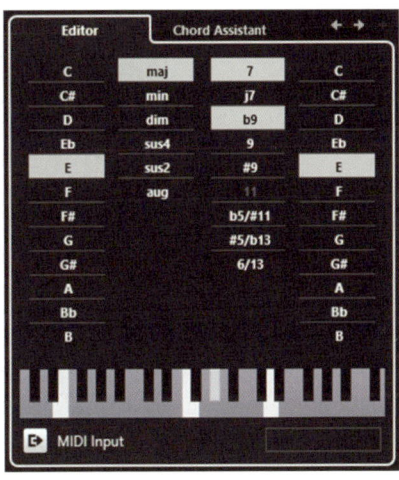
▲ E7(b9) 코드 입력

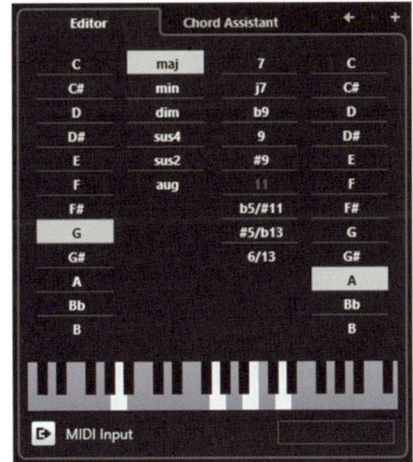
◀ G/A 코드 입력

 팁 & 노트

코드를 박자 단위로 입력하고 싶을 때

코드를 박자 단위로 입력하고 싶을 때는 Grid Type을 Beat로 선택하고 입력하면 되며, Use Quantize로 선택 시 Quantize Presets에서 설정한 음표 단위로 입력이 가능하다.

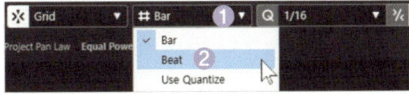

⑤ 아래 그림처럼 코드 선택 창에서 텐션 코드를 입력할 때 회색으로 활성화되지 않은 텐션은 지정한 코드에 적용할 수 없는 텐션이다.

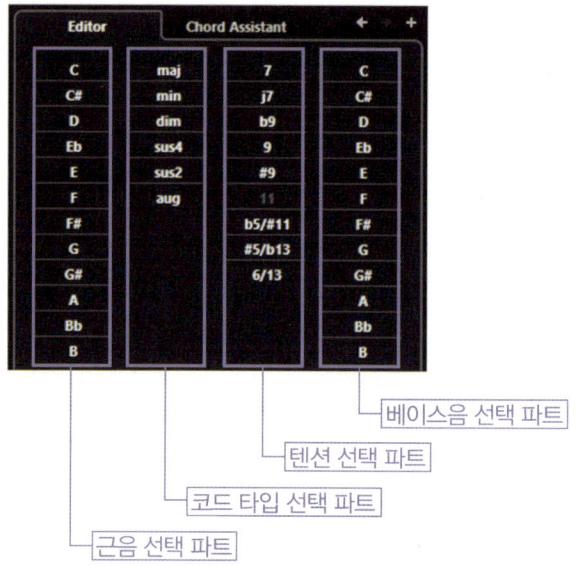

- 베이스음 선택 파트
- 텐션 선택 파트
- 코드 타입 선택 파트
- 근음 선택 파트

입력한 코드 연주하기

① 피아노 음색의 트랙을 생성한다. (Lesson 15 참고)

② 코드 트랙의 ①[Use Monitored Tracks] 버튼을 클릭하여 ②[트랙명]의 항목을 위한 트랙 메뉴를 선택한다. 그러면 재생 시 코드 트랙의 코드에 맞춰 피아노 소리로 연주된다.

132 진짜! 큐베이스 사용법

코드 트랙의 코드를 미디 노트로 생성하기

① 노트가 생성될 ①[트랙]을 선택한 후 ②③④[Project] – [Chord Track] – [Chords to MIDI] 메뉴를 선택하여 선택한 트랙에 코드 트랙에 입력한 코드가 같은 위치 마디에 이벤트와 노트가 생성되도록 한다.

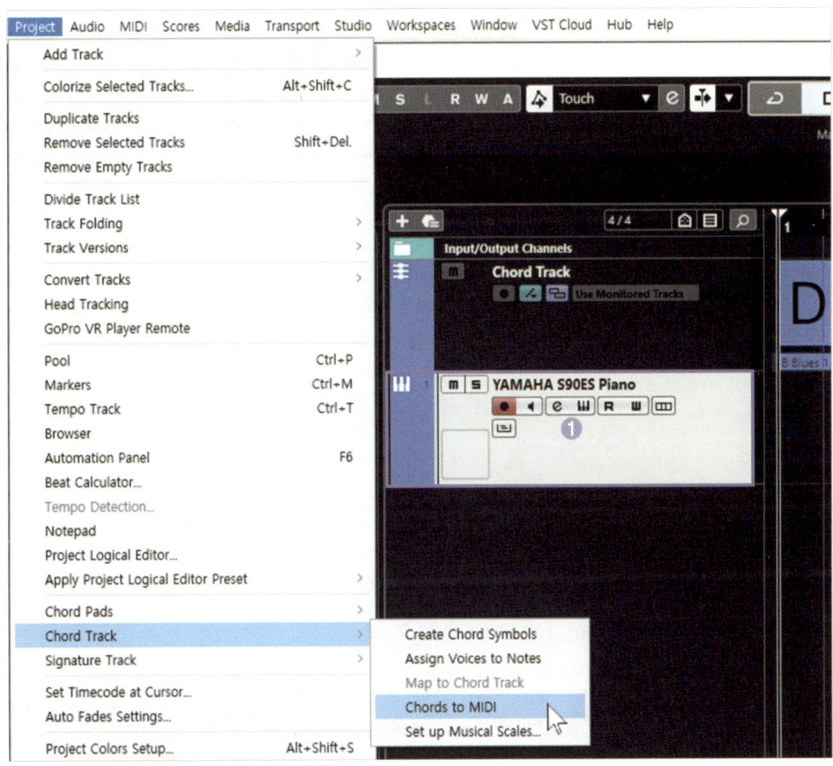

② 현재 상태에서 재생할 경우 위에 있는 코드 트랙의 코드와 피아노 트랙에 있는 음들이 중복되어 재생된다. 코드 트랙의 [m] 모양의 뮤트(Mute) 버튼을 눌러 코드트랙은 무음으로 해준다.

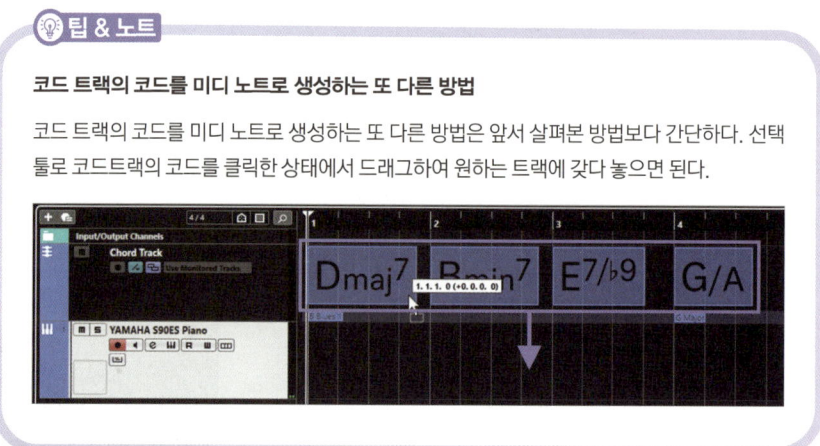

코드 트랙에 맞춰 실시간 녹음하기

이 기능은 코드를 보고 곧바로 연주하기 힘들거나 텐션 코드 등과 같은 어려운 코드를 연주할 때 사용할 수 있다. 건반의 어떤 음을 눌러도 코드 트랙의 코드 톤으로 변경하여 녹음된다.

① 코드 트랙 생성 후 원하는 코드를 입력한다. 그다음 Piano 트랙을 생성한 후 코드 트랙은 연주되지 않도록 뮤트(Mute)한다.

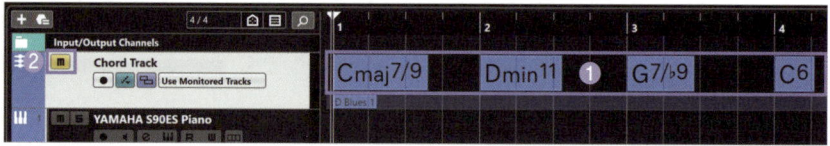

② 녹음하고자 하는 피아노 트랙을 선택한 후 인스펙터 창의 Chords 탭을 선택한다.

그다음 Live Input의 [Off]를 [Chords]로 변경한다.

③ 녹음 시 박자를 맞추기 위해 메트로놈을 활성화한다. (단축키 C)

④ [녹음] 버튼을 누르고 메트로놈에 맞춰 연주하면 모든 음이 코드 트랙에 맞게 자동으로 녹음된다.

이 상태에서는 음 높이만 코드 톤에 맞게 맞춰지고 리듬과 벨로시티는 녹음한 그대로를 유지된다.

레슨 정리

코드 트랙에 코드를 입력해 놓으면 실수로 코드를 적어 놓은 노트를 분실했을 때 생기는 불편함은 없을 것이다. 곡 작업 시 시간이 걸리더라도 코드 트랙에 코드를 입력하는 것을 권장한다.

건반으로 코드 녹음 시 어떤 코드인지 모르겠어요.

이번 레슨에서는 자신이 연주한 코드를 코드 트랙에 자동 인식하여 표시해주는 기능에 대해 알아보도록 한다.

코드를 인식하여 표시하기

① [학습자료] – [Lesson 23 Workshop] 폴더에 있는 [L23 Workshop.cpr] 파일을 열어준다.

② 코드로 인식할 ①[이벤트]를 선택 툴로 선택 후 ②③④[Project] – [Chord Track] – [Create Chord Events] 메뉴를 선택하여 실행한다.

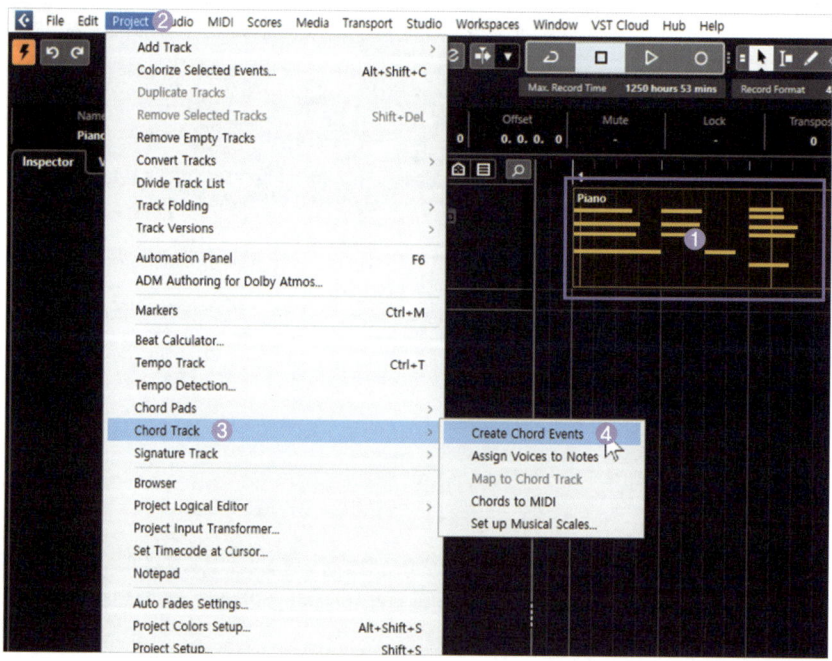

③ Create Chord Symbols 창에서 ①[3가지] 옵션에 체크한 후 ②[OK] 버튼을 클릭한다.

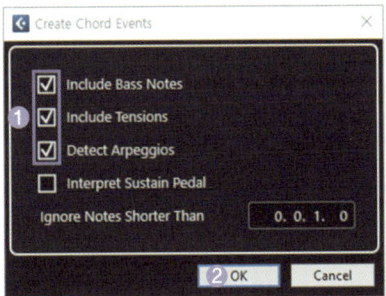

④ 그러면 아래 그림과 같이 코드를 인식하여 코드 트랙과 코드 네임이 생성된 것을 확인할 수 있다.

⑤ 위의 상태에서 재생할 경우 코드 트랙의 코드가 자동 연주되어 피아노 트랙에 있는 음들과 중복되어 재생된다. 확인 후 코드트랙의 [m] 모양의 뮤트(Mute) 버튼을 눌러 코드 트랙은 뮤트시킨다.

Create Chord Events 옵션 살펴보기

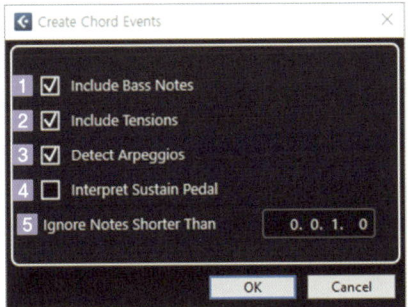

1. Include Bass Notes 왼손으로 연주한 베이스를 포함하여 코드를 표시한다. 예를 들어 Em/D를 연주한 경우 체크가 없다면 Em7으로 인식한다.

2. Include Tensions 텐션음을 포함하여 코드를 표시한다.

3. Detect Arpeggios 분산화음으로 연주된 음들을 인식하여 코드를 표시한다.

4. Interpret Sustain Pedal 서스테인 페달을 밟아 생긴 지속음을 인식하여 코드를 표시한다.

5. Ignore Notes Shorter Than 지정한 값 이하의 길이는 노트로 인식하지 않는다.

> **레슨 정리**
>
> 살펴본 기능은 자신이 연주한 코드를 모르는 경우 사용할 수 있다. 이 밖에도 큐베이스에는 많은 기능들이 있지만 너무 많은 것을 큐베이스 기능에 의존하는 것은 좋지 않다. 컴퓨터가 없는 상황에서도 음악을 만들 수 있도록 기본적인 음악 공부도 하길 바란다.

다음 코드를 어떤 것을 사용해야 하는지 알 수 있나요?

코드 진행을 만들다가 다음 코드를 어떻게 진행해야 할지 모를 경우 Chord Assistant 기능을 이용하여 코드 진행에 도움을 받을 수 있다. 이번 레슨에서는 Chord Assistant 기능에 대해 알아보도록 한다.

코드 찾기

① 피아노 트랙을 만든 후 코드 트랙의 [Use Monitored Tracks]을 피아노 음색의 트랙으로 선택(Lesson 22 참고)한다. 모니터 트랙을 설정해야만 코드를 찾기 위해 코드를 클릭했을 때 소리를 들을 수 있다.

② [펜] 툴을 이용하여 코드 트랙에 코드가 들어갈 부분에 [X] 칸을 만든다.

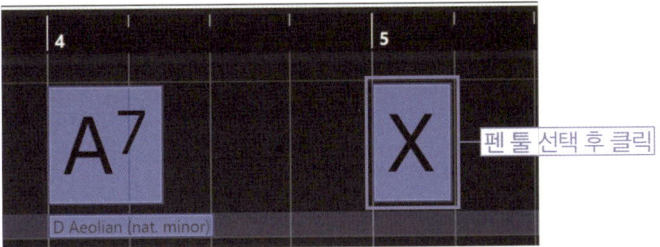

③ ①[X] 칸을 선택한 후 팝업 창에서 ②[Chord Assistant] 항목을 선택한다. 항목 중에 표시된 코드들을 클릭하여 들어보면서 자신이 원하는 코드를 선택하면 된다.

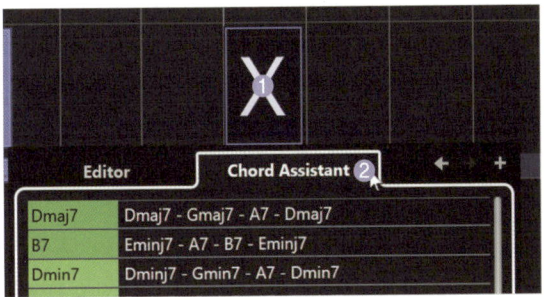

코드 어시스턴트(Chord Assistant) 옵션 살펴보기

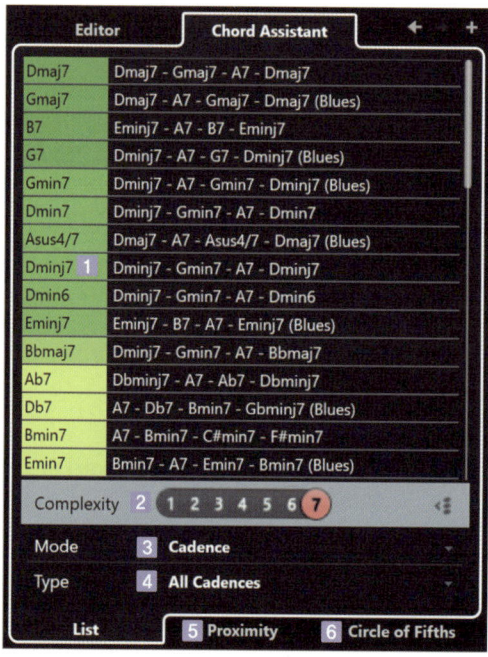

1. 이전 코드를 인식하여 다음 코드에 적용할 수 있는 코드를 보여준다. 많이 사용되는 코드를 표시한 녹색부터 분홍색으로 갈수록 난해한 코드가 표시된다.

2. 1~7까지의 단계에서 7단계로 올라갈수록 난해한 코드가 표시된다.

3. 케이던스로 표시할 것인지 또는 앞 코드와의 공통음 개수에 따른 코드로 표시할 것인지를 설정한다. Common Notes로 설정한 경우 아래 그림과 같이 이전 코드와의 공통음 개수를 표시하여 선택할 수 있다.

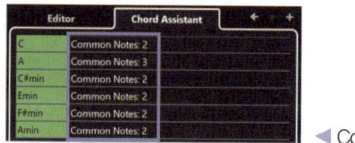

◀ Common Notes로 설정 시

4. 3번 옵션에서 Cadence로 설정한 후 All Cadences를 클릭하여 종지의 타입을 설정할 수 있다.

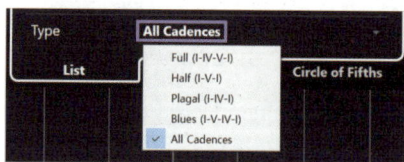

5 어울리는 코드를 일정한 간격으로 표시한다. 중앙 하단의 코드가 기준이 되는 코드(앞 코드)이다. 기준 코드와 가까운 거리일수록 안정적이고 편안하게 들을 수 있는 코드이고, 멀리 있는 코드일수록 세련되거나 난해할 수 있는 코드이다.

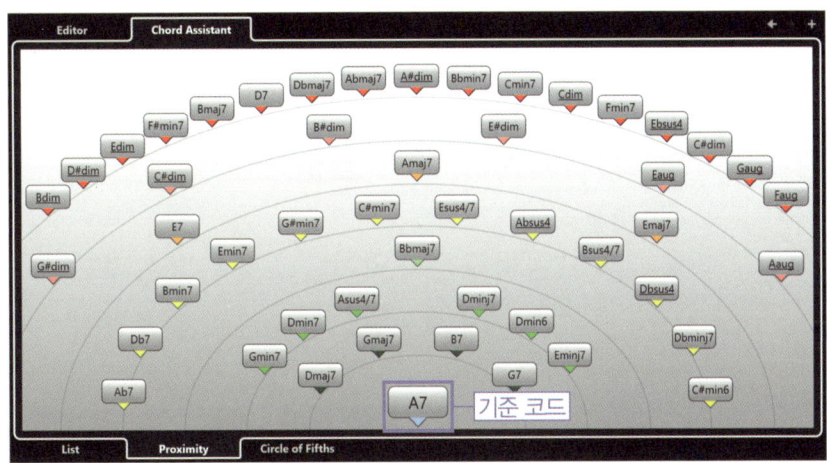

6 코드를 5도권으로 표시한다. 빨간색 화살표를 클릭할 경우 원하는 방향으로 회전이 되면서 조성(Tonal)에 맞추어 코드를 선택할 수 있다.

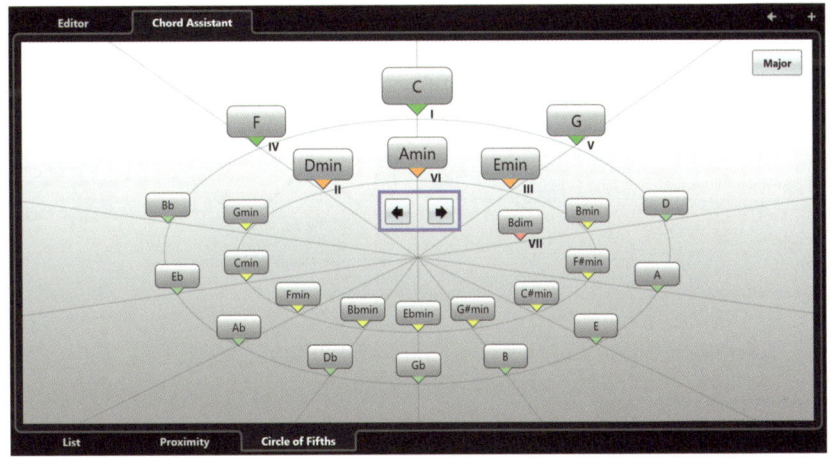

레슨 정리

어울리는 코드를 찾았을 경우 시작 부분부터 재생하여 음악의 전체적인 분위기에 어울리는지 확인해보아야 한다.

드럼은 어떻게 입력해야 하나요?

드럼 입력은 건반으로 연주 또는 마우스로 입력이 가능하며, 음정 있는 악기는 키 에디터를, 드럼은 드럼 에디터를 사용하는 것이 편리하다. 이번 레슨에서는 드럼 에디터를 통한 드럼 입력 방법을 살펴본다.

드럼의 구성과 악기별 소리 특징 살펴보기

먼저 드럼 세트의 구성 악기부터 알아본다.

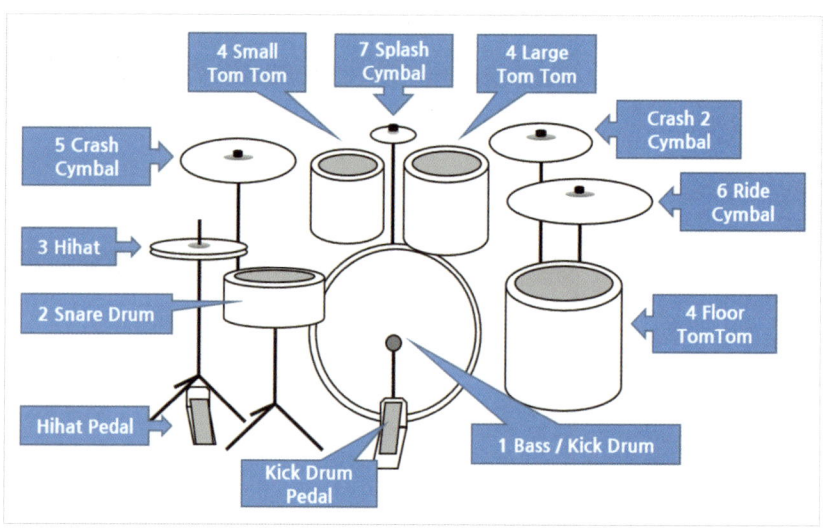

Bass/Kick Drum 드럼 세트 구성 악기 중에서 가장 낮은 소리를 낸다. 일반적으로 베이스 기타와 같은 리듬으로 연주되며, 베이스 드럼이 들어가는 위치에 따라서 곡의 분위기 및 리듬의 성격, 곡 전체의 무게감도 바뀌게 된다.

Snare Drum 밑면에 스내피(Snappy)라는 구불구불한 철사가 있어 스네어 특유의 소리를 낸다. 리듬에 악센트를 표현하며, 장르나 곡의 구상에 맞추어 여러 가지 패턴으로 연주된다.

Hi-hat 심벌 2장이 위아래로 구성되어 페달을 밟아 닫힌 상태(Close Hi-hat), 열린 상태(Open Hi-hat), 스틱으로 연주하지 않고 페달만 밟아 소리를 내는 상태(Pedal Hi-hat)로 연주한다. 드럼 세트 중에 가장 많이 연주되며, 악센트의 위치에 따라 그루브가 변화하게 된다.

TomTom 필인(Fill-in) 시 자주 사용되는 드럼으로 리듬의 변화가 필요한 경우에 많이 사용된다. 높은 소리가 나는 탐부터 낮은 소리가 나는 탐으로 구성하여 사용한다.

Crash Cymbal 강한 소리를 내는 심벌이다. 필인 후 파트 시작의 첫 비트에서 많이 사용하며, 특정 부분의 악센트를 주는 역할로 사용되고, 필요에 따라 킥, 스네어와 동시에 연주한다.

Ride Cymbal 하이햇과 같은 리듬 패턴으로 연주되는 심벌로써 하이햇보다 화려한 표현이 가능하다. 그리고 조용한 파트로 연결되는 첫 비트에 연주하거나 조용한 파트에서 가볍게 리듬을 연주한다. 라이드 심벌의 볼록한 윗부분을 벨(Bell)이라고 하는데, 이 곳은 짧은 금속성의 소리가 나므로 연주에 또 다른 분위기를 표현할 수 있다.

Splash Cymbal 사이즈가 작으며, 짧고 높은 소리가 나는 심벌로써 악센트 부분에 화려한 표현이 가능하다.

드럼 악보 익히기

드럼 리듬을 입력하기 위해 아래 그림과 같은 드럼 악보를 익히는 것이 좋다. 악기명 아래에 노트명은 GM 모드 기준으로 건반에 지정되어있는 드럼 악기 음들이다.

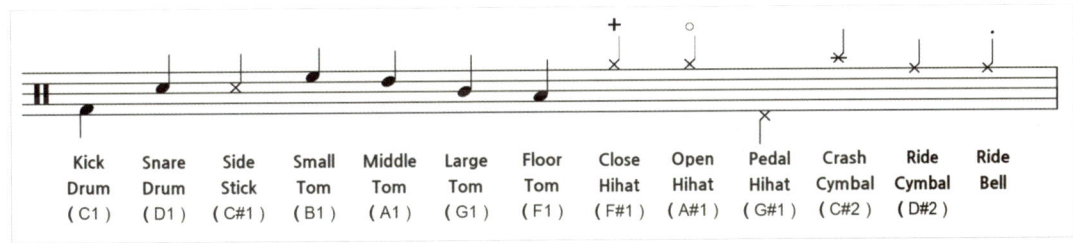

▲ 드럼 구성 악기별 음표

드럼 세트의 구성 악기 소리 들어보기

이번엔 드럼 구성 악기의 개별적인 소리를 들어본다.

❶ [학습자료] – [Lesson 25 Workshop] 폴더에 있는 [L25 Workshop] 파일을 가져온다.

파일을 불러온 후 전체 악기의 리듬을 들어보고, 각 악기 트랙의 [Solo] 버튼을 눌러 악기 별 음색을 확인한다.

드럼 에디터 구조 살펴보기

이번엔 드럼 입력에 사용되는 드럼 에디터의 구조를 간단히 알아본다. 기본적으로 키 에디터와 같은 툴들로 구성되었으며, 여기에서는 차이가 있는 부분들만 살펴본다.

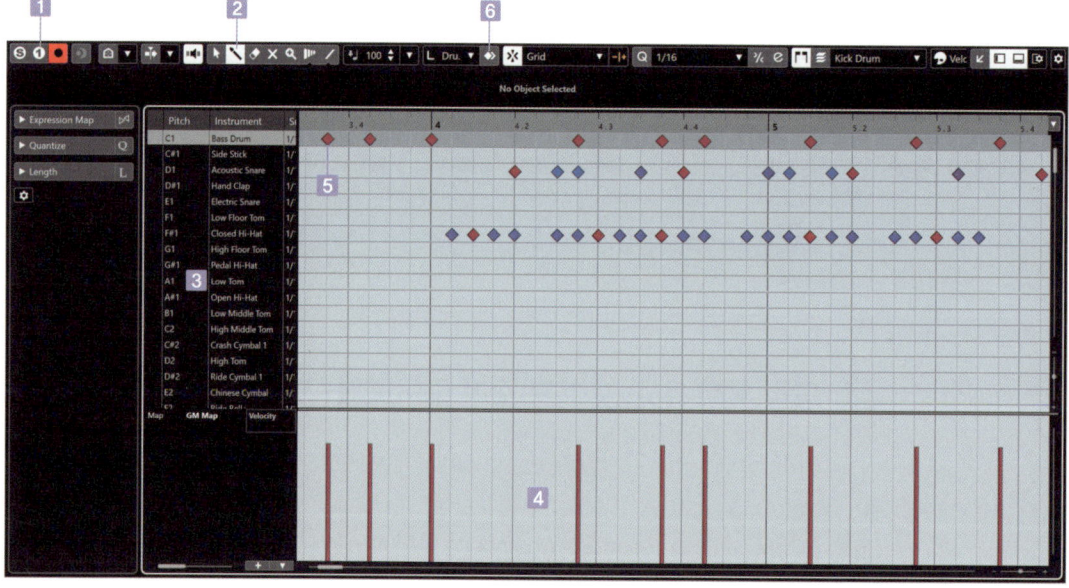

1 **Solo Instrument** 악기 목록 창에서 하이라이트(회색)되어있는 악기의 노트들만 들을 수 있도록 해준다.

2 **Drum Stick** 키 에디터에서는 펜 툴을 이용하지만 드럼 에디터에서는 드럼 스틱 툴로 클릭하여 노트를 입력할 수 있고, 다시 클릭하여 지울 수도 있다. 그리고 클릭한 상태로 드래그하여 노트를 연속적으로 입력할 수도 있고, 지울 수도 있다.

3 **악기 목록 창** 드럼 세트의 구성 악기 이름과 피치(Pitch)를 표시한다. GM map으로 설정한 경우 General Midi Mode로 정렬된 악기 목록이 보인다. 선택한 드럼 프리셋이 GM map이 아닐 경우 프리셋을 설정하거나 직접 입력하여 목록을 수정한다.

4 **벨로시티 창** 키 에디터에서는 눈에 보이는 모든 음의 벨로시티가 표시되지만 드럼 에디터에서는 악기 목록 창에서 선택된 악기의 벨로시티만 표시되므로 악기 별 벨로시티 조절이 편리하다.

5 **드럼 노트** 키 에디터에서는 노트가 막대 형태로 표시되어있지만 드럼 에디터에서는 기본적으로 마름모 형태로 표시된다. 드럼은 노트의 길이보다 연주 시작 위치가 중요하기 때문에 길이 조절을 하지 않는다.

6 **Show Note Length On/Off** 드럼 프리셋의 구성음 중 노트의 길이에 영향을 받는 소리가 있다. Show Note Length On/Off 버튼을 드럼 노트를 막대 형태 혹은 마름모 형태로 선택할 수 있다.

> 💡 **팁 & 노트**
>
> **GM map에 대하여**
>
> 드럼의 각 악기들이 General Midi에서 정한 규격으로 정렬되어있는 맵이며, C1은 Bass Drum, D1은 Snare Drum 등으로 설정되어있다.
>
> **General Midi Mode에 대하여**
>
> 과거 제조사별로 패치 넘버 배정이 달라 문제가 있었으나 1991년에 제조사들이 모여 표준 규격인 General Midi를 정했다. 이 규격에서 1번 패치는 피아노, 128번 패치는 총소리로 정해져 있다.

드럼 가상 악기 불러오기

1. Right Zone에서 ❶[Add Instrument Track] 버튼 클릭, ❷[Instruments] 항목 클릭, ❸[Drum 〉 Groove Agent SE] 선택 후 ❹[Add Track]을 클릭한다.

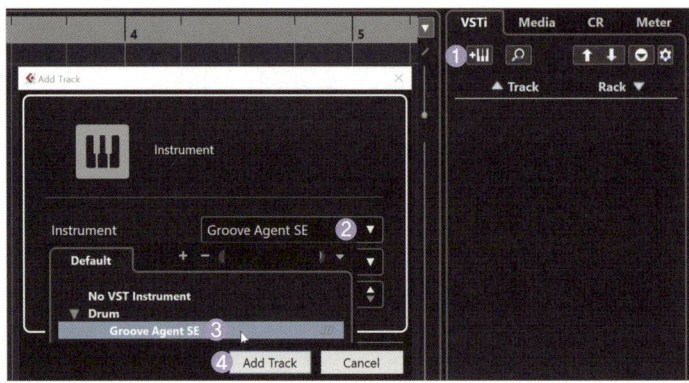

② Groove Agent SE 악기 창에서 ❶[VST Presets]을 선택한 후 ❷[Maple Kit] 프리셋을 선택한다.

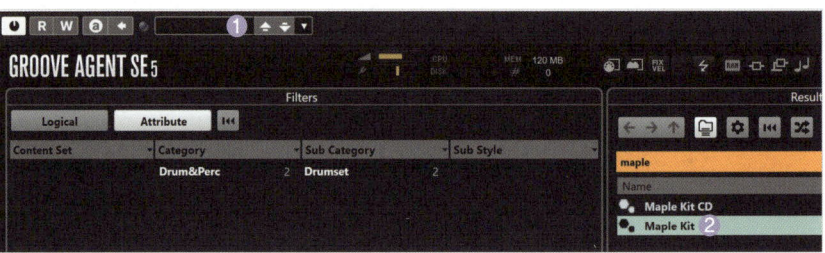

③ 악기 선택 후 악기 창의 왼쪽 상단 부분에서 [Maple Kit]가 표시되었는지 확인한다. 만약 표시가 되어 있지 않다면 악기 선택이 안 된 것이다.

☑ 악기 선택 후 Groove Agent SE 악기 창을 닫는다. 악기 창을 닫아도 악기 음색은 유지된다.

메이플 키트(Maple Kit) 드럼 맵 생성하기

이번엔 선택한 드럼 프리셋의 드럼 맵을 드럼 에디터에 표시되도록 악기 항목을 가져오는 방법에 대해 알아본다. Groove Agent Se5의 다른 프리셋을 사용할 경우에도 이와 방법을 똑같이 적용한다.

① 앞서 생성 된 Groove Agent SE 트랙을 선택 후 [No Drum Map] 박스를 클릭한다. 그리고 메뉴 중 [Create Drum Map from Instrument]을 선택한다.

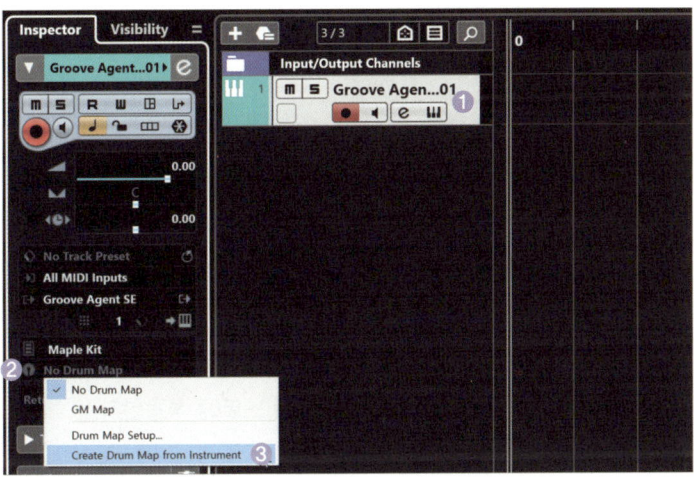

② 이제 Maple Kit에서 가져온 드럼 맵으로 설정되었다.

③ [펜] 툴을 이용하여 드럼 트랙에 2마디의 이벤트를 생성한다.

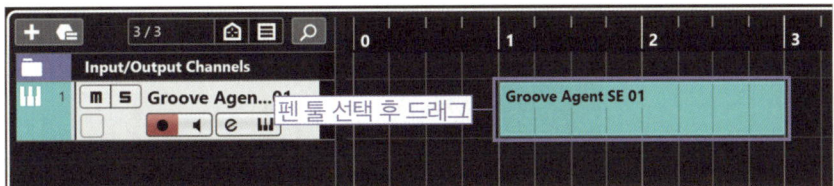

④ 생성한 이벤트를 선택 툴로 더블클릭하여 드럼 에디터를 열어 준 후 드럼 스틱으로 아래의 악보에 맞춰 입력한다.

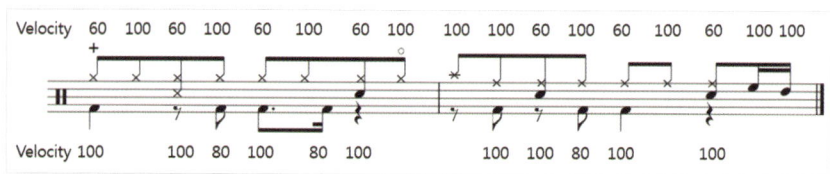

잘못된 노트를 지우려면 드럼 스틱을 이용하여 노트를 클릭하면 된다.

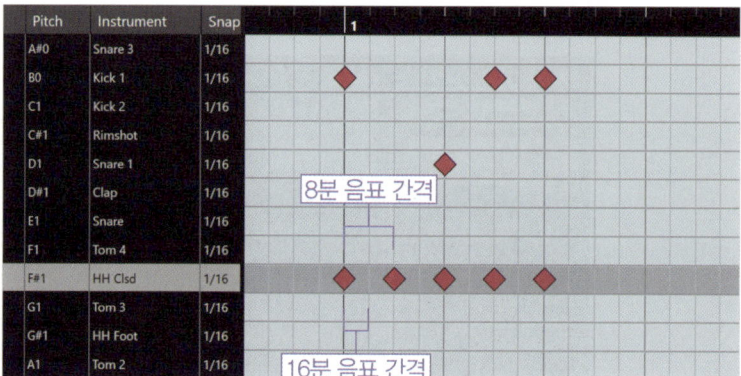

⑤ 악보에 Velocity 정보를 참고하여 노트에 적용한다.

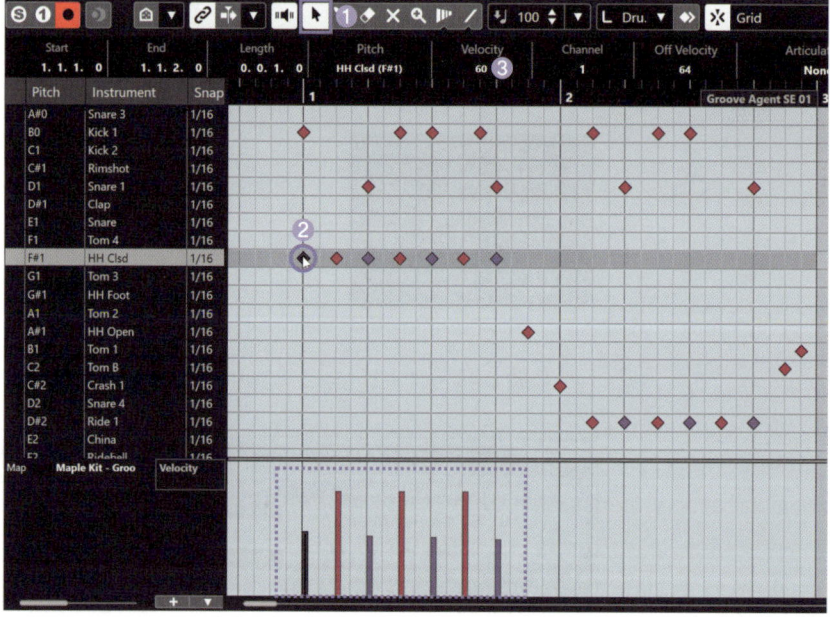

☑ 드럼에서 리듬의 그루브를 위해 벨로시티 값의 입력은 필수적이다. 벨로시티 값을 변경하는 방법은 아래쪽 벨로시티 조절 창에서 직접 그려주는 방법과 선택 툴로 노트를 선택하여 Info Line에 Velocity 값을 입력하는 방법이 있다.

❻ 입력이 완료된 후 재생하여 부족한 부분을 수정해 보고, 노트의 위치를 바꿔보면서 리듬이 어떻게 변화되는지 확인한다.

실시간으로 드럼 녹음하기

드럼 리듬을 입력할 때 드럼 에디터를 사용하여 드럼 리듬을 입력하는 방법 외에 직접 건반을 쳐서 녹음하는 방법(Lesson 17 참고)도 있다. 한꺼번에 모든 음을 연주하는 것이 불가능하다면 먼저는 베이스 드럼과 스네어 드럼을 녹음한 후 다시 시작 부분부터 녹음 버튼을 눌러 하이햇을 녹음한다. 이런 방식으로 녹음 후에 추가할 부분과 불필요한 부분을 수정한다.

드럼을 각 악기별로 실시간 녹음하기

이번 학습은 [학습자료] - [Lesson 25 Workshop] - [L25 Workshop-동영상] 폴더에 있는 [드럼 분리하여 실시간으로 녹음하기.mp4] 동영상 강의를 보면서 학습해 본다.

> 📝 **레슨 정리**
>
> 좋은 드럼 리듬을 만들기 위해서는 기존 곡의 드럼 리듬을 많이 들어보고 귀로 익히(Copy)거나 드럼 악보를 찾아 많이 입력해 본다.

드럼 리듬을 모를 땐 어떻게 하죠?

이번 레슨에서는 Groove Agent SE에 내장되어있는 드럼 패턴을 이용하여 드럼 비트를 입력하는 방법에 대해 알아보도록 한다.

Groove Agent SE의 드럼 패턴 입력하기

① Right Zone에서 [Add Instrument Track] – [Instruments] – [Drum 〉 Groove Agent SE] – [Add Track]을 실행하여 드럼 가상 악기를 가져온다. (Lesson 25 참고)

② Groove Agent SE ❶[VST Presets]에서 ❷[Love Like Yours] 프리셋을 선택한 후에 ❸[PATTERN] 버튼을 누른다.

③ INSTRUMENT 모드는 드럼 하나하나의 음으로 입력이 가능하고, PATTERN 모드는 제조사에서 미리 입력된 리듬을 선택하여 프로젝트에 적용할 수 있다.

④ 패드를 선택하여 클릭(왼쪽 마우스 버튼)하고 있는 동안 패드에 설정되어있는 드럼 루프 사운드가 재생된다.

❺ 원하는 드럼 패턴의 패드를 클릭한 상태로 원하는 마디에 드래그한 후 패드 아래 있는 [Pattern MIDI Channel] 아이콘을 클릭하여 노란색으로 활성화한다. 이때 드럼 패턴을 원하는 리듬으로 수정하기 위해서는 드럼 트랙을 드럼 맵으로 설정(Lesson 25 참고)하는 것이 좋다.

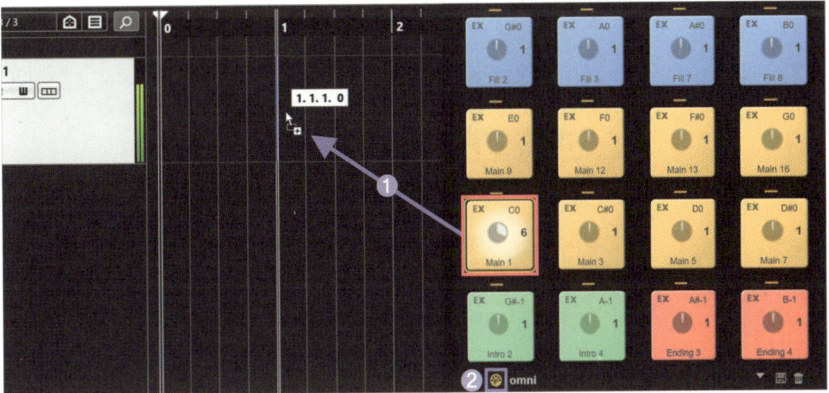

❻ [Pattern MIDI Channel] 아이콘을 노란색으로 활성화시키지 않고, 마디로 드래그하면 선택한 리듬이 아닌 다른 리듬으로 연주된다.

❼ 이제 재생 버튼을 눌러서 연주가 되는지 확인한다. 수정이 필요한 경우 이벤트를 더블클릭하여 에디터를 실행한 후 원하는 리듬으로 수정한다.

드럼 패턴을 위한 Performance 섹션 살펴보기

선택한 드럼 리듬은 각 버튼과 놉을 이해하면 손쉽게 다양한 리듬(변화)을 만들어 낼 수 있다. Groove Agent의 Pattern 모드는 라이브 시 드럼 루프를 실시간으로 원하는 패턴으로 바꿔서 재생할 수 있다. 여기서는 프로젝트에 이벤트 적용 시 직접적으로 영향을 미치는 버튼과 놉에 대한 설명만 하도록 한다.

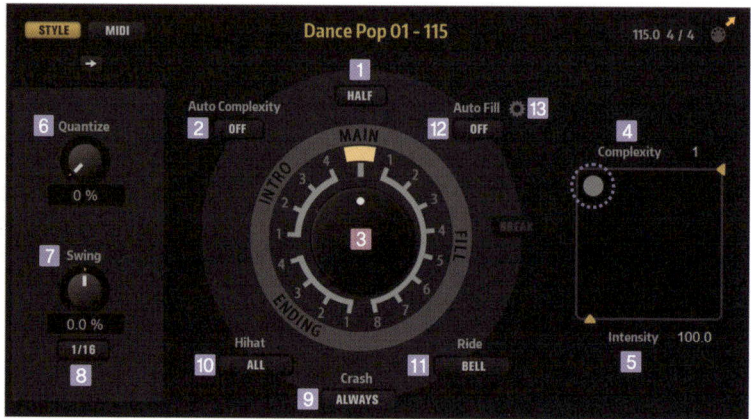

1 Half – 리듬을 하프 타임으로 연주 빨간색으로 표시된 박스가 스네어 드럼이다. 원래 리듬은 한 마디 중에 스네어 드럼이 2, 4 박자에 2번 연주되지만 하프 타임은 한 마디 중에 스네어 드럼이 3번째 박자에 1번 연주 된다. 원래 리듬에서 하프 타임으로 연주될 경우 템포는 같지만 상대적으로 속도가 느려진 느낌으로 다가온다. 분위기를 전환해야 할 파트에서 유용하다.

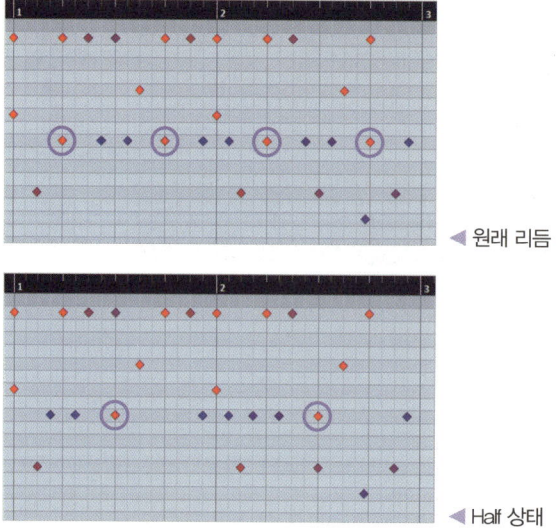

◀ 원래 리듬

◀ Half 상태

2 **Auto Complexity** 선택한 마디나 박자에 임의적으로 연주의 변화를 준다. OFF 버튼을 클릭하면 변화할 범위를 선택할 수 있는 메뉴가 나타난다.

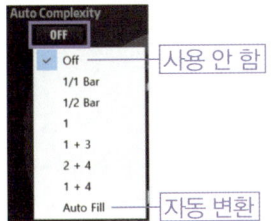

1/1 Bar 한 마디마다 변화

1/2 Bar 반 마디마다 변화

1 첫 박자마다 변화

1+3 첫 번째, 세 번째 박자마다 변화

2+4 두 번째, 네 번째 박자마다 변화

1+4 첫 번째, 네 번째 박자마다 변화

3 **Style Part** 선택한 패드의 Intro, Main, Fill-in, Ending 파트의 리듬 패턴을 설정할 수 있다.

4 **Complexity** 파란색 원으로 표시된 바를 좌우로 이동 시 선택한 패드의 리듬을 단순하게 혹은 복잡하게 만들 수 있다.

5 **Intensity** 파란색 원으로 표시된 바를 상하로 이동 시 선택한 패드의 리듬을 약하게 혹은 강하게 만들 수 있다. 이것은 볼륨에서도 차이가 난다.

6 **Quantize** 리듬 안에 노트들의 박자에 대한 정확도를 설정한다. 100%에 가까울수록 정확한 박자의 타이밍으로 연주된다.

7 **Swing** 리듬의 스윙감을 조절한다. 100%에 가까울수록 스윙감은 늘어난다.

8 **Swing Grid** 스윙감을 위한 음표의 간격 기준을 설정한다.

9 **Crash** 크래쉬 심벌의 연주 시기를 설정한다.

Always 모든 파트에서 연주

Fill/Ending 필/엔딩 파트에서만 연주

Main 메인 파트에서만 연주

Off 어떤 파트에서도 연주하지 않음

10 **Hihat** 하이햇 연주 시 팁(Tip)과 솅크(Shank) 연주 여부를 설정한다. 스틱의 끝(Tip)으로 연주할 경우 경쾌한 소리가 나고, 스틱의 나무 부분(Shank)로 연주할 경우 무게 감 있는 소리가 난다.

All 스틱의 Tip과 Shank를 모두 사용하여 연주

Tip 스틱의 Tip만 사용하여 연주

Shank 스틱의 Shank만 사용하여 연주

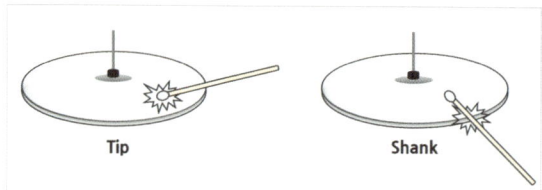

⑪ Ride 라이드 심벌을 연주할 경우 심벌의 윗부분인 벨(Bell)의 연주 여부를 설정한다.

No bell Bell 부분을 연주하지 않고, 심벌만 연주

Bell 심벌과 심벌 Bell 부분을 조합하여 연주

⑫ Auto Fill 패턴으로 연주 시 몇 마디마다 Fill-in을 연주할 지 결정한다.

⑬ Auto Fill의 패턴 설정(Show Auto Fill Options) Fill-in 연주 시 Style Part의 Fill 1~8번에서 사용할 패턴을 선택할 수 있다.

패턴 모드가 설정되어있지 않은 프리셋에 패턴 적용하기

① 새로운 프로젝트를 생성한 후 Groove Agent SE 드럼 가상 악기를 불러온다.

② Groove Agent SE 악기에서 [Maple Kit] 프리셋을 선택 후에 [PATTERN] 버튼을 누른다. Maple Kit는 패턴이 설정되어있지 않다.

③ 패턴을 설정할 패드를 선택한 후 [Pad On/Off] 버튼을 누른다. 그다음 Pattern Library의 아래 박스를 클릭하여 원하는 리듬을 선택한다.

④ Performance 창에서 선택한 리듬의 옵션을 설정한다. 하단 Tempo Scale의 Half/Normal/Double 버튼들은 연주 속도를 조절한다. Half는 원래 리듬 속도를 두 배 느리게 연주하며, Double은 반대로 원래 리듬 속도를 두 배 빠르게 연주한다.

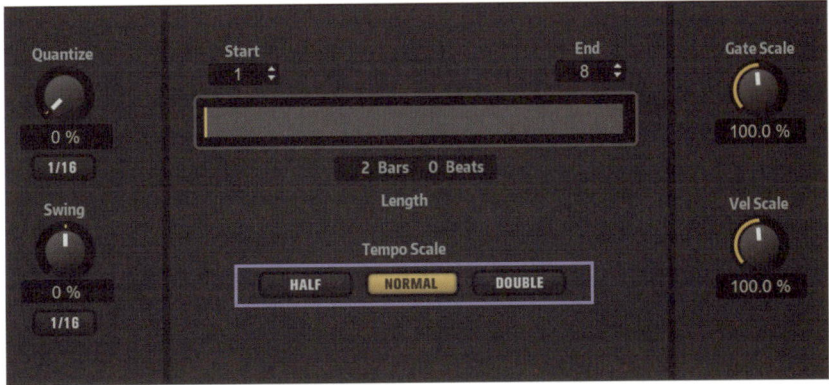

음악제작 155

⑤ 드럼 패턴의 패드를 클릭한 상태로 드래그하여 원하는 마디에 적용한다.

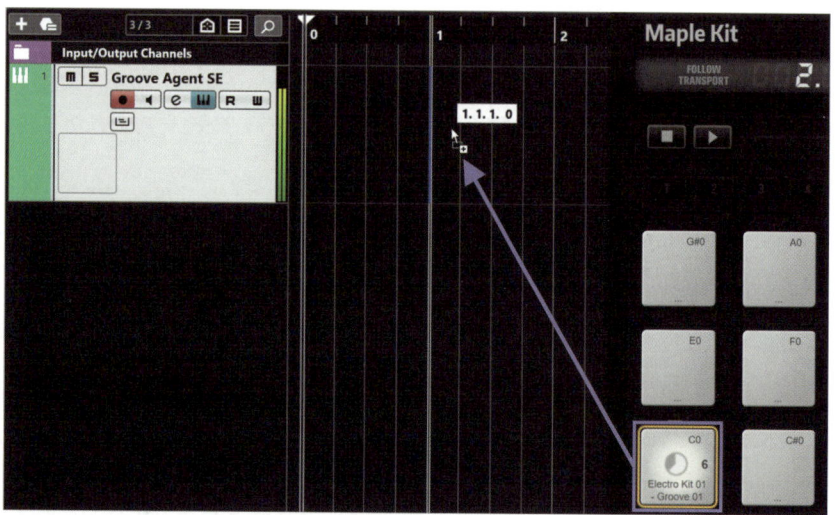

📝 **레슨 정리**

내장된 리듬 패턴에 의존하지 말고, 자신의 리듬 패턴을 만드는 연습도 꾸준히 해 본다.

세련된 연주를 입력하고 싶어요.

작업한 편곡에 부족함이 느껴진다면 큐베이스에 내장된 다양한 샘플들을 이용하여 음악을 세련되게 만들어 줄 수 있다. 이번 레슨에서는 코드 트랙을 이용하여 오디오 루프와 미디 루프를 자신의 곡에 적용하는 방법에 대해 알아보도록 한다.

미디어(Media) 살펴보기

Media는 음악 제작 시 도움을 줄 수 있는 자료들이 모여 있는 곳으로 가상 악기와 루프 및 샘플 그밖에 여러 종류의 프리셋과 사용자 지정 프리셋 등을 불러 올 수 있다.

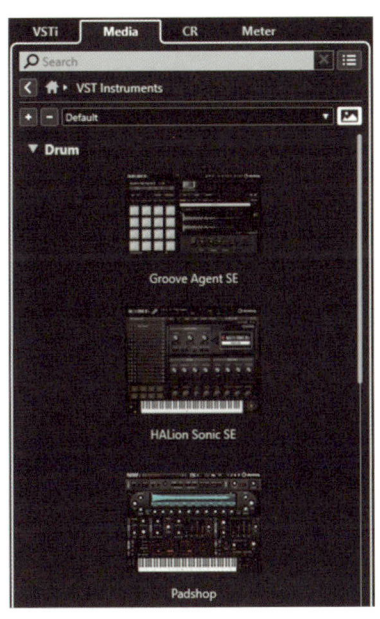
▲ Media – Instruments

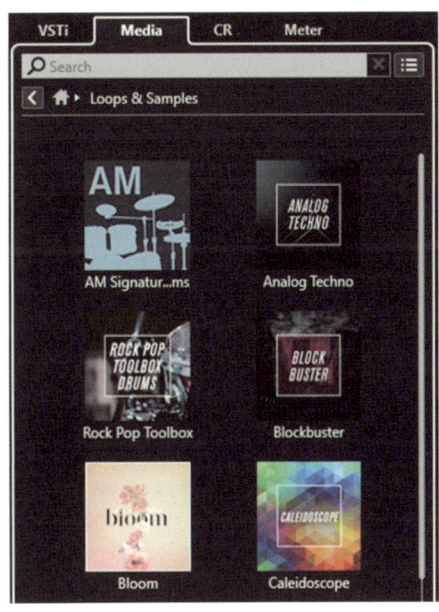
▲ Media – Loops & Sample

Media를 실행하는 방법은 다음의 그림과 같이 Right Zone에서 VSTi 옆에 있는 Media를 탭을 선택하면 되며, 또는 단축키 [F5] 키를 눌러 Mediabay 창을 단독적으로 불러올 수도 있다.

음악제작 157

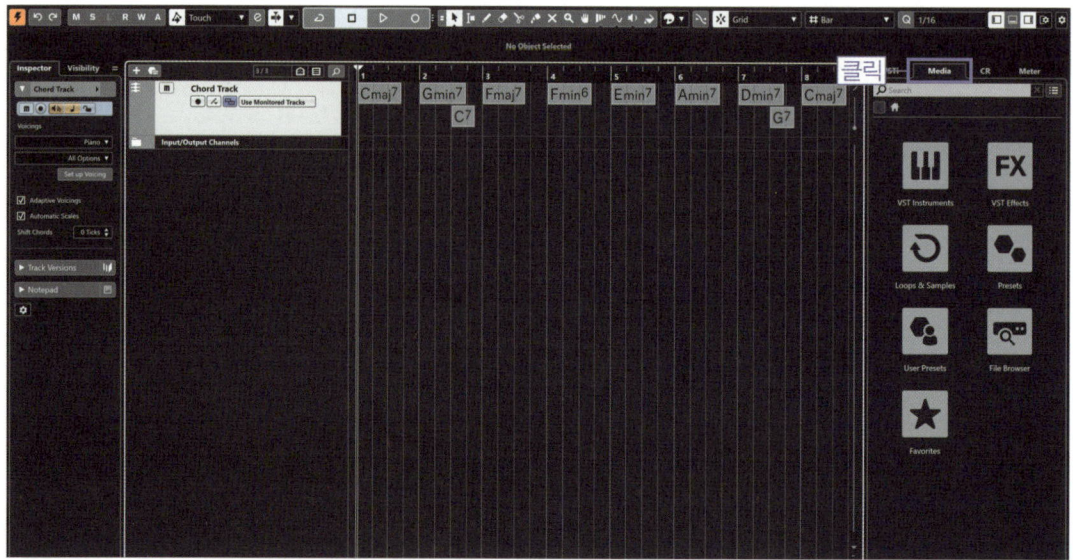

> **팁 & 노트**
>
> **오디오 루프 대하여**
>
> 오디오 루프는 연속적으로 반복시킬 수 있는 비트(Beat), 프레이즈(Phrase), 코드(Chord)가 있는 오디오 샘플을 말한다.

만약 라이트 존(Right zone)이 보이지 않는다면 프로젝트 창의 오른쪽 상단에 [Show/Hide Right Zone] 버튼을 클릭한다. (단축키 Ctrl + Alt + R)

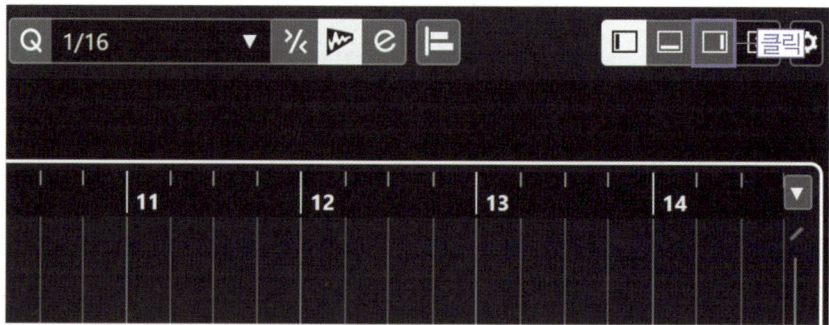

미디 루프의 검색 방법과 불러오기

① [학습자료] – [Lesson 27 Workshop] 폴더에 있는 [L27 Workshop.cpr] 파일을 열어준다.

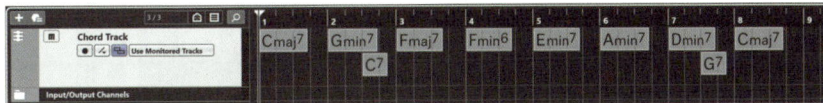

② 이제 코드 트랙에 미리 입력되어있는 코드를 이용하여 BossaNova 곡을 만들어본다. Right Zone에서 [Media 탭]에서 [Show All Results]을 선택한다.

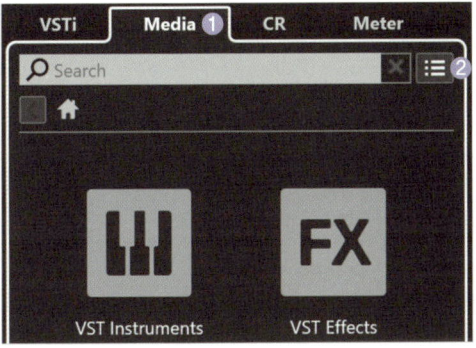

③ 이번엔 MIDI Loops만 사용할 것이므로 창 중간의 [All Media Types] 버튼을 클릭하여 [MIDI Loops]만 선택한다.

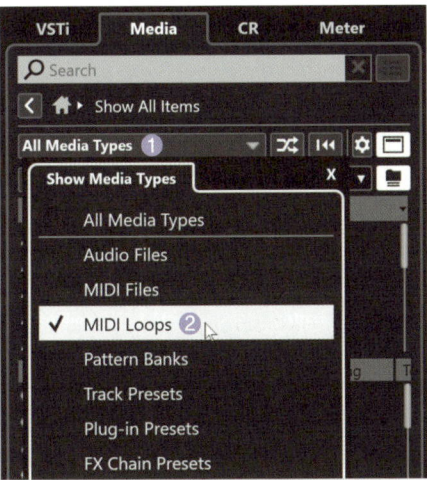

④ 창 상단의 검색 필드를 클릭하여 [bossanova]를 입력한다.

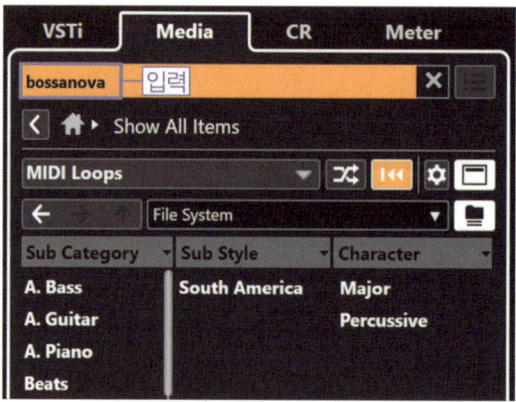

⑤ 입력 후 아래와 같이 검색 결과가 나오게 된다. 표시된 Tempo와 Key는 작업 중인 곡과 맞지 않아도 무관하다. 미디 데이터는 템포와 키의 조정이 자유롭기 때문이다.

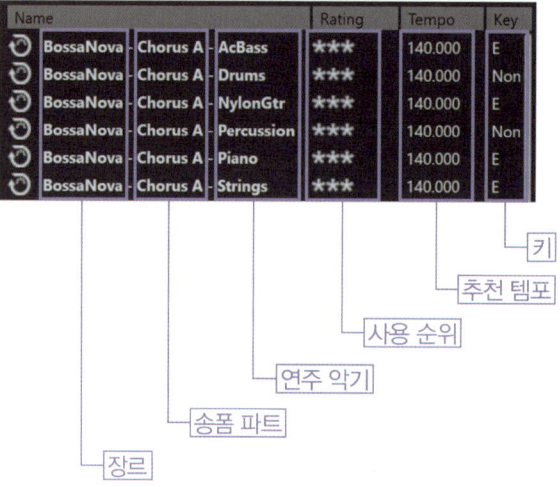

⑥ 검색된 항목에서 [Chorus A – AcBass] ~ [Chorus A – Piano]까지 5개의 샘플을 각각 더블클릭하여 불러온다.

❼ 이벤트 디스플레이 창에 트랙과 미디 이벤트가 생성된 것을 확인할 수 있다. 코드 트랙에 입력된 코드는 8마디까지이므로 복사하여 끝까지 채워준다.

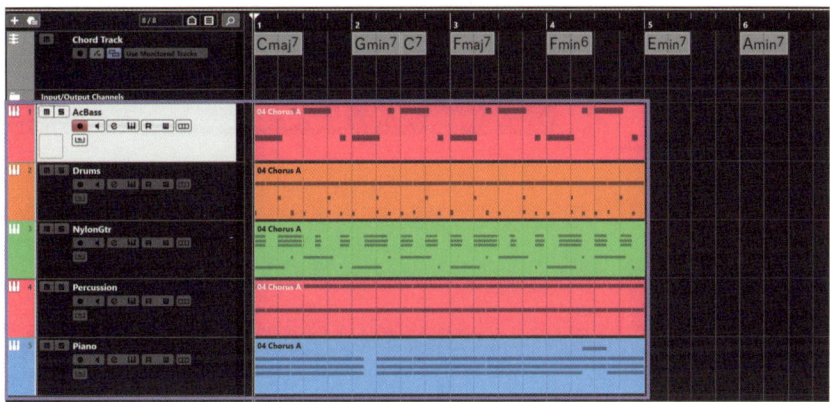

❽ [선택] 툴을 이용하여 ❶[5개의 이벤트]를 선택한 후 ❷❸❹[Edit] – [Functions] – [Duplicate] 메뉴를 선택하여 이벤트의 끝부분에 맞춰 복사한다. (단축키 Ctrl + D)

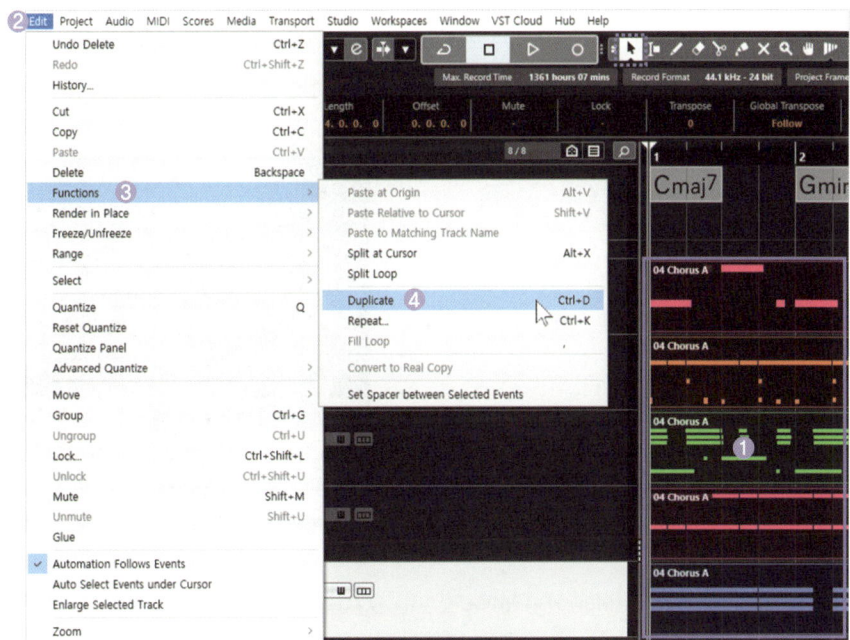

❾ 그러면 이벤트의 끝에 맞춰 선택한 이벤트가 복사된 것을 확인할 수 있다. 루프 샘플 복사 시 유용한 기능이다.

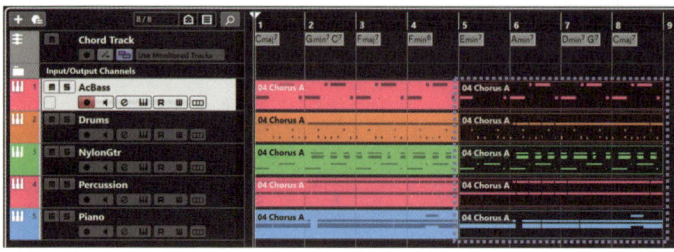

미디 데이터를 코드 트랙의 코드로 구성하기

지금까지 설정한 상태에서는 생성된 이벤트가 코드에 맞게 연주되지 않는다. 이번엔 트랙마다 코드에 맞춰 연주될 수 있도록 설정하는 두 가지 방법에 대해 알아본다.

첫 번째 방법 – Map to Chord Track

① AcBass 트랙의 ①[이벤트]를 선택한 후 ②③④[Project] – [Chord Track] – [Map to Chord Track] 메뉴를 선택하여 실행한다.

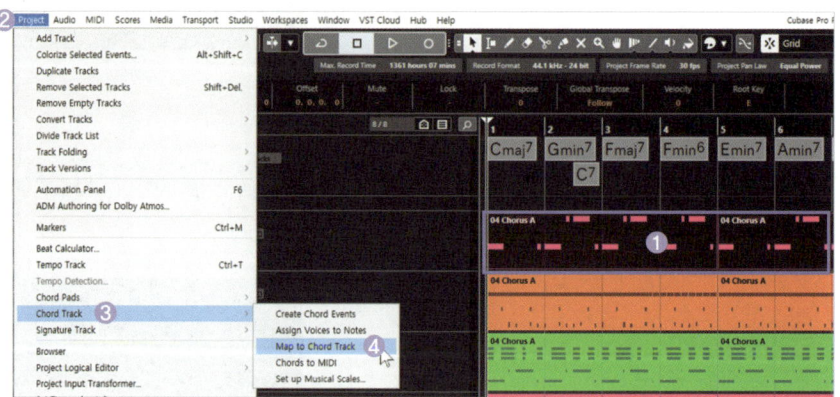

② Mapping Mode를 ①[Chord]로 선택 후 ②[OK] 버튼을 눌러 적용한다.

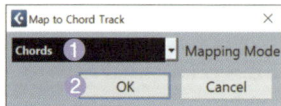

❸ 그러면 그림처럼 코드 트랙에 맞게 미디 노트의 음높이가 바뀐 것을 알 수 있다.

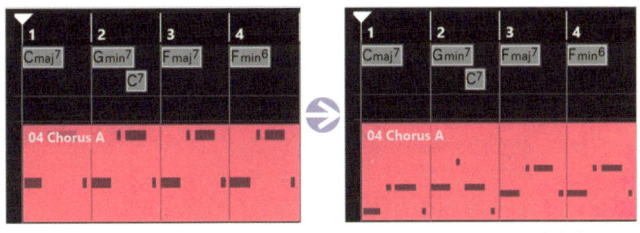

▲ Map to Chord Track 처리 전   ▲ Map to Chord Track 처리 후

두 번째 방법 – Follow Chord Track

❶ NylonGtr ❶[트랙]을 선택한 후 왼쪽의 인스펙터 창의 ❷[Chords]을 클릭한다. 그다음 Follow Chord Track의 ❸[Off]를 클릭한 후 ❹[Chords] 메뉴를 선택한다.

❷ ❶[Follow Directly] 옵션을 선택한 후 ❷[OK] 버튼을 클릭한다.

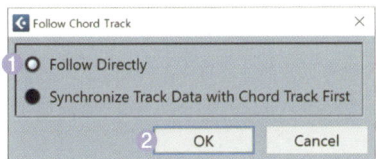

❸ 계속해서 [Piano] 트랙도 위와 같은 방법으로 Follow Chord Track 옵션을 [Chords]로 선택한다. 그러면 그림처럼 NylonGtr의 이벤트와 Piano의 이벤트가 코

드에 맞게 음의 높이가 바뀐 것을 확인할 수 있다. 또한 코드 트랙의 코드 변경 시 이벤트의 구성음도 코드에 맞춰 자동 변경된다.

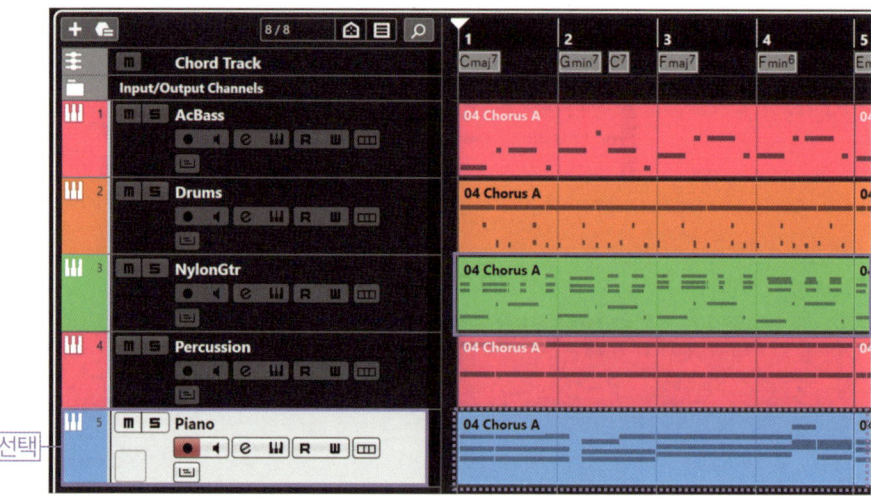

④ Follow Chord Track기능으로 적용된 이벤트의 음을 수정하고할 때에는 Follow Chord Track의 옵션을 Off로 선택한 후 수정해야 한다. 위의 두 가지 방법에서 드럼과 퍼커션1)을 제외하는 이유는 드럼과 퍼커션은 음정마다 악기들이 지정되어 있기때문에 코드에 맞게 음정을 처리할 경우 음정이 바뀌어 입력한 악기가 아닌 다른 악기로 변경되기 때문이다. 예를 들어 C1의 베이스 드럼이 D 메이저 코드에 맞춰질 경우 D1의 스네어 드럼으로 변경된다.

1) 퍼커션에도 음정이 있고 없는 퍼커션이 있다. 음정이 없는 퍼커션에는 드럼셋, 템버린, 쉐이커, 트라이앵글 등이며, 음정이 있는 퍼커션은 실로폰, 팀파니, 글로켄슈필, 비브라폰 등이다.

💡 팁 & 노트

각 방법의 장점과 단점에 대하여

첫 번째 Map to Chord Track 기능의 장점은 화음 중 근음을 정확히 아래에 위치 시켜주며, 단점은 코드 트랙의 코드를 변경할 때 다시 Map to Chord Track 명령을 실행해 주어야 한다.

두 번째 Follow Chord Track 기능의 장점은 코드 트랙의 코드를 변경할 때 실시간으로 변경해주며, 단점은 근음의 위치에 다른 코드 톤을 위치시킬 수 있다. 그러므로 근음을 정확히 맞춰주어야 하는 악기는 Map to Chord Track 기능으로, 코드를 계속 변경을 해야 하는 악기는 Follow Chord Track 기능을 사용한다.

오디오 샘플을 코드 트랙의 코드로 구성하기

이번에는 단선율로 되어있는 오디오 샘플을 코드 트랙에 맞추어 음을 구성하는 방법에 대해 알아본다. 참고로 본 학습은 Cubase Pro, Artist 버전만 해당된다.

① Audio Sample을 선택할 것이므로 Media 창 중간의 ①[All Media Types] 버튼을 클릭한 후 ②[Audio Files]만 선택한다.

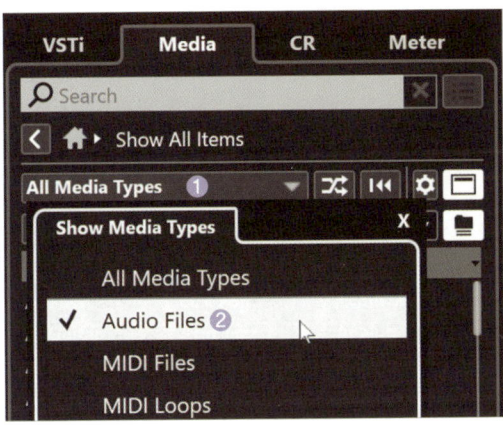

② 창 상단의 검색 필드를 클릭하여 ①[trumpet]을 입력한 다음 ②[25 trumpet 2] 항목을 두 번 클릭하여 프로젝트로 가져온다.

샘플 선택 시 화음으로 구성되어있는 샘플은 코드 트랙에 맞춰지지 않는다는 것을 주의한다.

③ 불러온 트럼펫 [이벤트]를 선택한 후 Info Bar에서 Musical Mode의 [-] 버튼을 클릭하여 Musical 상태로 변경한다.

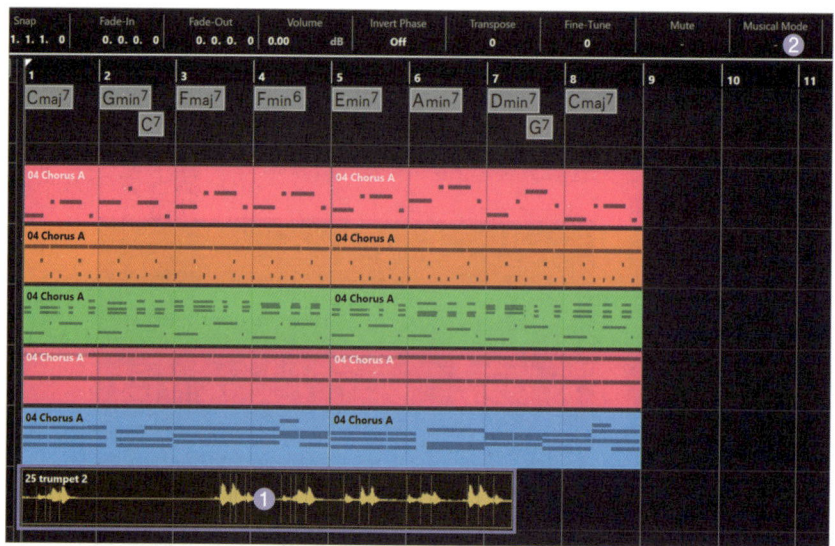

④ 위의 작업은 불러온 트럼펫 샘플이 프로젝트의 템포와 맞지 않으므로 프로젝트의 템포와 동기화시켜주기 위한 작업이다. Musical 상태로 변경 시 6마디 정도의 이벤트가 4마디에 맞춰진 것을 확인할 수 있다.

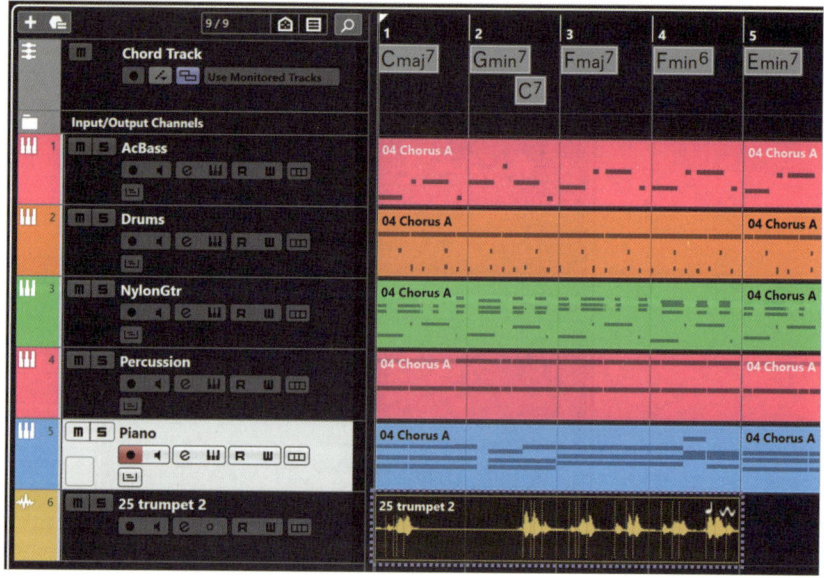

5 ①[25 trumpet 2] 트랙을 선택한 후 왼쪽의 인스펙터 탭의 ②[Chords]를 클릭한다. 그 다음 Follow Chord Track의 ③[Off]를 클릭한 후 ④[Chords] 항목을 선택한다.

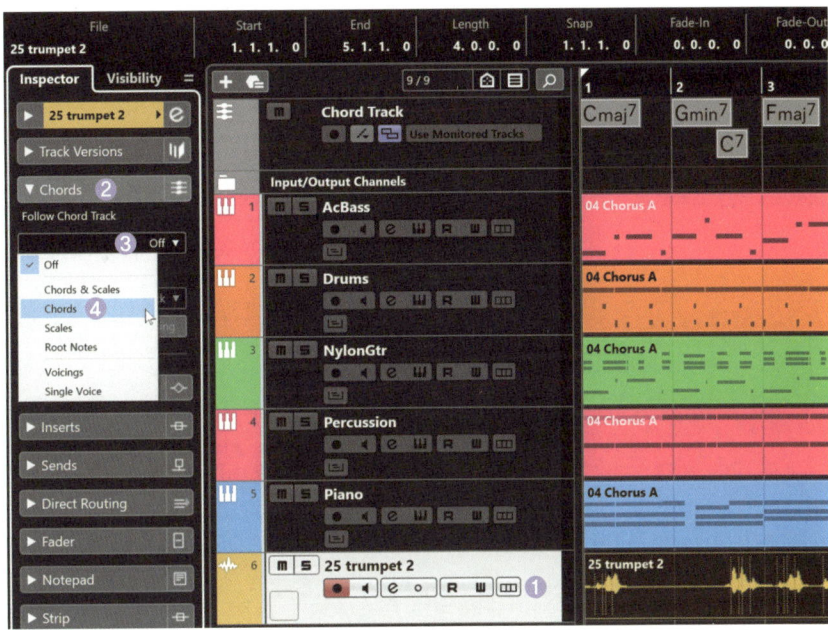

6 ①[Follow Directly] 항목을 선택 후 ②[OK] 버튼을 클릭한다. 그러면 재생 시 트럼펫 샘플이 코드 트랙의 코드에 맞게 음이 구성된 것을 확인할 수 있다.

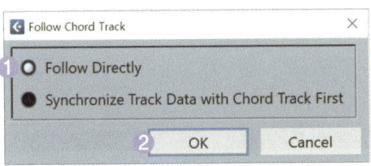

레슨 정리

살펴본 기능을 잘 사용하면 자신이 만들고 있는 곡의 부족한 부분을 보강할 수 있다. 샘플을 사용하여 음악을 만드는 것이 쉽게 보일 수 있지만 샘플 선택 시 자신의 곡과 잘 어울릴지에 대한 감각이 부족하다면 만족스런 음악을 만들기는 쉽지 않을 것이다. 적극적으로 활용하여 샘플 선택 감각을 키우기 바란다.

28 송폼에 맞춰 이벤트들을 쉽게 나열하고 싶어요.

송폼(Songform)이 Verse A – Verse B – Chorus로 구성된 곡을 만들었다면 구성을 Verse A – Verse B – Chorus – Verse B – Chorus – Chorus의 형태로 만들기 위해 많은 이벤트들을 선택하여 복사 및 붙여넣기 해야 하는데, 사용한 악기가 많고 마디를 잘못 복사하면 작업은 더욱더 복잡해 진다. 이번 레슨에서는 이와 같은 작업을 쉽게 수행 수 있는 Arranger Track에 대해 알아본다.

어레인저(Arranger) 트랙 생성과 파트 입력하기

① [학습자료] – [Lesson 28 Workshop] 폴더에 있는 [L28 Workshop.cpr] 파일을 열어준다. 해당 예제 파일은 파트별로 4마디로 구성되었으며, 위에는 마커 트랙을 이용하여 파트를 표시하였다. 1~4 마디까지 Verse A, 5~8 마디까지 Verse B, 9~12 마디까지 Chorus 파트이다.

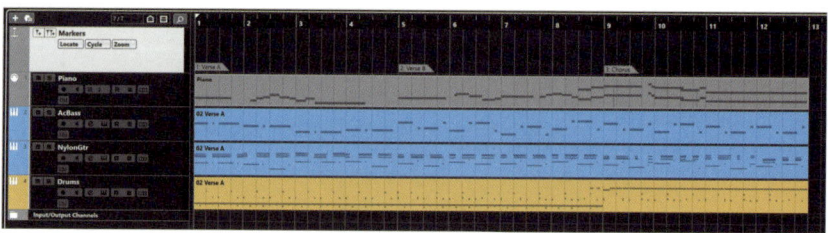

② 트랙 윈도우 위에서 우측 마우스 버튼을 클릭한 후 [Add Arranger Track] 메뉴를 선택하여 Arranger Track을 생성한다. 참고로 트랙 생성은 트랙 윈도우에서 오른쪽 버튼을 누른 후 팝업 메뉴에서 원하는 트랙을 선택하여 생성할 수 있다.

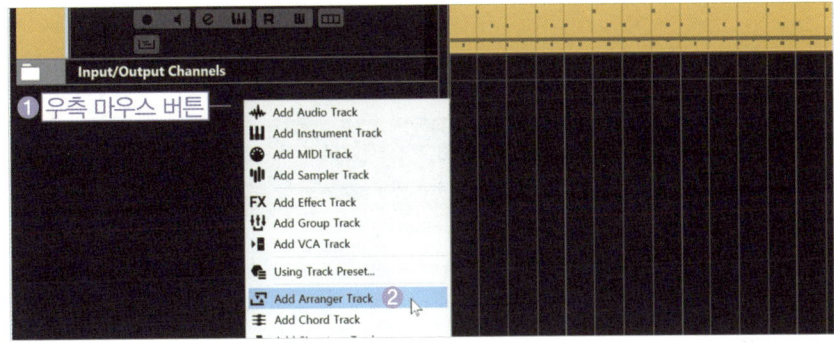

③ 마커 트랙의 파트에 맞춰 Arrange Track 위에서 ❶[펜] 툴로 드래그하여 이벤트를 그려준 다음 ❷[Activates Arranger Mode] 버튼을 눌러 주황색으로 활성화한다.

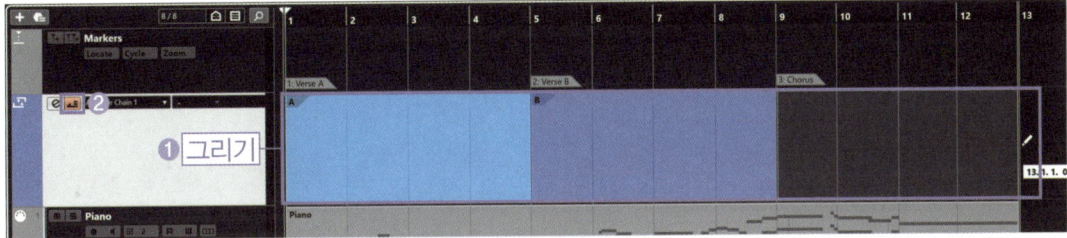

파트별 이름 수정과 재생 순서 정하기

① ❶[선택] 툴로 이름을 바꾸고자 하는 ❷[이벤트]를 선택한 후에 왼쪽 상단의 Name 입력 필드를 클릭하여 ❸[Verse A]라고 입력한다. 나머지 파트들도 각각 파트에 맞는 이름으로 수정한다. 기본 입력된 이름을 사용해도 무방하다.

❷ 계속해서 Arranger Track [e] 모양의 오픈 어레인지 에디터(Open Arranger Editor) 버튼을 눌러 Arranger Editor를 실행한다.

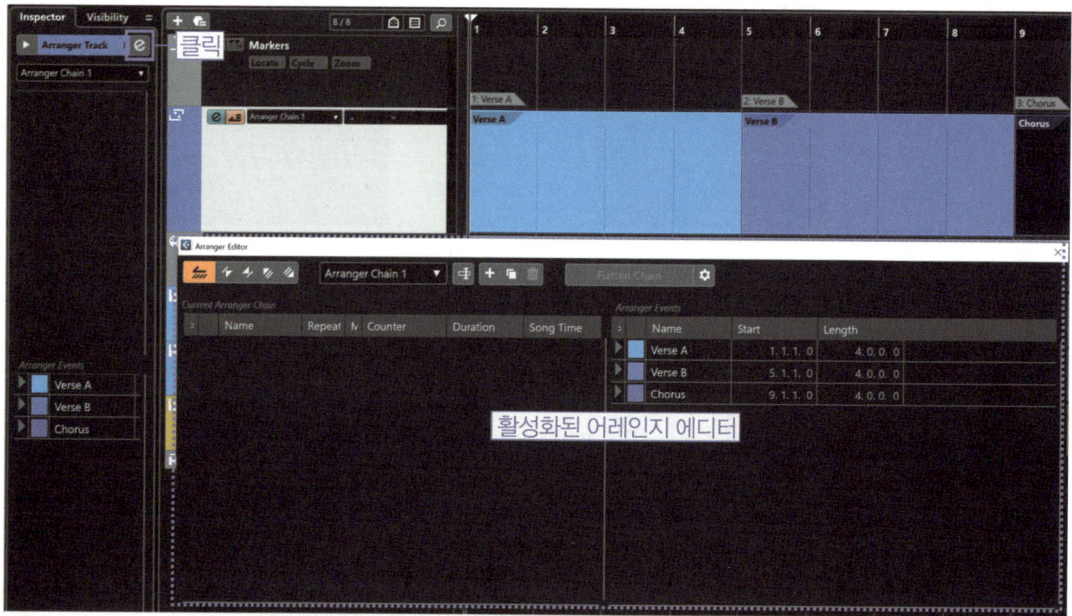

❸ 1번의 각각의 항목을 ❶[더블클릭]하여 ❷[2번]과 같이 추가 후 배열한다. ❸[3번]은 반복 횟수를 결정하며, 그림에서는 마지막 Chorus 파트는 두 번 반복한다. 수정하려는 구성은 Verse A – Verse B – Chorus – Verse B– Chorus – Chorus이다.

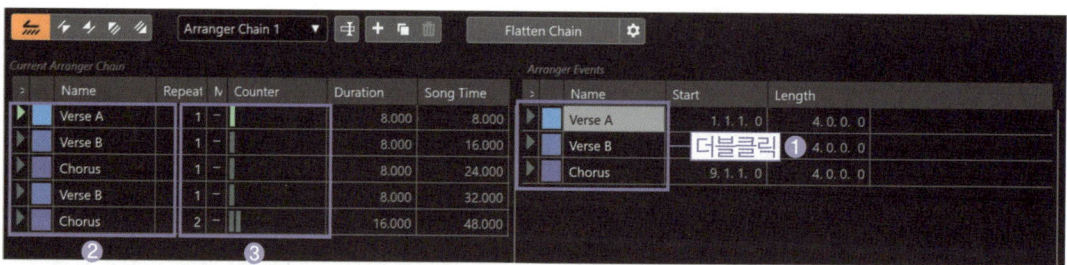

❹ Arranger Editor에서 왼쪽 창에 있는 Verse A의 [▶] 버튼을 눌러 연주를 시작할 파트를 정한다. 재생 버튼(단축키 스페이스바)을 누르면 설정한 순서에 맞추어 재생되는 것을 확인할 수 있다.

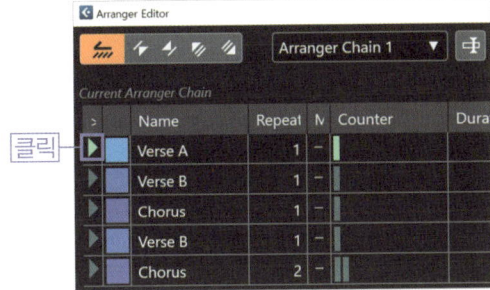

재생 순서에 맞추어 이벤트 재배열하기

이번에는 설정한 재생 순서에 맞게 이벤트를 재배열 해본다.

① Arranger Editor의 상단에서 오른쪽에 있는 [Flatten Chain] 버튼을 클릭한다.

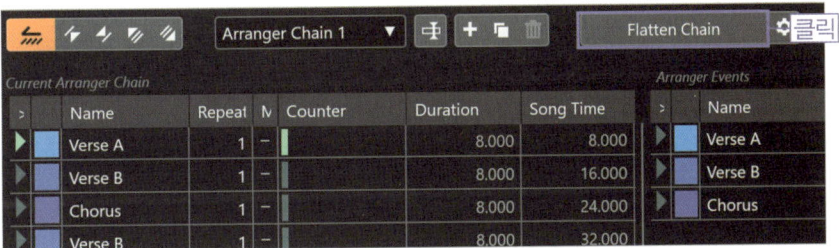

② Flatten 처리 후 설정한 파트의 재생 순서에 따라 이벤트들이 재배열되었음을 확인 수 있다.

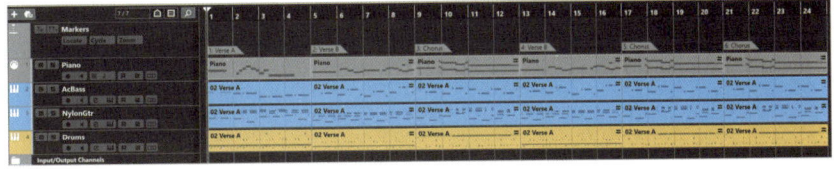

> **레슨 정리**
>
> 송품의 순서에 따라 음악의 전체적인 분위기 및 스토리 전달에 차이가 생긴다. Flatten Chain 처리하기 전에 자신이 원하는 진행 순서를 찾고, Flatten Chain 처리 후 파트마다 연결이 부자연스러운 부분들을 찾아 연결되도록 수정해 준다.

PART 03

악보제작 ▶

Lesson 29 악보를 그리고 싶어요.

Lesson 30 작업한 것을 악보로 만들고 싶어요.

Lesson 31 녹음 후 악보로 표시하고 싶어요.

Lesson 32 만든 악보를 다른 사보 앱에서 사용하고 싶어요.

악보를 그리고 싶어요.

이번 레슨에서는 Score Editor를 이용하여 아래 그림과 같은 간단한 악보를 그리는 방법에 알아보도록 한다.

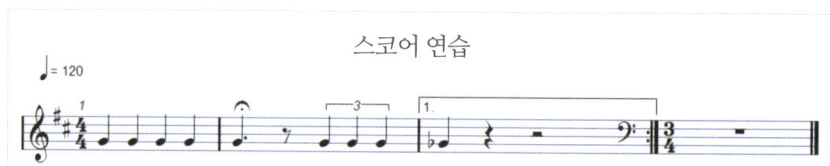

악보와 마디 생성하기

① 새로운 프로젝트를 만든다. 그다음 Right zone에서 ❶[Media] 탭 클릭, [Search] 칸에 ❷[Flute] 입력, ❸[[GM 074] Flute]를 더블클릭한다. Flute이 아닌 본인이 원하는 악기로 선택해도 된다.

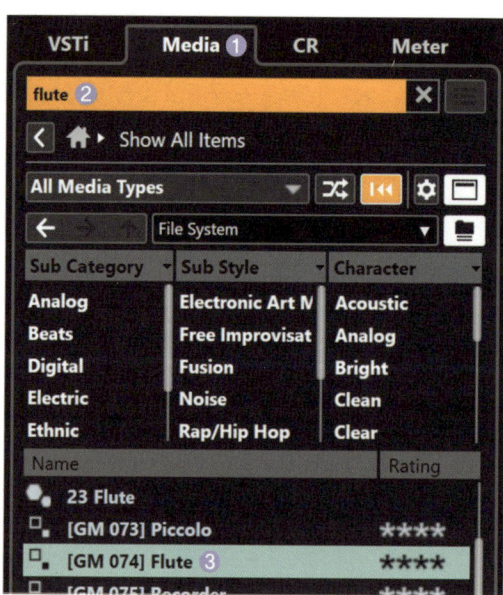

② 생성된 악기 트랙에 [펜] 툴을 이용하여 4마디의 이벤트를 그려준다.

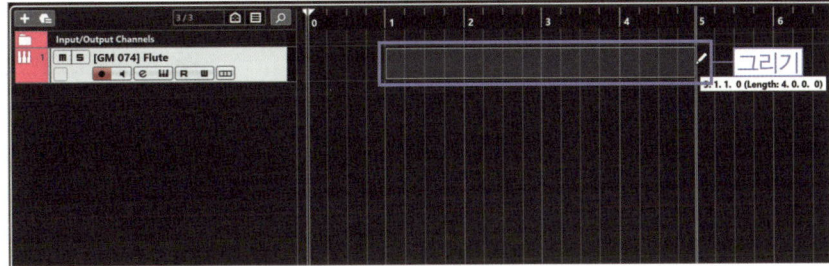

③ 선택 툴로 방금 생성된 ❶[이벤트]를 선택한 후 ❷❸[Score] – [Open Score Editor] 메뉴를 클릭하여 스코어 에디터 창을 열어준다. (단축키 Ctrl + R)

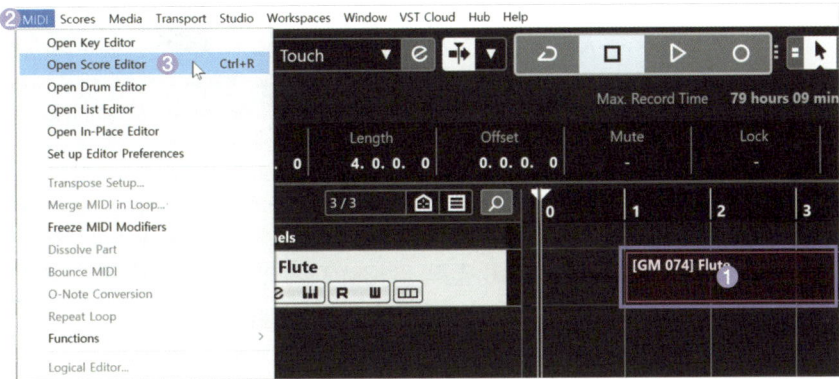

④ [Score] – [Page Mode] 메뉴를 선택하여 악보 표시 모드를 페이지 모드로 변경한다.

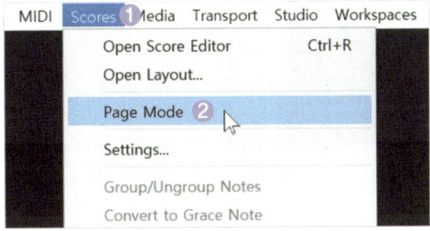

⑤ 스코어 에디터에서 오른쪽에 있는 ❶[줌] 버튼을 클릭하여 자신이 원하는 ❷[크기]로 확대/축소한다. (단축키 Ctrl + 마우스 휠 위/아래)

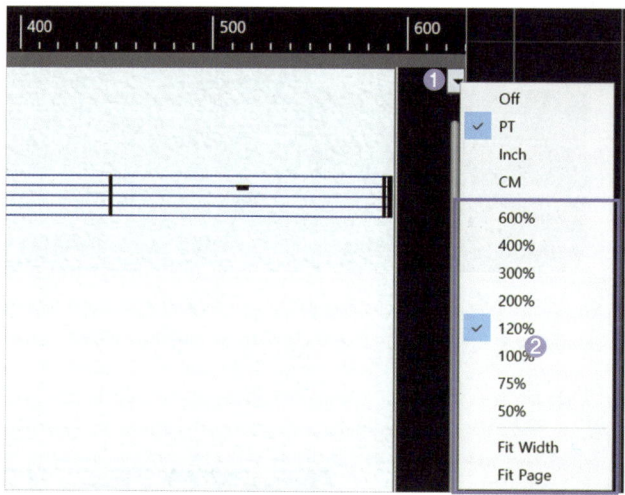

조표와 음자리표, 박자표 입력하기

① ①[Symbols] 탭의 ②[Keys]에서 ③[D maj] 버튼을 선택한 후 ④[펜] 툴을 이용하여 높은 음자리표와 박자표 사이를 클릭한다.

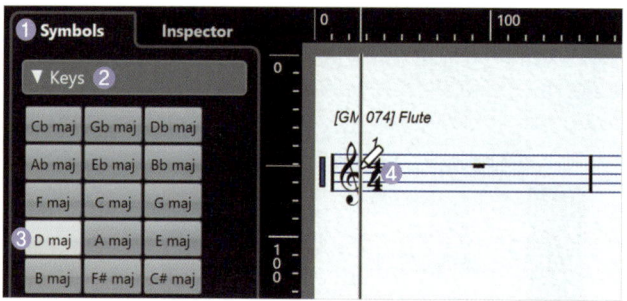

② ①[Clefs] 탭에서 ②[낮은음자리표] 버튼을 클릭한 후 ③[펜] 툴을 이용하여 3번째 마디의 끝 부분에서 클릭한다.

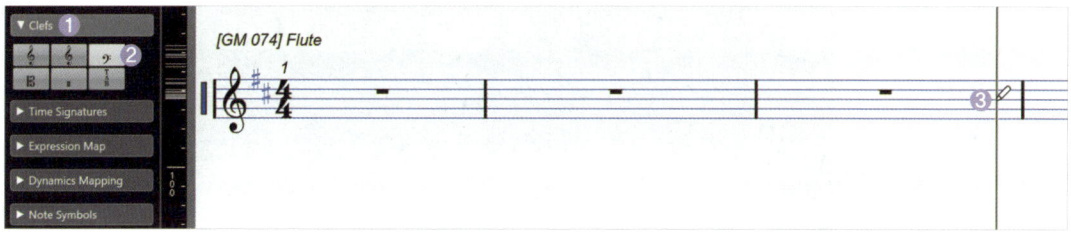

③ ❶[Time Signature]에서 ❷[3/4] 버튼을 클릭한 후 ❸[펜] 툴을 이용하여 4번째 마디의 시작 부분에서 클릭한다.

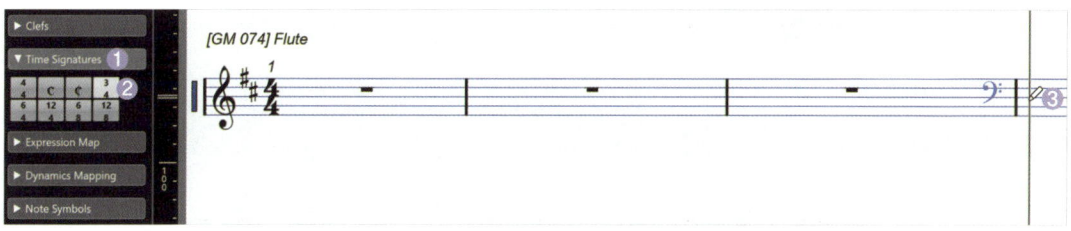

④ 이것으로 조표와 낮은음자리표, 박자표가 생성된 것을 확인할 수 있다. 박자표 생성 후 만들어진 끝 마디를 제거하는 방법은 다음 레슨에서 설명하도록 한다.

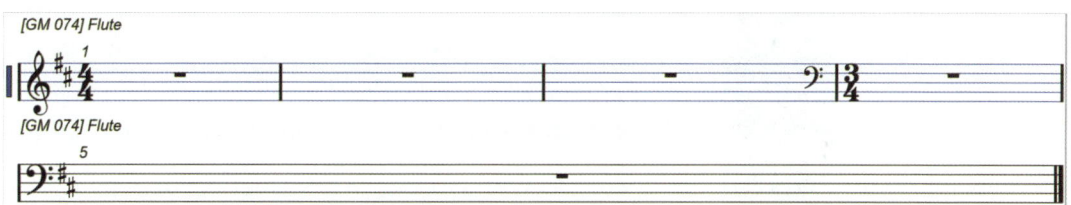

음표와 그밖에 기호 입력하기

❶ Insert 탭에서 ❶[4분음표] 버튼을 선택하여 생긴 ❷[♩]로 G음 자리에서 클릭하여 입력한다.

음을 입력하기 전에 [G#] 음이 표시될 경우 마우스를 클릭한 상태로 살짝만 아래로 내려주면 [G] 음으로 변경된다.

② Insert 탭에서 ①[4분음표] 버튼과 ②[·] 버튼을 선택하여 생긴 ③[♩.]로 G음 자리에서 클릭하여 입력한다.

③ Insert 탭에서 ①[4분음표] 버튼과 ②[T] 버튼(Triplet)을 선택하여 생긴 ③[♩3] 로 G음 자리에 클릭하여 입력한 후 나머지 ④[음표들]도 입력한다.

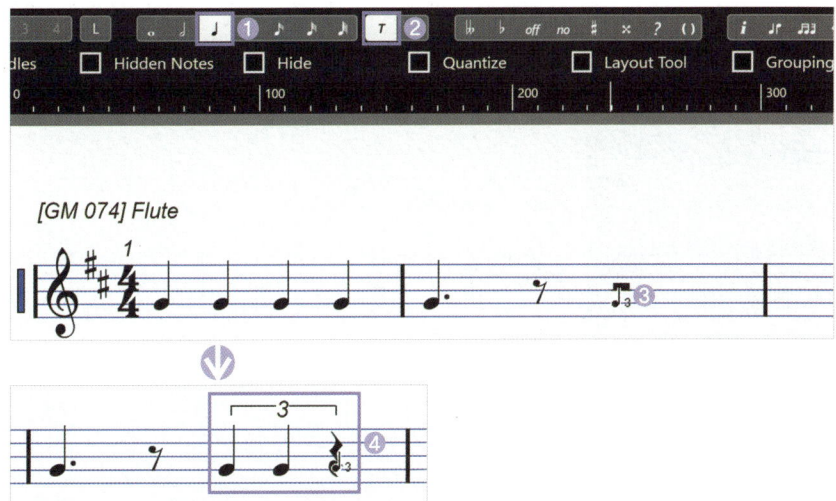

④ Insert 탭에서 ①[4분음표] 버튼을 선택하여 생긴 ②[♩]을 F음 자리에서 클릭하여 입력한 후 Enharm.Shift에서 ③[♭] 버튼을 클릭한다. 현재 F음은 앞에 있는 조표에 영향을 받아 F#음으로 연주된다. 이 상태에서 [♭] 버튼을 누르면 F#음의 이명 동음1)인 G♭음으로 변경된다.

1) 연주음은 같지만 이름이 다른 음을 말한다.

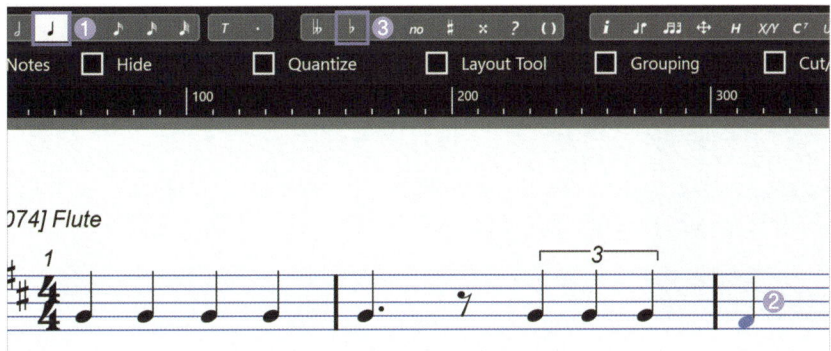

⑤ ①[Note Symbols]에서 ②[느림표] 버튼을 선택 후 2번째 마디의 ③[첫 음표 아래]에서 클릭한다. 그다음 ④[Flip] 버튼을 눌러 느림표를 음표의 위로 위치시킨다.

6 ❶[Form Symbols]에서 ❷[1st Volta Ending] 버튼을 선택 후 ❸[3번째 마디선] 위에서 클릭한 상태로 3번째 마디 끝까지 드래그한다.

7 4번째 ❶[마디선]을 더블클릭한 후 끝 ❷[도돌이표]를 클릭한다.

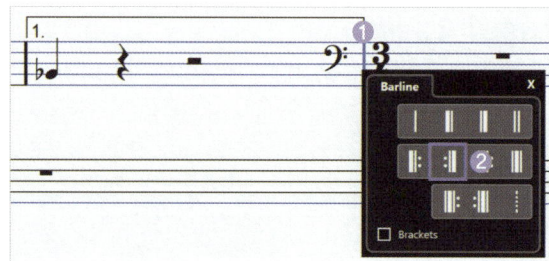

⑧ ❶[Form Symbols]에서 ❷[♩=xx] 버튼을 선택한 후 ❸[첫 마디 위]에서 클릭한다.
그러면 템포 값은 트랜스포트 바에 입력한 템포로 자동 입력된다.

⑨ 이것으로 음표와 그 밖에 기호가 입력된 것을 확인할 수 있다.

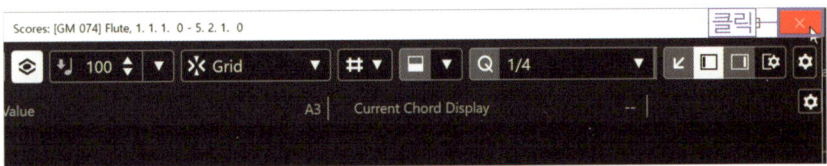

끝 마디 정리하기

❶ 스코어 에디터의 창을 닫는다.

악보제작 **181**

❷ 이벤트의 오른쪽 하단에 있는 [사각형 모양의 핸들]을 클릭한 상태에서 왼쪽으로 드래그하여 4마디 끝에 정확하게 맞춰준다.

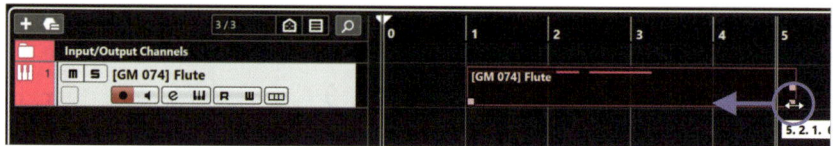

☑ 만약 이벤트가 마디에 정확히 맞춰지지 않는다면 툴 바에서 [스냅] 버튼을 활성화한 후 다시 시도한다. (단축키 J)

스코어 에디터를 열어보면 마지막 마디가 제거된 것을 확인할 수 있다. (181p 9번 그림과 비교)

제목 입력하기

❶ 보표 앞에 [파란 사각형 바]를 클릭한 상태에서 아래로 드래그하여 위쪽에 제목이 들어갈 여백을 만들어준다.

❷ ❶[Other]에서 ❷[Text] 버튼을 선택 후 ❸[펜] 툴로 제목을 입력하고자 하는 위치에서 클릭한다.

❸ 제목을 입력한 후 제목 위에서 ❶[우측 마우스 버튼]을 클릭하여 표시된 팝업 메뉴에서 ❷[Set Font] 메뉴를 선택한다.

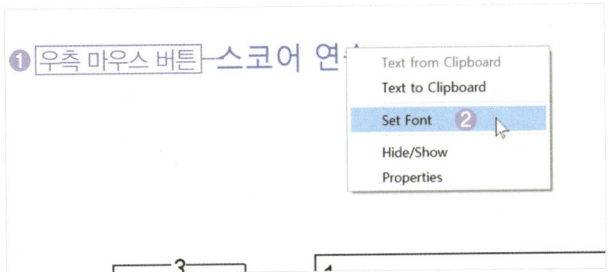

❹ Score Setting 창의 ❶[Text] 탭에서 ❷[Font]와 [Size]를 자신이 원하는 값으로 설정한 후 ❸[Apply] 버튼을 클릭한다.

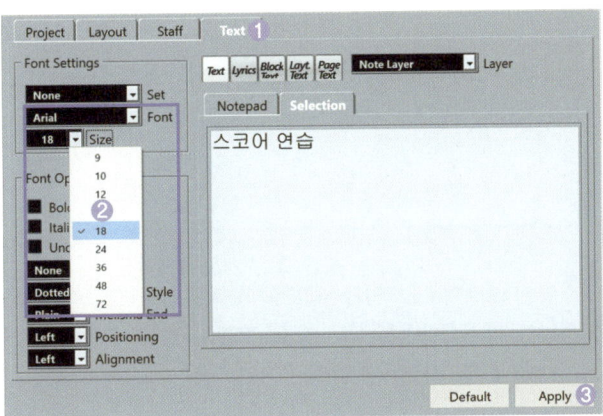

악보제작 **183**

5 사이즈가 변경된 제목을 클릭한 상태로 드래그하여 원하는 위치에 갖다 놓는다.

> **레슨 정리**
>
> 일반적으로 악보를 그리기 위해서는 악보 사보 전문 프로그램을 사용한다. 큐베이스에서는 간단한 악보 또는 키 에디터에서 녹음을 하거나 입력한 음을 악보로 출력하기 위해 많이 사용하는데, 이 내용은 다음 레슨인 [Lesson 30]에서 다루도록 한다.

30 작업한 것을 악보로 만들고 싶어요.

큐베이스 초심자는 악보 작성을 잘 하지 않지만 시간이 지나면 코드, 멜로디, 가사 등이 담긴 악보가 필요해 진다. 이번 레슨에서는 작업된 프로젝트에서 아래 리드 시트(Lead Sheet)와 같은 악보를 만드는 방법을 배워본다

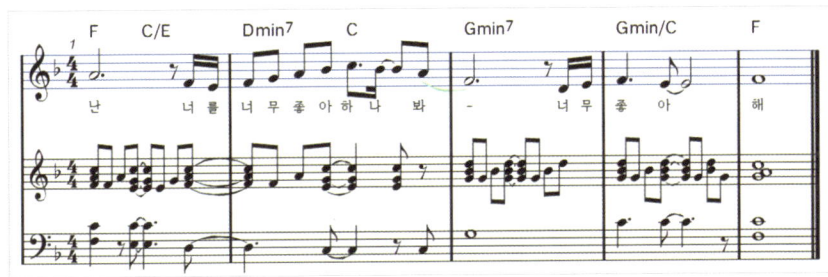

▲ 완성된 악보

스코어 에디터로 열어보기

① [학습자료] – [Lesson 30 Workshop] 폴더에 있는 [L30 Workshop.cpr] 파일을 열어준 후 [Melody]와 [Piano] 이벤트를 선택한다.

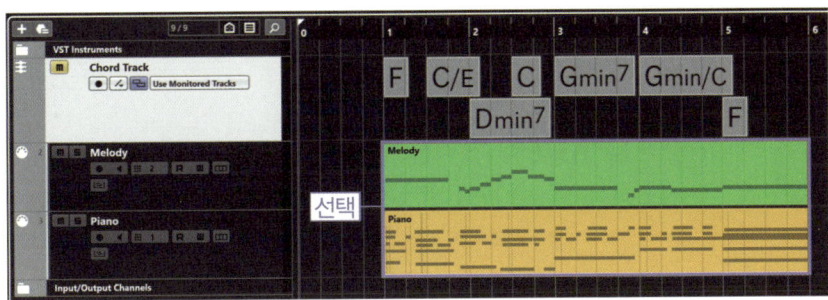

② 상단 메뉴에서 [MIDI] – [Open Score Editor]를 눌러 스코어 에디터를 열어준다.

악보제작 **185**

❸ 이번엔 [Scores] – [Page Mode] 메뉴를 선택한다. 스코어 에디터를 보는 방식에는 Page Mode와 Edit Mode가 있는데, 악보를 출력하기 위해서는 Page Mode로 작업하는 것이 좋다.

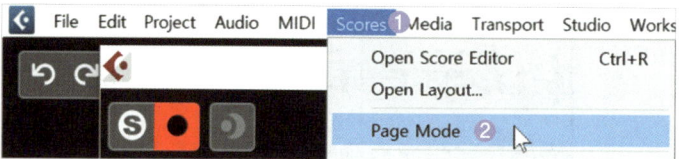

❹ 그러면 스코어 에디터에서 아래 그림과 같이 정리가 되지 않은 악보를 확인할 수 있다.

▲ 정리되지 않은 악보

> 💡 **팁 & 노트**
>
> **리드 시트(Lead Sheet)에 대하여**
> 리드 시트는 멜로디, 가사, 코드와 연주 시 중요한 포인트 정도만 표시된 악보이다.

≡ 피아노 악보 정리하기

❶ 피아노 보표 앞부분의 [파란 박스]를 더블클릭하여 Score Settings 창을 열어보면 파란색 바로 표시된 보표만 셋팅에 맞게 조건이 변경된다.

❷ Score Settings 창에서 다음의 번호에 맞게 체크 및 선택을 한다.

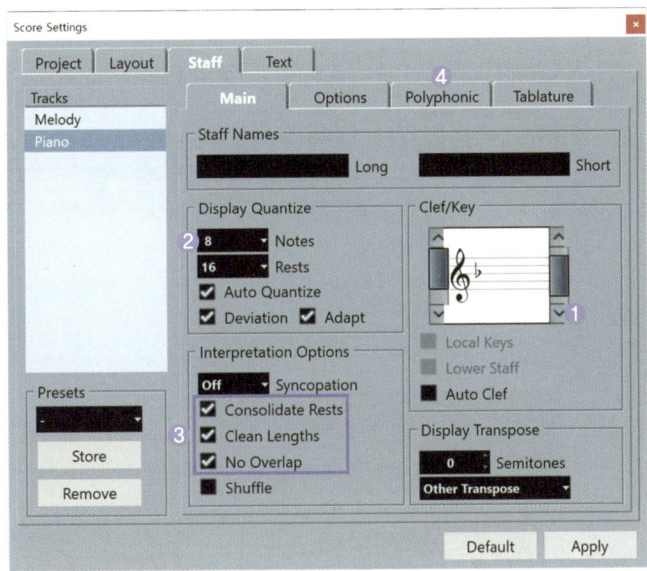

❶ 스크롤 아래 화살표를 눌러 ♭이 한 개가 되도록 함 스크롤의 위쪽 화살표를 누를 경우 #이 추가 된다.

악보제작 **187**

❷ Notes를 8분음표로 설정함 입력되어있는 음표 중 가장 짧은 길이의 음표로 선택한다. 16분음표의 멜로디를 4분음표로 선택 시 16분음표가 4분음표로 맞춰지므로 주의해야 한다.

▲ 16분음표 선택 시　　　　　　　　▲ 4분음표 선택 시

❸ Consolidate Rests, Clean Lengths, No Overlap에 체크함

Consolidate Rests 두 개 이상의 쉼표가 분리되어있는 경우 하나로 합쳐서 표시한다.

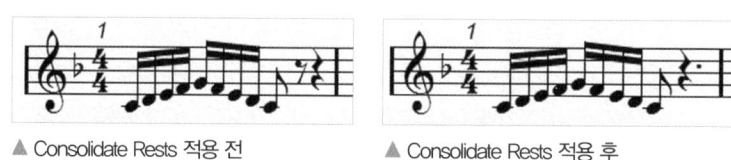

▲ Consolidate Rests 적용 전　　　　　　▲ Consolidate Rests 적용 후

Clean Lengths 음표의 길이를 정리하여 표시한다.

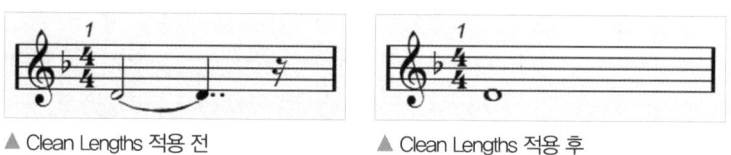

▲ Clean Lengths 적용 전　　　　　　▲ Clean Lengths 적용 후

No Overlap 음표가 겹쳐서 입력되어있는 경우 겹치지 않게 표시한다.

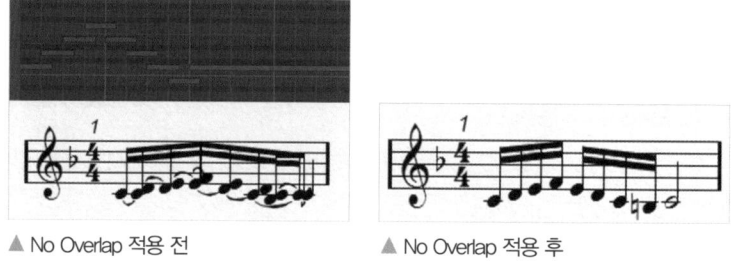

▲ No Overlap 적용 전　　　　　　▲ No Overlap 적용 후

❹ Polyphonic 탭을 선택함 선택된 보표를 분리 또는 하나로 설정할 수 있는 탭이다.

❸ Polyphonic 탭에서 다음의 번호에 맞게 체크 및 선택을 한다.

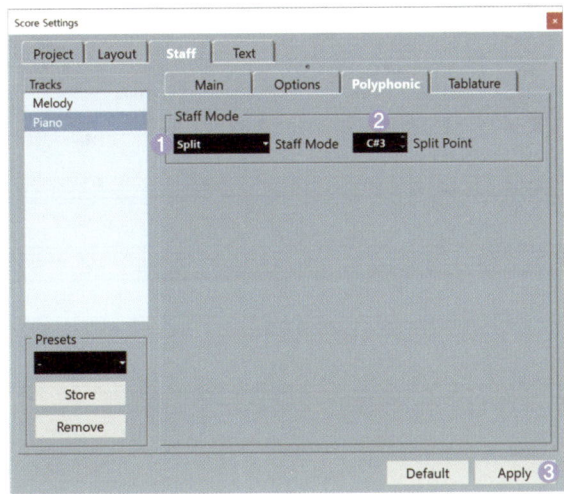

❶ **Staff Mode를 Split으로 선택함** 높은음자리표로만 되어있는 보표를 피아노 보표 (높은음자리표, 낮은음자리표)로 분리하여 표시한다.

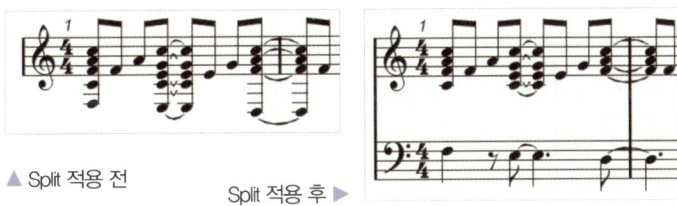

▲ Split 적용 전   Split 적용 후 ▶

❷ **Split Point를 C#3으로 설정함** 높은음자리표 보표와 낮은음자리표 보표를 나눌 기준음을 설정한다. C3으로 설정한 경우 C3음을 기준으로 그 아래 음들을 낮은음 자리표 보표로 보낸다. C#3으로 설정한 경우 C#3음을 기준으로 그 아래 음들을 낮은음자리표 보표로 보낸다.

▲ C3로 설정한 경우   ▲ C#3로 설정한 경우

❸ **Apply를 누름** 지금까지 설정한 사항을 악보에 적용한다.

④ 피아노 악보의 음표가 정리된 것을 확인할 수 있다.

⑤ 마지막 마디를 보기 좋게 첫 번째 단에 붙여본다. 악보의 빈 곳에서 ❶[우측 마우스 버튼]을 클릭한 상태로 툴 바에서 ❷[풀] 툴을 선택한다. 그다음 풀 툴로 연결할 부분의 ❸[마디선]을 클릭한다.

⑥ 그러면 다음과 같이 아래와 마디가 연결된 것을 볼 수 있다. 만약 마디가 붙여지지 않는 경우 Page Mode인지 확인해 본다.

멜로디 보표의 코드와 악보 사이즈 조정하기

이번에는 아래 악보에서 박스로 표시된 것처럼 멜로디 파트의 조표와 코드 입력, 악보 사이즈의 조정 방법에 대해 알아본다.

❶ 멜로디 보표 앞에 [파란색 바]를 더블클릭한다.

❷ Score Settings 창에서 번호에 맞추어 체크 및 선택을 한다.

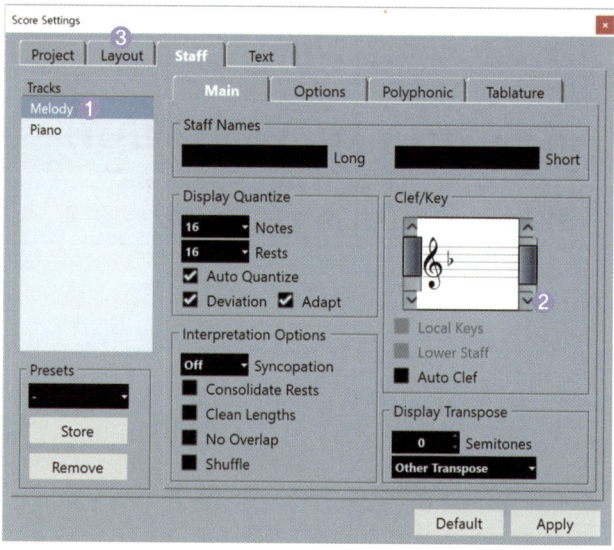

❶ Melody 파트가 선택되어있는지 확인함

❷ 스크롤 아래 화살표를 눌러 ♭이 한 개가 되도록 함

❸ Layout 탭을 누름 Layout 탭에서는 악보에 표시하려는 항목과 악보의 크기, 노트 간의 간격 등을 설정할 수 있다.

❸ Layout 탭에서에서 번호에 맞추어 체크 및 선택을 한다.

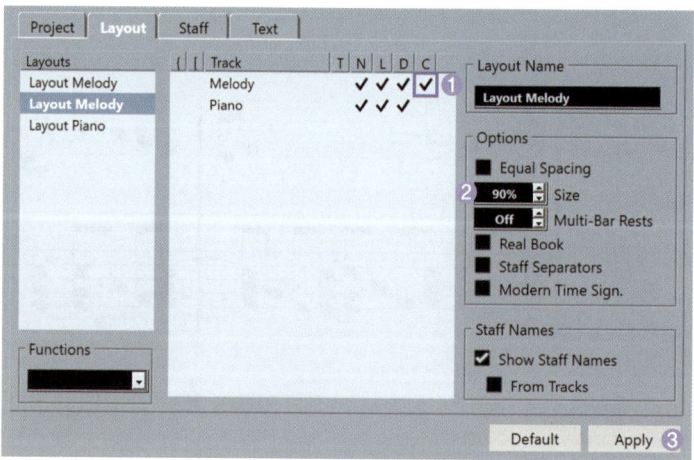

❶ Melody 파트의 C를 클릭하여 체크함 C는 Chord의 앞자를 의미하며, 코드 네임은

코드 트랙에 입력한 코드로 표시된다.

❷ **Size를 90%로 설정하여 악보의 크기를 줄임** %의 값이 낮을수록 한 페이지에 담을 수 있는 정보량은 많아지지만 너무 낮게 설정 시 음표와 글자들이 너무 작아 보이기 때문에 주의해야 한다.

▲ 100%로 설정 시

▲ 80%로 설정 시

❸ **Apply를 눌러 적용함**

❹ 계속해서 이번엔 조표와 코드, 악보 사이즈의 설정을 완료한 후 코드의 글씨 크기를 줄여보도록 한다. 멜로디 보표 앞에 [파란색 바]를 더블클릭한다.

⑤ Project 탭에서 번호에 맞추어 체크 및 선택을 한 후 적용된 상태를 확인해 본다.

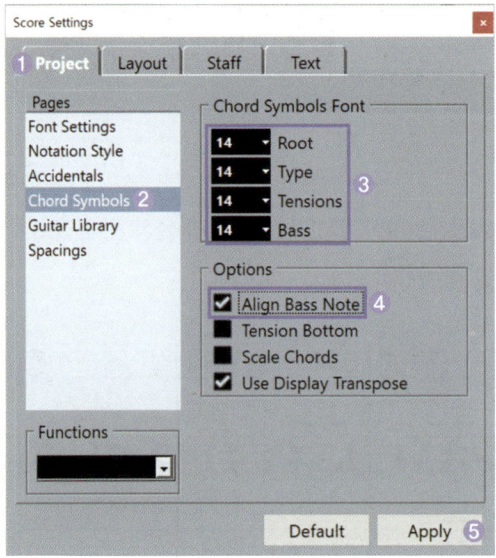

③ Root, Type, Tensions, Bass 옵션에 원하는 글씨 크기의 값을 입력한다.

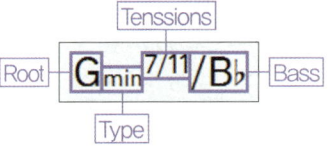

④ Align Bass Note 옵션을 체크한다.

▲ Align Bass Note 적용 전   ▲ Align Bass Note 적용 후

멜로디 보표의 가사 입력과 이음줄 만들기

이번에는 멜로디 파트의 가사 및 이음줄 입력방법에 대해 알아본다.

① 스코어 에디터의 좌측에 ①[Symbols] 탭에서 ②③[Other] – [Lyrics] 버튼을 누른 후 ④[펜] 툴을 사용하여 가사를 입력할 부분을 클릭한다.

스코어 에디터에서는 음표 등과 같은 입력할 항목을 선택할 경우 [펜] 툴이 자동으로 표시된다.

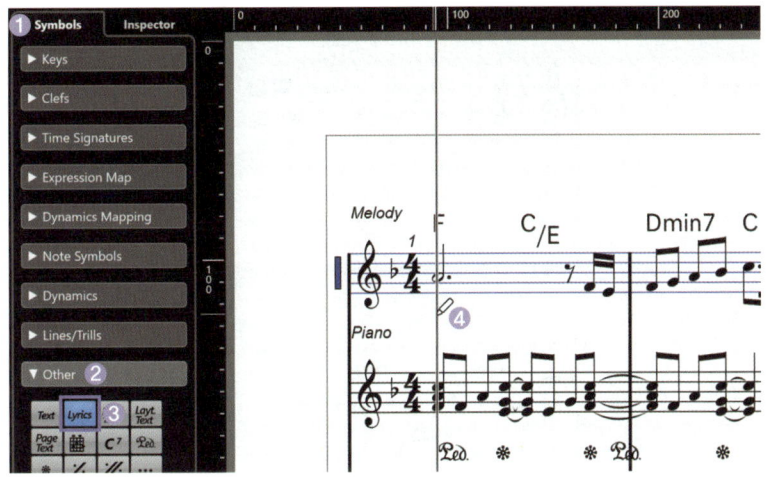

한 글자를 입력한 후 [TAB] 키를 눌러 다음 음표로 이동하여 다음 가사를 입력한다.

② 악보의 빈 곳에서 ❶[우측 마우스 버튼]을 클릭한 상태로 [선택] 툴을 사용하여 선택된 가사만 ❷[드래그]한다. (190p 6번 그림 참고)

③ 빈 곳에서 [우측 마우스 버튼] – [레이아웃/무브 싱글 오브젝트] 툴을 선택한다.

④ 레이아웃 툴로 가사의 글자를 클릭한 상태에서 원하는 위치로 이동한다.

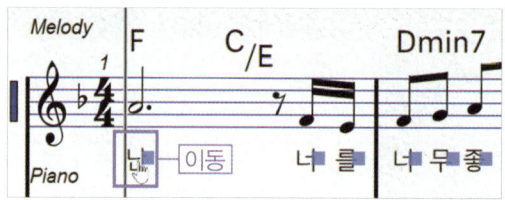

⑤ 이번엔 다음과 같이 두 음표 사이에 이음줄을 그려보도록 한다.

⑥ 스코어 에디터의 좌측에 있는 ❶[Symbols] 탭에서 ❷❸[Dynamics] – [Slur] 버튼을 누른 후 ❹[펜] 툴로 이음줄이 그려질 시작점을 클릭하여 원하는 위치까지 드래그 한다.

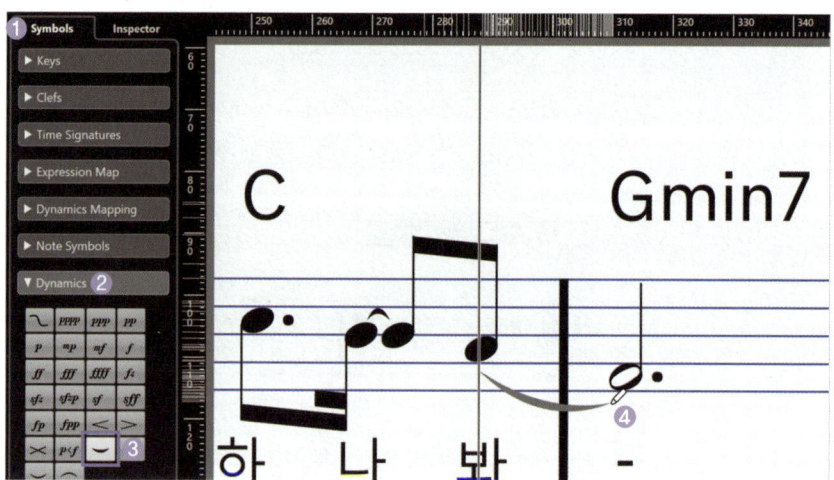

레슨 정리

음악 제작시 스코어 에디터는 음표를 악보로 변환하는 데 주로 사용된다. Score Editor는 악보 제작에 충분하지만 출판용 악보 제작에는 전문 악보 프로그램 사용을 권장한다.

녹음 후 악보로 표시하고 싶어요.

멜로디 작곡시, 노래 녹음 후 악보를 그리고 싶은데, 음감이 좋지 않으면 어려울 수 있다. 이번 레슨에서는 보컬의 오디오 데이터를 미디 데이터로 변환해 악보를 만드는 방법(Pro, Artist 버전 전용)을 알아본다.

오디오 데이터를 미디 데이터로 변환하기

① [학습자료] – [Lesson 31 Workshop] 폴더에 있는 [L31 Workshop.cpr] 파일을 열어준다. 열린 프로젝트에서 [Vox] 트랙을 선택한 후 [오디오 이벤트]를 더블클릭하여 Sample Editor 창을 열어준다.

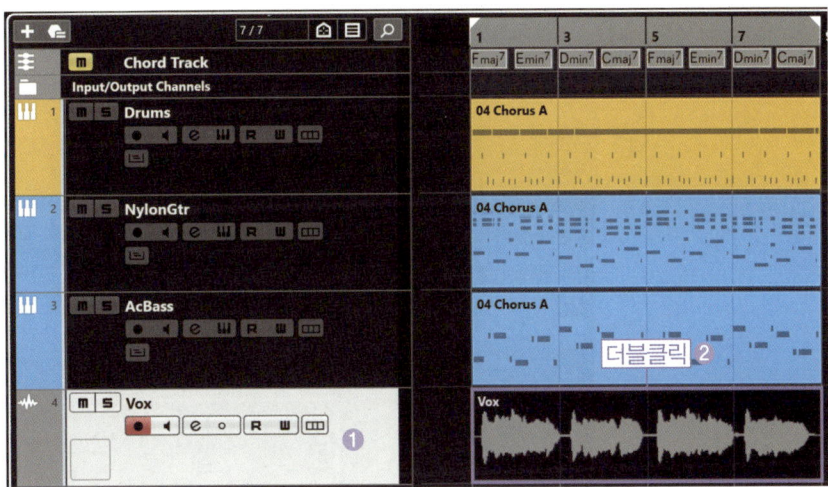

② 인스펙터 창에서 [VariAudio] – [Edit VariAudio] 옆에 있는 화살표 모양의 [에디트 바리오디오(Edit VariAudio)] 버튼을 눌러준다. VariAudio 항목에서는 녹음한 노래나 악기의 음정과 박자를 조정할 수 있는데, 이 부분의 자세한 사용법은 [Lesson 38]에서 살펴본다.

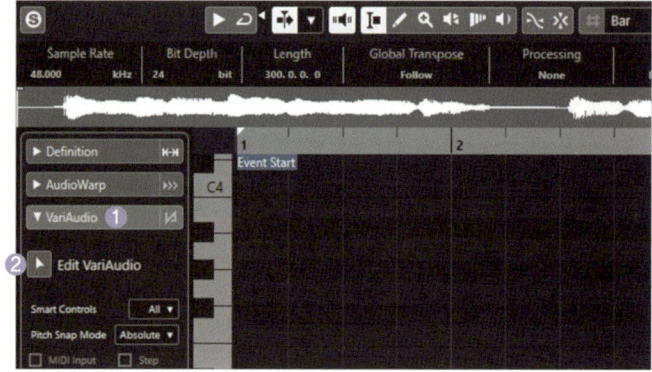

☑ 만약 Sample Editor 창에서 왼쪽의 인스펙터 창이 보이지 않는다면 오른쪽 상단의 [Show/Hide Left Zone] 버튼을 눌러 Left Zone을 표시한다.

③ 노래의 음정이 표시되면 [Choose Functions] – [Extract MIDI] 항목을 클릭한다.

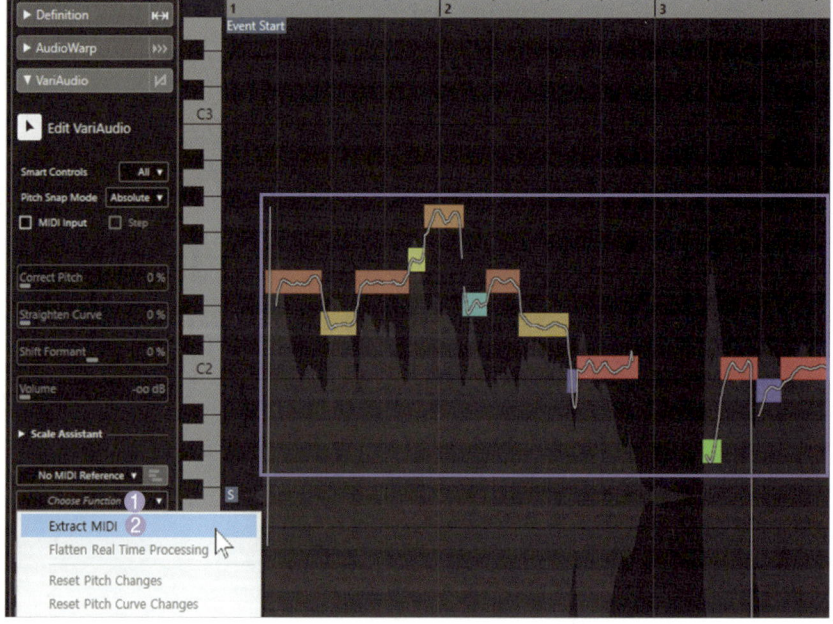

④ 그다음 Extract MIDI 창에서 [Just Notes and No Pitchbend Data] – [Fixed Velocity] – [OK] 버튼 순으로 설정을 완료한다.

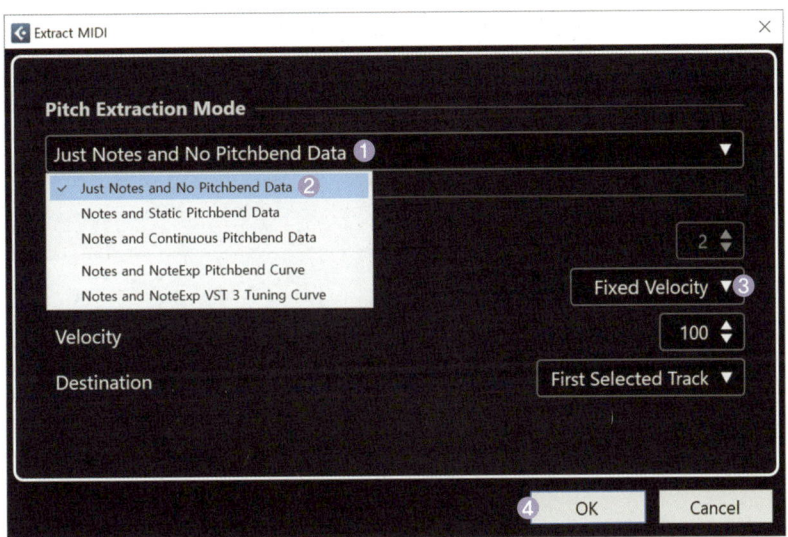

⑤ 그러면 아래 그림과 같이 녹음한 오디오 데이터를 미디로 변환한 미디 트랙과 이벤트가 표시된다.

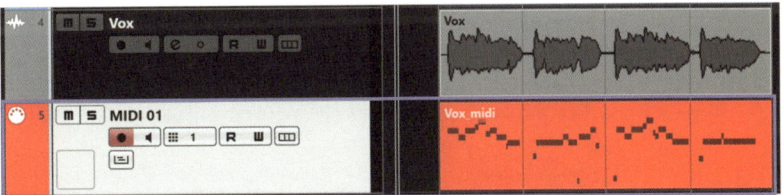

변환한 미디 데이터를 듣기 위한 악기 설정하기

변환된 미디 이벤트의 소리를 듣기 위해 악기를 설정해 준다. 여기에서는 Halion Sonic Se 악기 중 [GM 074] Flute 프리셋으로 설정해 보도록 한다. 이 부분은 가상악기를 부르는 또 다른 방법이다.

① Right Zone에서 [Rack] – [Synth] – [HALion Sonic SE] 메뉴를 선택한다.

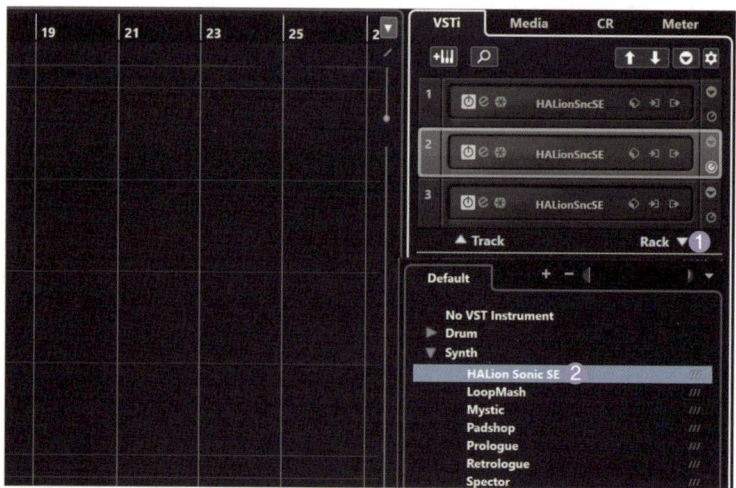

❷ Halion Sonic SE와 연결된 트랙을 만들겠습니까?라는 질문에 여기에서는 기존의 미디 트랙이 생성되어있기 때문에 [Cancel] 버튼을 누른다.

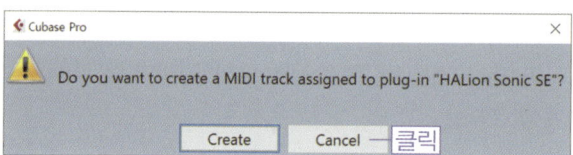

❸ Halion Sonic SE 창에서 1번 채널의 ❶[▼]를 클릭 후 검색 필드에 ❷[Flute]라고 입력한다. 그 후 검색되어 나온 악기 중 ❸[[GM 074] Flute] 악기를 선택한다.

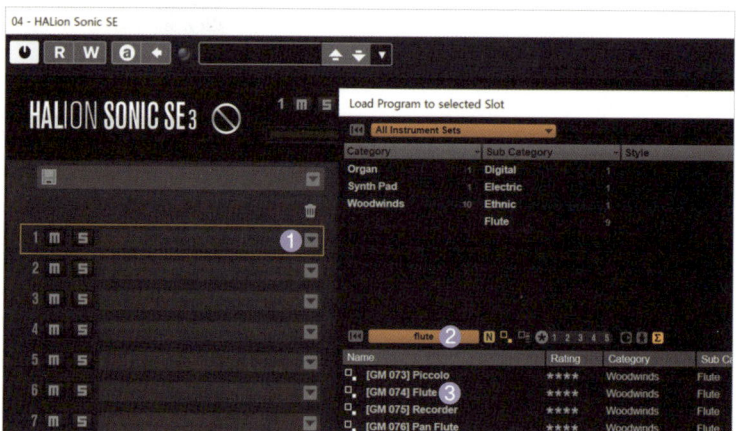

④ 미디 데이터로 바뀐 ❶[미디 트랙]을 선택한 후 ❷[Output을 04 – HALion Sonic SE]로 설정 후 채널을 ❸[1]번으로 선택한다.

⑤ [MIDI 01 트랙 이름]을 더블클릭하여 수정한다. 트랙을 생성한 후 반드시 트랙의 이름을 악기에 맞게 변경해 준다.

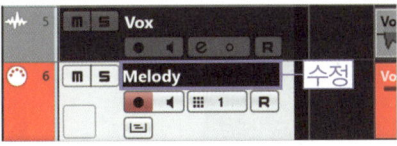

⑥ 이제 재생하여 미디로 변환된 멜로디를 들어본다.

악보를 위한 노트 정리하기

노래를 녹음한 것을 미디 데이터로 변환했으므로 재생하여 들어보면 박자나 음정이 정확하게 맞지 않을 수 있다. 그러므로 변환 후 수정 작업을 해주어야 한다.

❶ 미디로 변환된 [미디 이벤트]를 더블클릭하여 Key Editor 창을 열어준다.

② Key Editor를 확인하면 남자 보컬이므로 한 옥타브가 낮은 것을 볼 수 있다. 이번엔 전체의 음을 한 옥타브를 올려주기 위해 [Ctrl] + [A] 키를 눌러 전체 선택을 한 후 [Shift] + [↑] 키를 눌러 노트를 한 옥타브 올려준다.

③ 박자가 맞지 않는 음표들을 맞춰주기 위해 [Quantize Preset] - [1/8]로 선택한다.

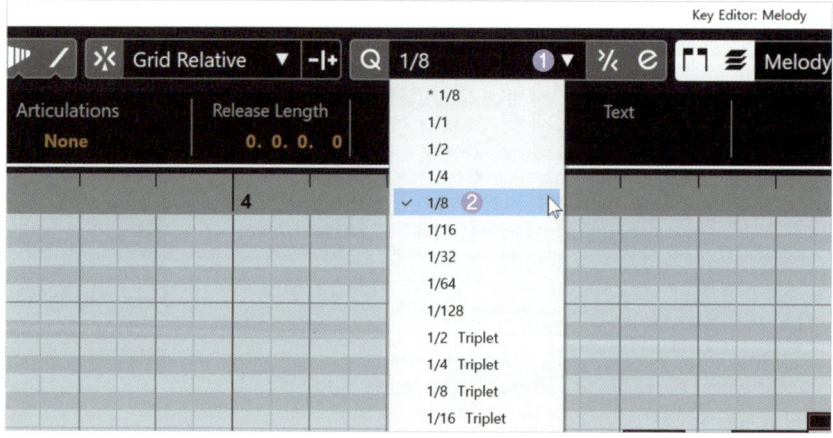

☑ 1/8은 8분음표를 의미하며, 1/8로 선택한 이유는 만든 멜로디의 가장 짧은 음표가 8분음표이기 때문이다.

④ [Ctrl] + [A] 키를 눌러 음표를 전체 선택한 다음 [Edit] - [Quantize] 메뉴를 선택하

여 음표의 앞부분을 박자선에 맞춰준다. (단축키 Q)

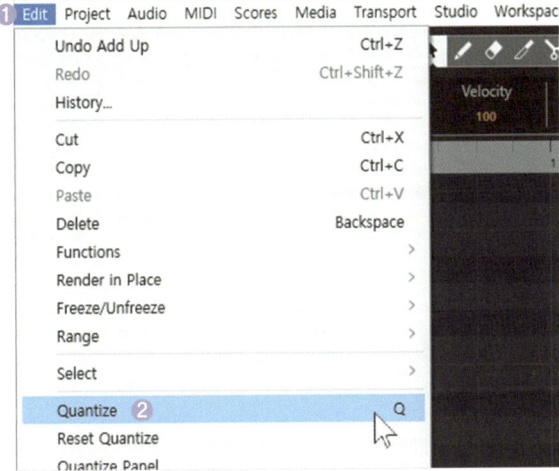

⑤ [Edit] – [Advanced Quantize] – [Quantize MIDI Event Lengths] 메뉴를 실행하여 음표의 뒷부분도 맞춰준다.

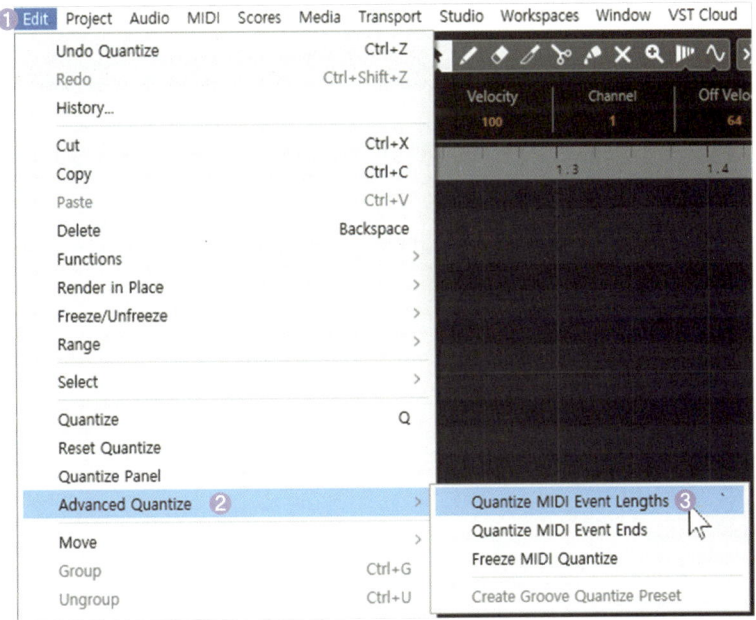

⑥ 원래 멜로디와 비교해가며 음표를 이동하거나 필요없는 음표는 삭제한다.

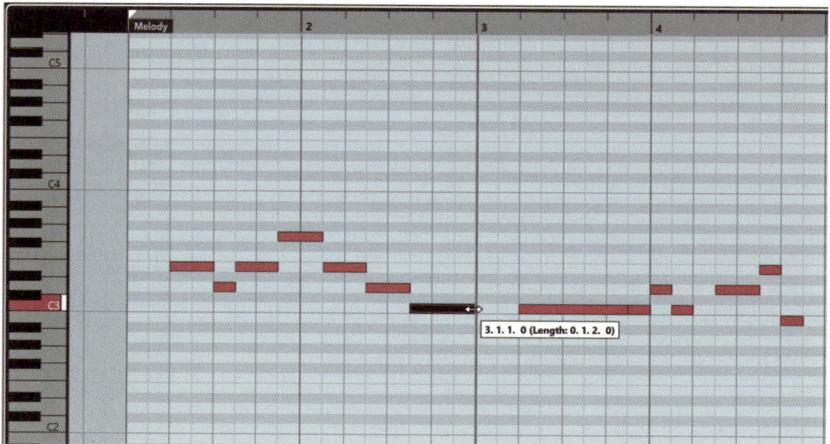

❼ 수정이 완료된 이벤트는 [Lesson 30]에서 배운 방법대로 Score Editor에서 정리하면 된다.

📝 **레슨 정리**

악보 변환은 한번의 클릭으로 완성되지 않고, 컴퓨터 처리 후 수정이 필요하다. 그러나 이 기술로 많은 시간을 절약하고, 오디오 샘플을 미디 데이터로 변환 후 원하는 악기 음색으로 작업할 수 있다.

32 만든 악보를 다른 사보 앱에서 사용하고 싶어요.

큐베이스에서 악보 작업 후, 더 높은 품질의 악보를 위해 MusicXML 파일로 다른 사보 프로그램(Sibelius, Finale 등)으로 전송하는 경우가 있다. 이번 레슨에서는 이를 위한 방법(Pro 버전 전용)을 살펴본다.

≡ MusicXML 파일 만들기

❶ [학습자료] – [Lesson 32 Workshop] 폴더에 있는 [L32 Workshop.cpr] 파일을 열어준다.

❷ 화면에 보이는 모든 이벤트를 선택한다. (단축키 Ctrl + A)

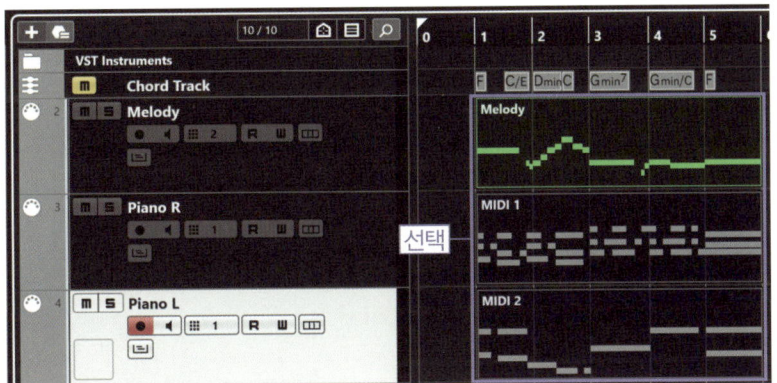

> 💡 **팁 & 노트**
>
> **MusicXML 포맷이란?**
> MusicXML 포맷은 악보를 XML 형식으로 표기하는 오픈 포맷이다.

❸ [MIDI] – [Open Score Editor] 메뉴를 눌러 스코어 에디터를 열어준다.

악보제작 **205**

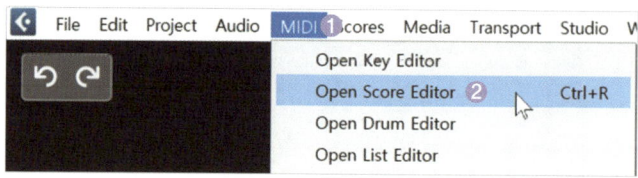

④ 계속해서 [Scores] – [Page Mode] 메뉴를 선택한다.

⑤ 그러면 아래 그림과 같은 악보가 표시된다.

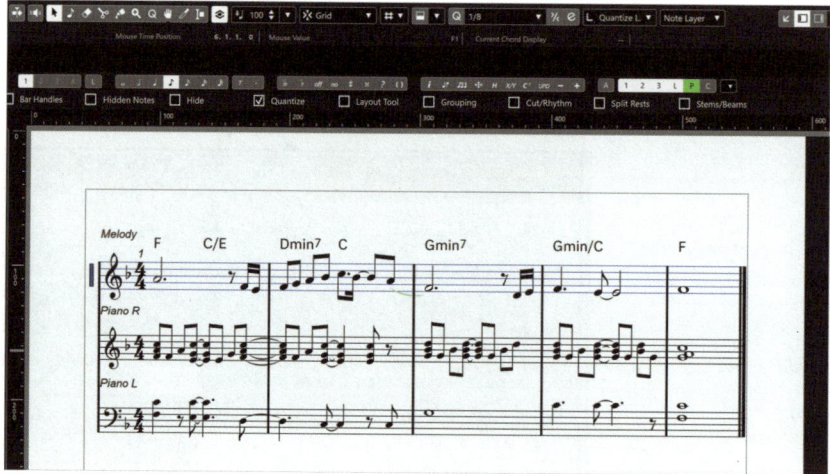

⑥ 위의 상태에서 [File] – [Export] – [MusicXML] 메뉴를 선택한다. 여기서 주의할 점은 반드시 스코어 에디터가 열린 상태에서 명령을 실행해야 한다는 것이다. 스코어 에디터가 닫히거나 다른 창이 선택되어있다면 MusicXML 항목이 비활성화되어 저장이 되지 않는다.

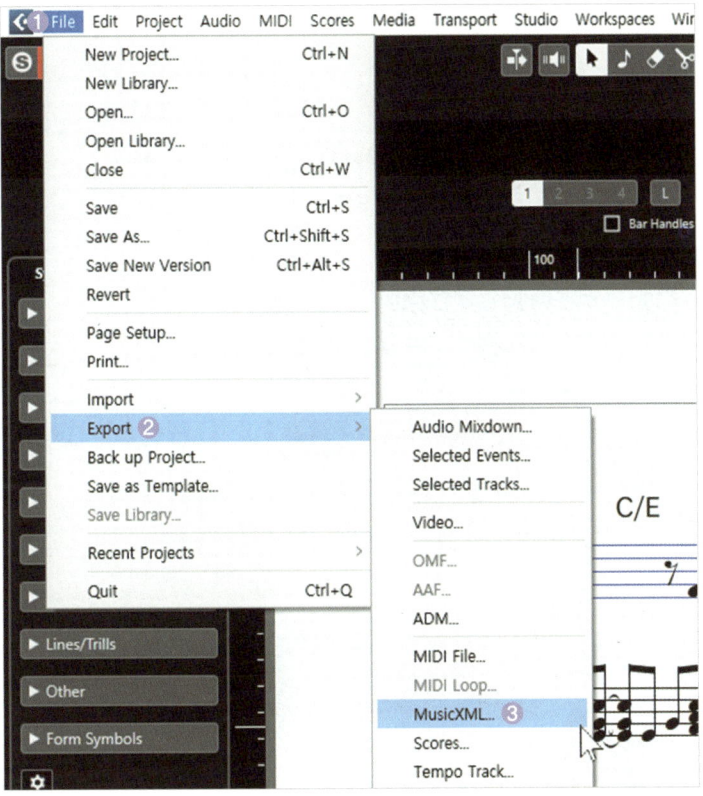

❼ MusicXML 저장 창이 열리면 원하는 ❶[위치]와 ❷[파일명]으로 ❸[Save]한다.

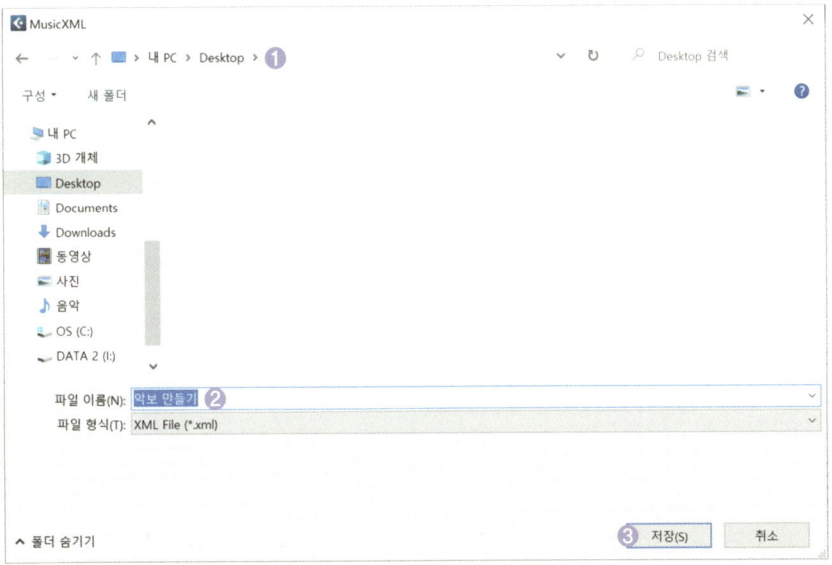

⑧ 이와 같이 생성한 파일은 아래 그림처럼 다른 악보를 만드는 사보 프로그램에서 쉽게 가져올 수 있다.

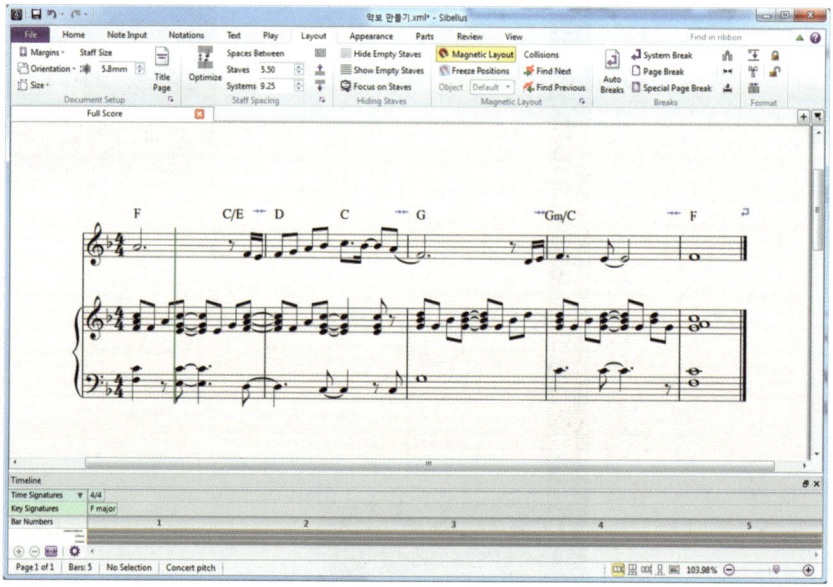

레슨 정리

추후 스트링(현악기) 작업 후 녹음을 위해 악보를 만들거나 출판을 해야 할 경우 매우 유용한 기술이 될 것이다. MusicXML 파일 형식은 큐베이스뿐만 아니라 서로 다른 사보 프로그램에서도 사용이 가능하다.

레코딩

Lesson 33 마이크와 기타를 녹음하고 싶어요.

Lesson 34 잘못된 부분 재녹음 후 자연스럽게 연결하고 싶어요.

Lesson 35 원하는 부분만 계속 녹음할 수 있나요?

Lesson 36 녹음 작업한 프로젝트를 정리해서 저장하고 싶어요.

마이크와 기타를 녹음하고 싶어요.

이번 레슨에서는 외부 단자를 통해 보컬과 기타의 녹음 방법에 대해 알아보도록 한다.

마이크로 녹음 설정하기

① 그림처럼 오디오 인터페이스와 마이크를 연결한다. (Lesson 8 참고)

보컬 또는 기타를 마이크로 녹음할 경우 헤드폰을 연결하고, 헤드폰의 음량을 조절한다. 그리고 스피커는 음량을 최대로 내리거나 전원을 끈다.

▲ 오디오 인터페이스와 마이크, 기타, 헤드폰 연결 방법

② 마이크를 연결한 채널의 Gain 값을 1~2시 방향으로 조절한다. 마이크가 콘덴서 마이크일 경우 먼저 48v(Phantom Power)를 켠 후에 Gain을 조절한다.

☑ Gain 값을 너무 많이 올릴 경우 스피커가 찢어지는 듯한 노이즈가 발생되며, 너무 낮은 경우 녹음 후 음량이 작아 음량을 올릴 경우 노이즈도 같이 올라가기 때문에 게인 조절에 주의가 필요하다.

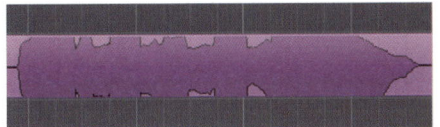 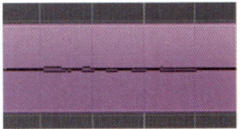

▲ Gain 값이 높은 경우　　　　　　　　　▲ Gain 값이 낮은 경우

보컬 녹음 중 Gain을 필요에 따라 조절하며 녹음하는 것은 좋지 않다. Gain 값의 조절이 필요하다면 곡 파트마다 게인 값을 정하는 것이 좋다. 예를 들어 Verse 부분은 Chorus보다 비교적 음량이 낮기 때문에 2시로 조정하여 녹음하고, Chorus 부분에서는 큰 소리가 나는 고음이 많이 나오기 때문에 12시 방향으로 조정하여 녹음한다. 오디오 인터페이스의 프리 앰프 또는 마이크에 따라 입력 감도가 다르기 때문에 직접 녹음하여 적당한 값을 찾도록 한다.

③ 인풋 설정을 위해 [Studio] – [Audio Connections] 메뉴를 선택한다. (단축키 F4)

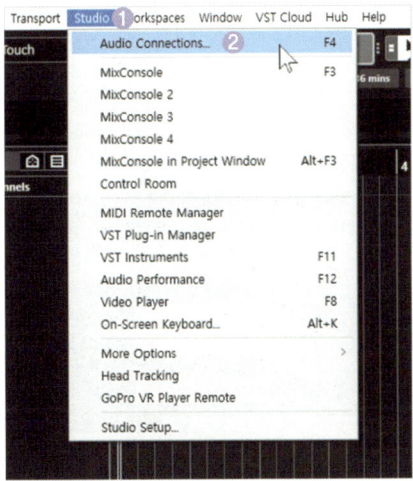

④ 다음의 그림과 같은 순으로 [Input] – [Add Bus] – [Mono] – [Mic 입력(임의 입력)] – [Add Bus] 버튼을 눌러 마이크의 입력 Bus를 만들어준다.

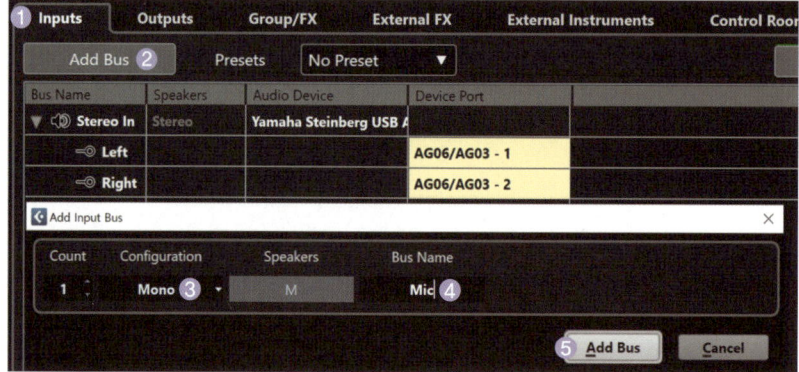

☑ 아래 그림은 일반적인 오디오 인풋(Input) 1, 2번의 구성이다.

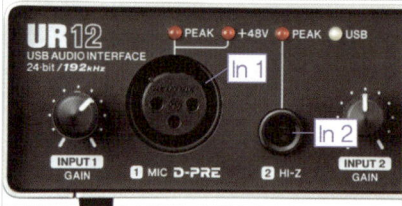

◀ 일반적인 인풋(Input) 1, 2 단자

⑤ 생성된 ❶[MIC Bus]에서 ❷[Audio Device]가 자신의 오디오 인터페이스 항목이 맞는지 확인한 후 마이크가 연결되어있는 ❸[인풋] 채널을 선택한다.

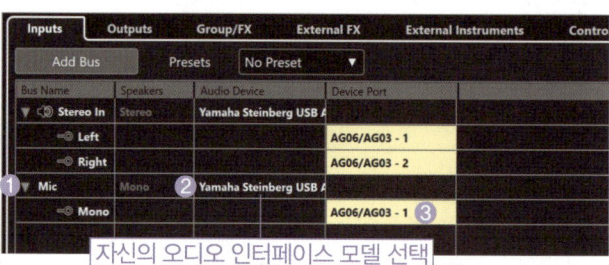

⑥ 일반적으로 오디오 인터페이스의 왼쪽 컨넥터가 In 1, 오른쪽 컨넥터가 In 2로 설정된다. Audio Device 항목에 Not Connected로 표시되었을 경우에 [Not Connected 클릭] – [자신의 오디오 인터페이스 모델 선택]한다.

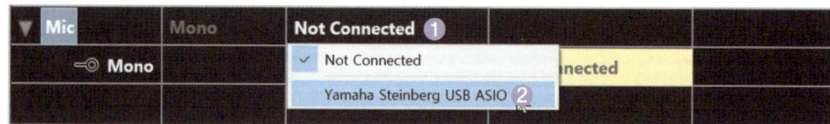

☑ 자신의 인터페이스가 나타나지 않을 경우 Studio Setup에서 ASIO Driver가 다른 장치로 설정되어있거나 오디오 인터페이스 드라이버가 설치되지 않은 경우도 있다. 이럴 경우 [Lesson 10]을 참고한다.

❼ 설정이 끝났다면 Audio Connections 창을 닫은 후 [Project] – [Add Track] – [Using Track Preset] 메뉴를 선택한다.

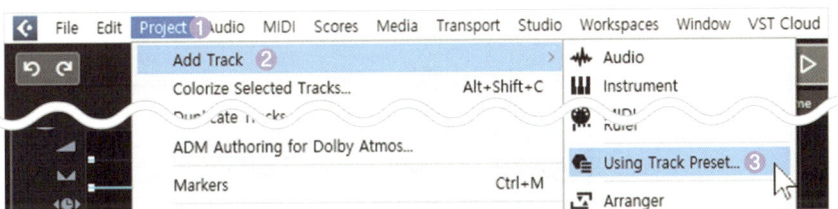

❽ Add Audio Track 창에서 ❶[Vocal] – [Results]에서 ❷❸[프리셋 선택] – [Add Track] 순으로 클릭한다. 자신이 녹음할 악기나 느낌에 따라 프리셋을 선택하면 되는데, 여기서는 [Female Lead Vox] 프리셋으로 선택했다. 이 방식으로 오디오 트랙을 생성 시 프리셋명 앞에 아이콘 모양(📁)을 확인 후 선택해야 한다.

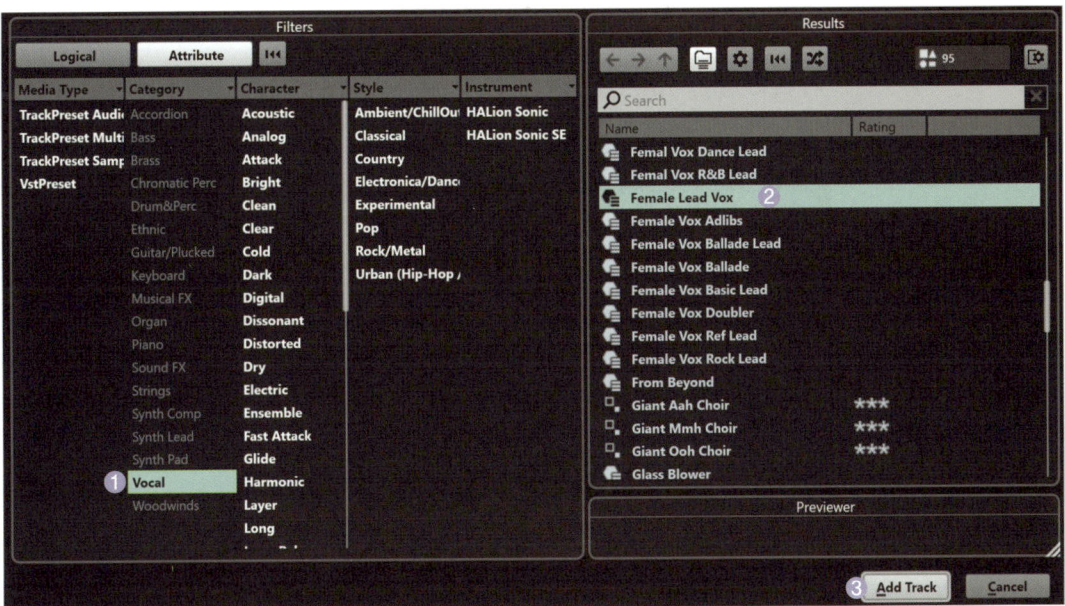

❾ 생성된 트랙의 Track Name 입력 필드를 더블클릭 후 [Vox]라고 입력한다. 일반적으로 Vocal은 Vox로 입력한다.

레코딩 **215**

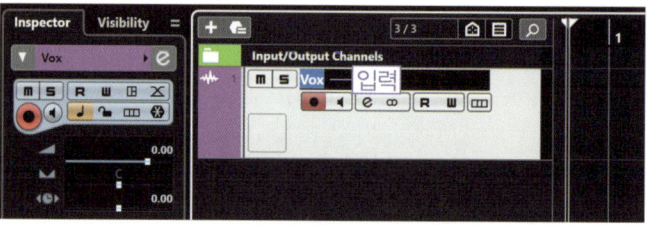

⑩ Using Track Preset 기능으로 생성된 트랙에는 프리셋 이름에 맞춰 악기에 어울리는 이펙터(효과)들이 자동적으로 적용된다.

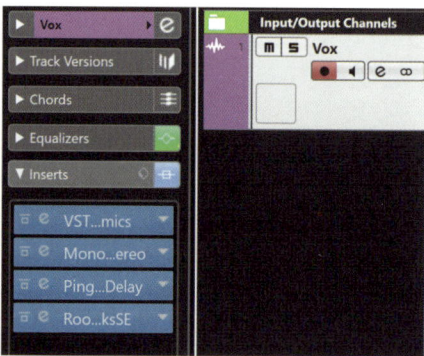

⑪ [Input routing] – [Stereo In] – [Mic] 순으로 선택하여 녹음하고자 하는 Input을 선택한다.

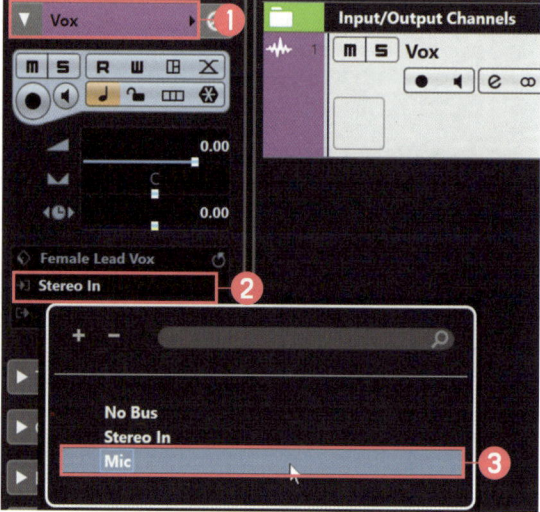

⑫ 트랙을 선택한 후 [녹음] 버튼을 눌러 녹음을 시작한다.

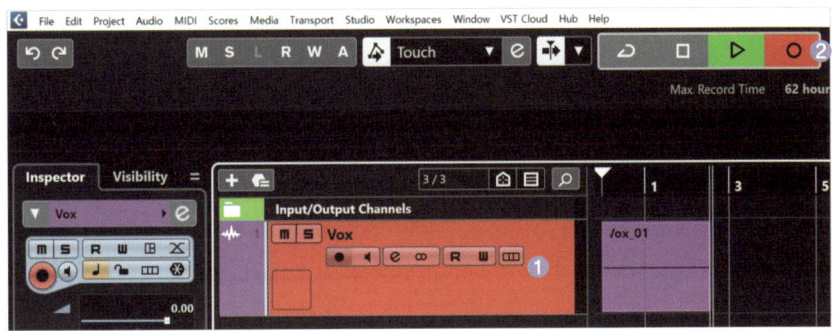

녹음 중인 소리를 들으면서 녹음하기 – 첫 번째 방법

앞선 방법의 설정으로는 녹음이 되는 자신의 목소리를 들을 수 없다. 이번에는 녹음 중인 자신의 목소리를 들으면서 녹음하는 방법에 대해 알아본다.

① 녹음할 트랙에 [Monitor] 버튼을 클릭하여 활성화한다. Monitor 버튼을 활성화되면 마이크의 음성에 효과가 적용되어 들릴 것이다.

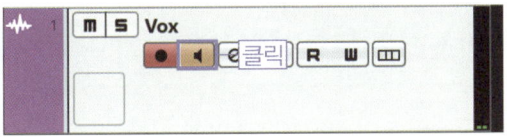

② 이제 [녹음] 버튼을 눌러 녹음을 시작한다. 녹음이 완료되면 [Monitor] 버튼을 비활성화시킨 후 재생하여 녹음된 음성을 들어본다. Monitor 버튼이 활성화된 경우 녹음된 음성이 출력되지 않는다. Monitor 버튼을 누르고 녹음 후 재생할 때 다시 Monitor 버튼을 눌러 들어보는 이 과정이 번거로울 수 있다. 이런 경우 간단한 방법으로 해결할 수 있다.

③ 트랙 위에서 ❶[우측 마우스 버튼] 클릭 후 ❷[Duplicate Tracks] 메뉴를 선택하여 녹음 트랙과 똑같은 트랙을 복제한다. Duplicate Tracks은 선택된 트랙과 모든 속성들을 완전히 복제한다.

레코딩 **217**

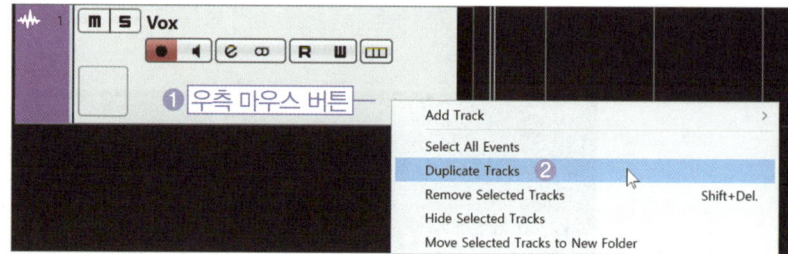

❹ 복제된 트랙은 위의 트랙과 구분하기 위해 이름을 수정한다. Monitor 버튼은 위의 트랙만 활성화시킨 후 녹음은 아래 트랙에서 진행한다.

Vox 트랙에 Monitor 버튼이 활성화되면 마이크의 음성은 계속 들릴 것이고, 녹음은 아래의 Vox 2 트랙에서 녹음된다. 녹음 완료 후 재생하면 Vox 2 트랙의 Monitor 버튼은 비활성화되어있어 곧바로 재생이 가능하다.

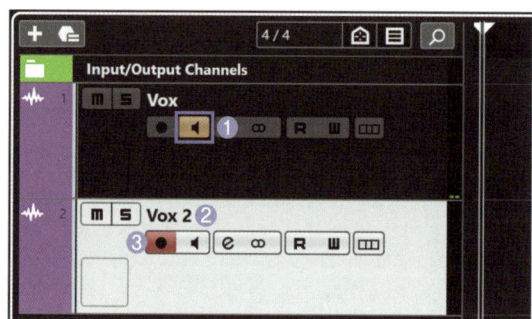

녹음 중인 소리를 들으면서 녹음하기 - 두 번째 방법

❶ [Edit] - [Preferences..] 메뉴를 선택한다.

이 설정은 녹음 시 자동으로 모니터링이 되도록 한다.

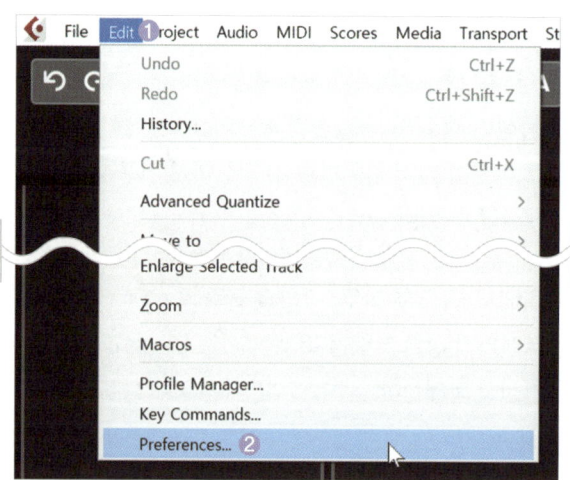

❷ Preferences 창에서 ❶[VST] 항목을 선택한 후 오른쪽 창의 ❷❸[Auto Monitoring] – [TapeMachine Style]을 선택한 후 ❹[OK] 버튼을 클릭한다.

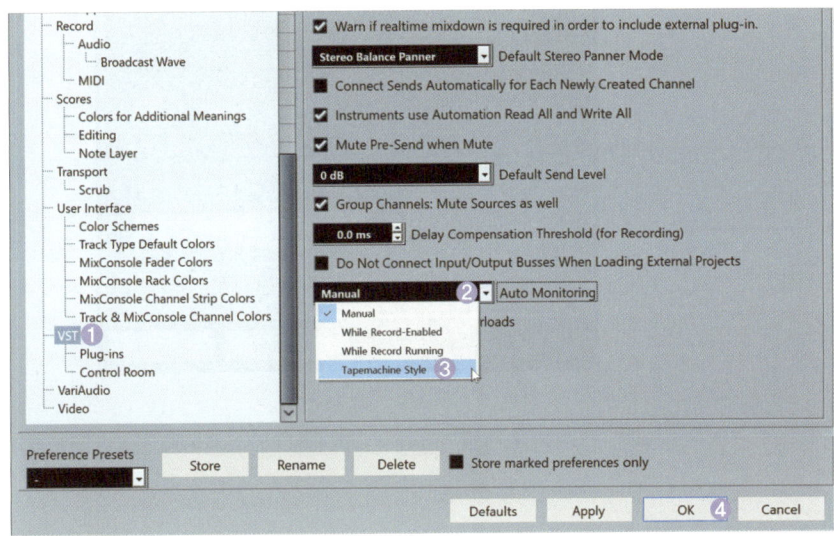

❸ 설정 결과는 오디오 트랙 선택 시 자동으로 모니터링 버튼이 활성화되고, 재생 시 모니터링 버튼이 비활성화된다.

마이크로 기타 녹음하기

마이크로 기타를 녹음할 경우 또한 위의 보컬 녹음하는 과정과 같지만 이번에는 프리셋을 사용하지 않고 기본 트랙으로 녹음하는 방법에 대해 알아본다.

❶ [Project] – [Add Track] – [Audio] 메뉴를 선택한다.

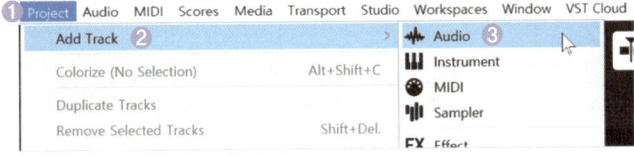

❷ Add Audio Track 창에서 [Mono] – [A Guitar(임의 입력)] – [Add Track] 순으로 버튼을 클릭한다.

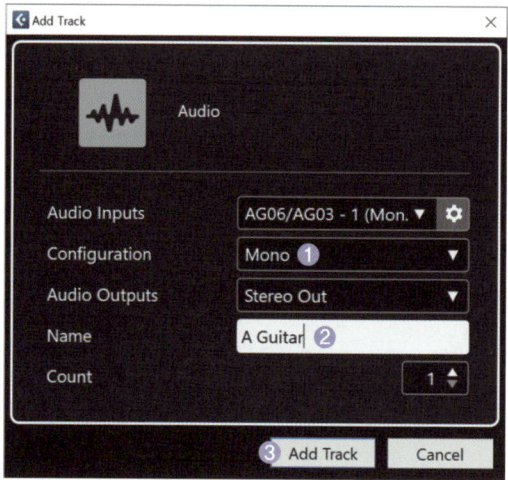

❸ 다음의 순으로 [Input routing]의 [Stereo In] − [Mic] 항목을 클릭하여 녹음하고자 하는 Input을 선택한다.

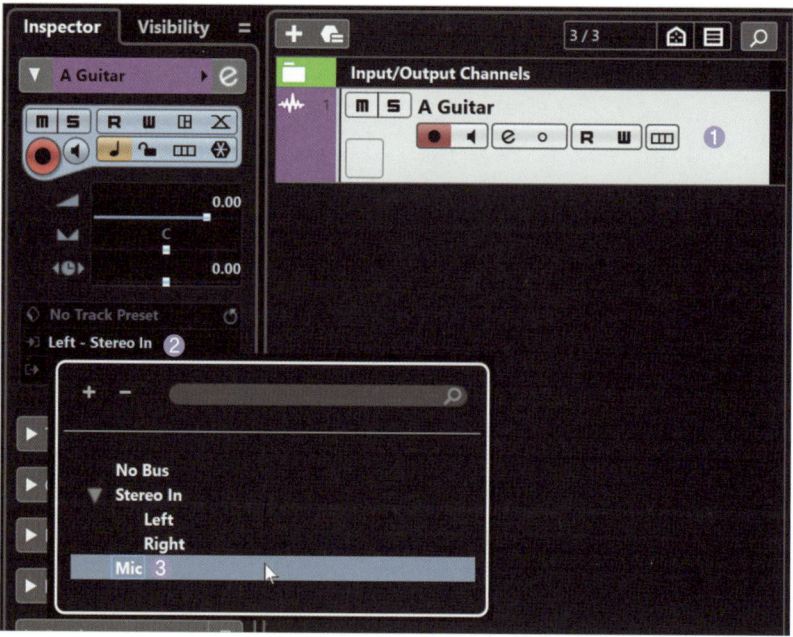

❹ 그 후의 녹음 방법은 앞서 설명한 보컬 녹음 방법과 같다.

기타 라인 녹음을 위한 설정하기

이번엔 픽업 시스템이 내장된 기타를 오디오 인터페이스와 직접 케이블을 연결하여 녹음하는 방법에 대해 알아본다.

① 기타에 케이블 연결하고 오디오 인터페이스의 Instrument, Inst, Hi-Z, Line(제조사마다 다름)이라고 되어있는 컨넥터에 케이블을 연결한다.

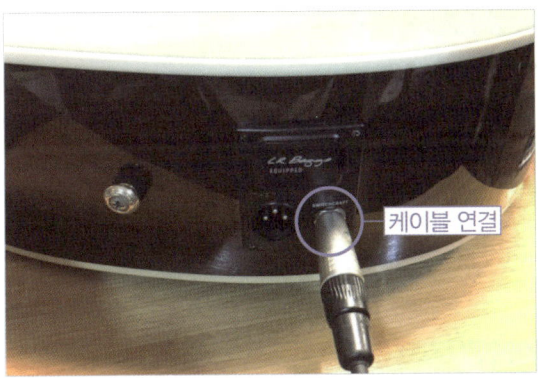

② 인풋 설정을 위해 [Studio] – [Audio Connections] 메뉴를 선택한다. (단축키 F4)

③ 다음의 순으로 [Input] – [Add Bus] – [Mono] – [Guitar 입력(임의 입력)] – [Add Bus] 버튼을 눌러 Bus를 만들어준다.

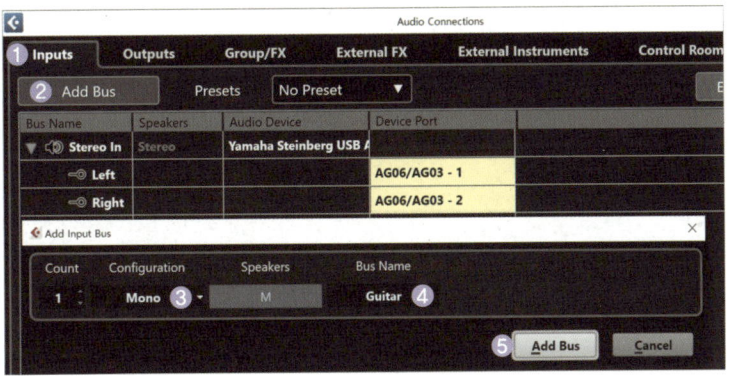

④ 생성된 Guitar 항목의 Bus에서 Audio Device가 자신의 오디오 인터페이스 항목인지 확인한 후 기타가 연결된 인풋 채널을 선택한다.

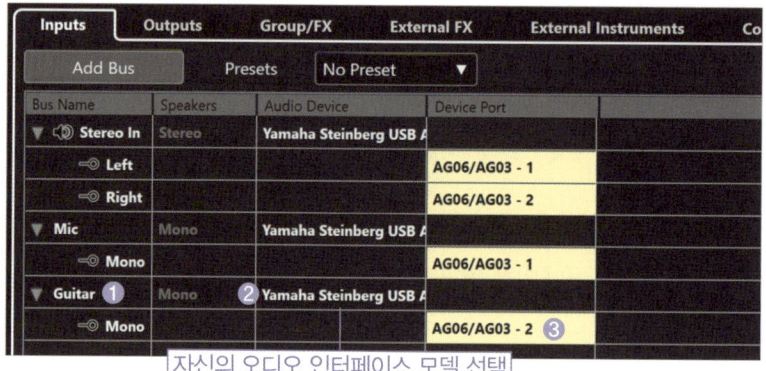

자신의 오디오 인터페이스 모델 선택

⑤ 그다음 [Project] – [Add Track] – [Using Track Preset] 메뉴를 선택한다.

⑥ 트랙 프리셋 창에서 [Guitar/Plucked] – [프리셋 선택] – [Add Track] 순으로 클릭한다. 이번에는 [AM Acst Gtr 2 Roomy Country ST] 프리셋으로 선택했다.

⑦ 그 후의 녹음 방법은 앞서 설명한 보컬 녹음 방법과 같다.

💡 팁 & 노트

보컬과 기타 녹음을 위한 팁

● 보컬 녹음 시 마이크 스탠드를 이용한다.

● 보컬과 마이크의 거리는 대략 주먹 두 개 거리로 유지한다.

● 팝 스크린을 이용하여 파열음을 방지한다.

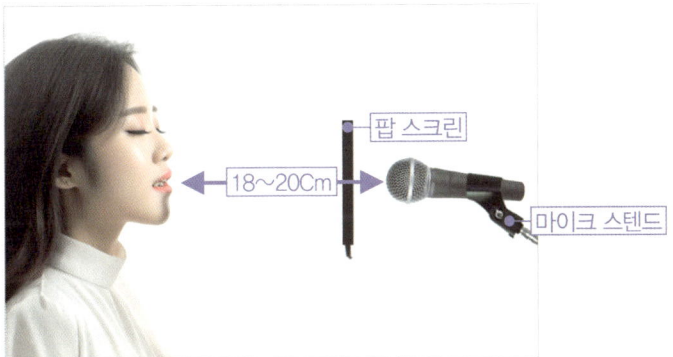

기타 마이킹 녹음 시 마이크 거리는 10~15cm로 유지하고, 마이크를 지판 방향으로 향하게 할 경우는 따뜻한 소리, 마이크를 브릿지 방향으로 향하게 할 경우 선명한 소리로 녹음된다.

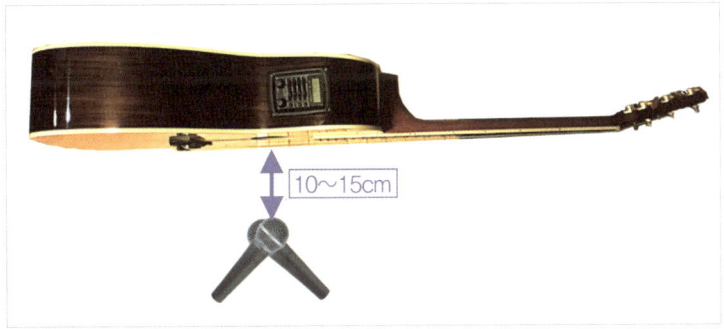

📝 레슨 정리

반주를 만든 후 보컬 또는 여러 악기들을 녹음하여 음악의 생동감을 줄 수 있다. 그리고 좋은 소리로 녹음하기 위해서는 많은 실험과 연구가 필요하므로 다양한 곡들을 만들어서 녹음해본다.

34 잘못된 부분 재녹음 후 자연스럽게 연결하고 싶어요.

보컬이나 악기를 녹음한 후 마음에 들지 않는 부분을 다시 녹음하고 싶은 경우가 있다. 이번 레슨에서는 부분적으로 녹음하는 방법과 녹음된 이벤트와 기존의 이벤트를 부드럽게 연결하는 방법에 대해 알아본다.

특정 부분만 다시 녹음하기

이번에는 아래 그림과 같이 박스로 표시된 6마디 부분의 노래만 다시 녹음해야 하는 상황으로 가정하여 학습해 본다.

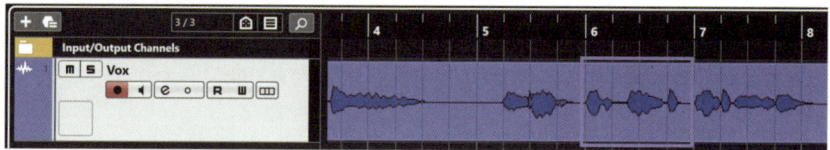

① 프로젝트 윈도우 왼쪽 하단에 셋업 오디오 레코드 모드를 클릭하여 Replace 모드로 바꿔준다.

☑ Keep History 모드는 부분 녹음 후 기존의 녹음 데이터가 남아 있고, Replace 모드는 새로 녹음한 데이터만 존재한다.

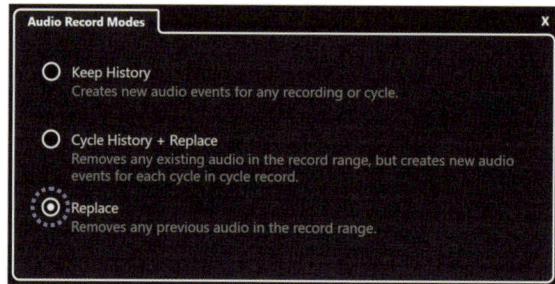

❷ 커서를 4마디로 위치시킨 후 [Play] 버튼을 눌러 재생한다. 그다음 6마디 전의 노래가 나오기 전에 [Record] 버튼을 눌러 녹음을 한다. 부분적으로 녹음할 경우 이전 부분의 노래와 느낌을 맞춰 주기 위해 녹음할 부분의 2마디 전부터 노래를 따라 부른다.

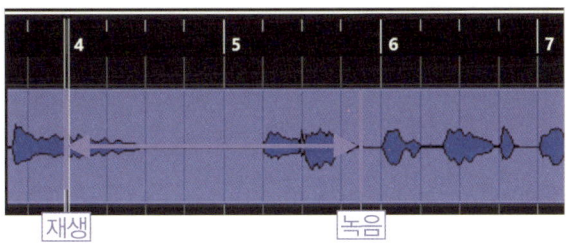

❸ 6마디 녹음이 끝난 후 [Stop] 버튼을 누른다.

새로 녹음한 부분을 자연스럽게 연결하기

아래 그림 중 위쪽을 보면 녹음 시 6마디 부분을 시간이 초과하여 7마디의 앞 단어까지 녹음이 되어 아래쪽 그림처럼 앞 단어가 사라진 상태이다. 이런 땐 오디오 이벤트들을 정리해주야 한다.

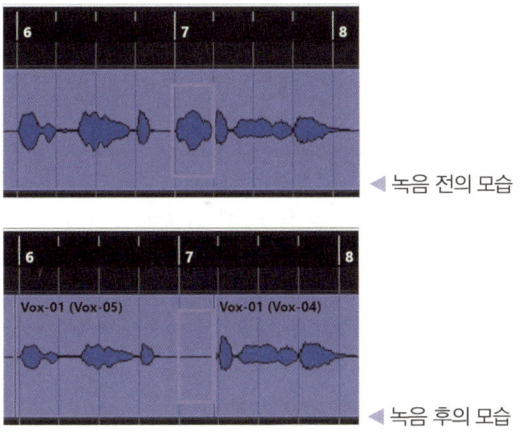

◀ 녹음 전의 모습

◀ 녹음 후의 모습

❶ 새로 녹음한 오디오 이벤트의 하단 끝에 사각형 조절 포인트를 클릭한 상태로 드래그하여 길이를 조절한다.

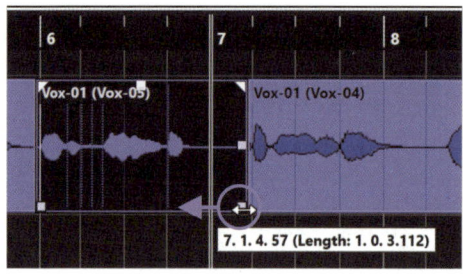

❷ 노래가 사라진 오디오 이벤트의 앞부분을 왼쪽으로 드래그하여 새롭게 부분적으로 녹음한 이벤트와 겹쳐지도록 한다.

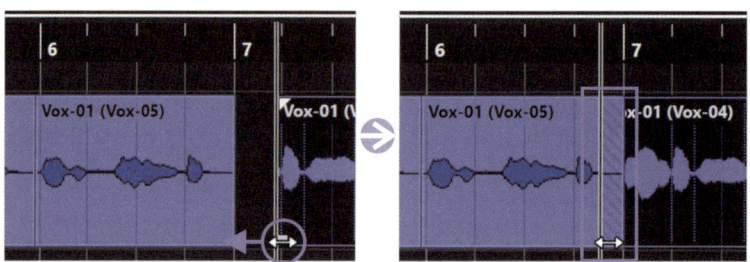

❸ 연결할 이벤트들을 선택한 후 단축키 [X]를 눌러 크로스 페이드1)한다.

1) 두 개의 다른 이벤트를 부드럽게 연결하기 위한 기능으로써 겹쳐진 두 이벤트 앞쪽 이벤트는 페이드 아웃, 뒤쪽 이벤트는 페이드 인 처리를 하여 두 이벤트를 자연스럽게 연결하는 편집 기술이다.

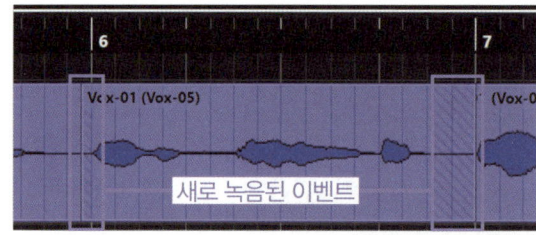

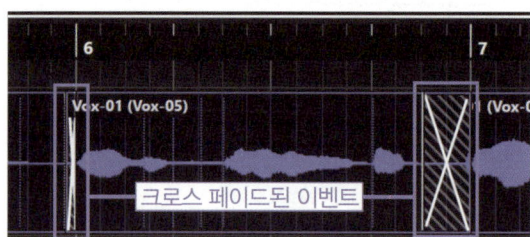

Punch In/Out을 이용하여 부분 녹음하기

이번에 학습할 방법(기능)은 자신이 녹음 및 노래할 경우 앞서 살펴본 녹음 방식보다 노래에 더 집중할 수 있다.

❶ 부분 녹음을 원하는 부분에 로케이터를 설정한다.

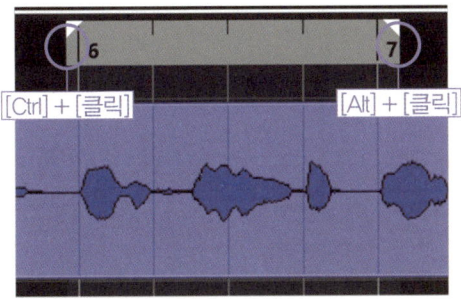

> 💡 **팁 & 노트**
>
> **로케이터 설정 방법**
> - 룰러 위에서 [Ctrl] + [클릭] 시작점 설정
> - 룰러 위에서 [Alt] + [클릭] 끝점 설정

❷ 트랜스포트 바의 [Punch In/Out] 버튼을 클릭하여 활성화한다. (단축키 Punch in – I/Punch Out – O)

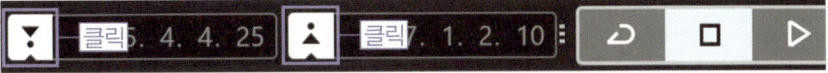

❸ 커서를 2마디 전에 위치시킨 후 [재생] 버튼을 누른다. 여기에서는 녹음 버튼이 아닌 재생 버튼을 사용한다.

❹ 재생 후 자동으로 지정한 로케이터의 시작점에서 녹음이 시작되고 끝점에서 녹음이 끝나는 것을 확인할 수 있다.

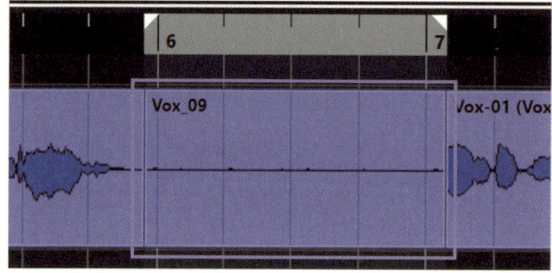

⑥ 녹음 후 크로스 페이드 기능을 이용하여 앞뒤 이벤트를 부드럽게 연결해 준다.

⑦ 녹음 수정이 완료 되었다면 [Punch In/Out] 버튼을 클릭하여 다시 비활성화한다.

> **레슨 정리**
>
> 살펴본 방법을 사용하는데 있어 조작이 미숙할 경우 시간 지체로 인해 연주자의 연주 흐름을 방해할 수 있다. 연주자의 녹음 흐름에 방해가 되지 않도록 꾸준히 연습하기 바란다.

35 원하는 부분만 계속 녹음할 수 있나요?

보컬 멜로디나 악기의 솔로 부분을 작성할 때, 반복적인 녹음은 즉흥적인 멜로디 창작에 필수적이다. 그러나 이 과정에서 계속된 녹음 조작은 창작 과정에 방해가 될 수 있다. 이번 레슨에서는 한 번의 설정으로 여러 번 녹음하는 방법과 각 녹음 (Take)마다 만족하는 부분을 선택하여 하나의 트랙으로 합치는 방법에 대하 알아본다.

레인(Lane) 트랙을 이용하여 녹음하기

이번에는 아래 그림과 같이 2~3마디의 원하는 멜로디가 나올 때까지 연속적으로 녹음해 본다.

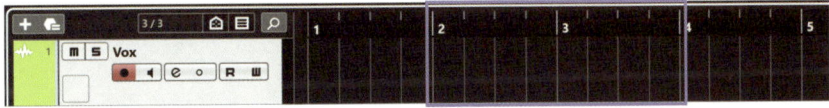

① 1~4마디까지 구역을 설정한다. [Ctrl] + [클릭]하여 1마디를 선택, [Alt] + [클릭]하여 4마디 끝을 선택한다.

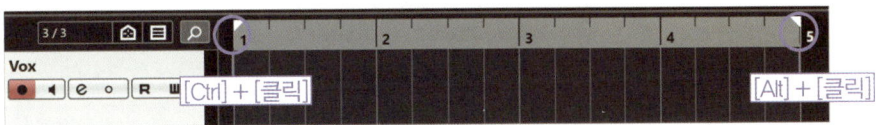

☑ 2~3마디를 녹음하려고 하지만 녹음 전의 여유 시간을 확보하기 위해 1마디와 4마디까지 설정하면 녹음이 시작되고 종료된 후에도 다음 녹음을 준비하는데 필요한 시간을 확보할 수 있다.

② 녹음하고자 하는 트랙의 [Show Lane] 버튼을 눌러 Lane 트랙을 활성화한다.

③ ❶[커서]를 1마디에 위치시킨 후 트랜스포트 바에서 ❷[Loop] 버튼을 누르고 ❸[녹음] 버튼을 눌러 녹음을 시작한다.

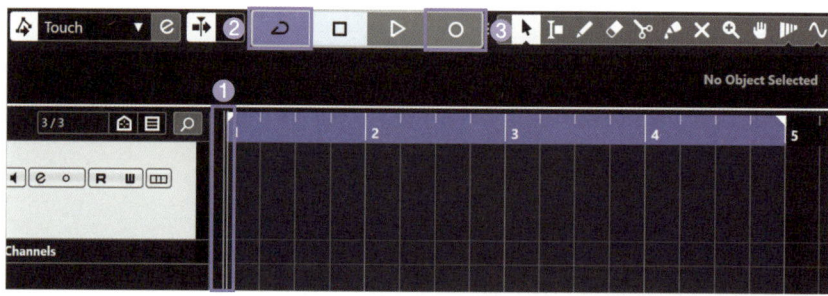

④ 그러면 구역을 설정한 4마디 녹음 후 다시 자동으로 Lane 트랙을 생성하여 녹음이 되는 것을 볼 수 있다.

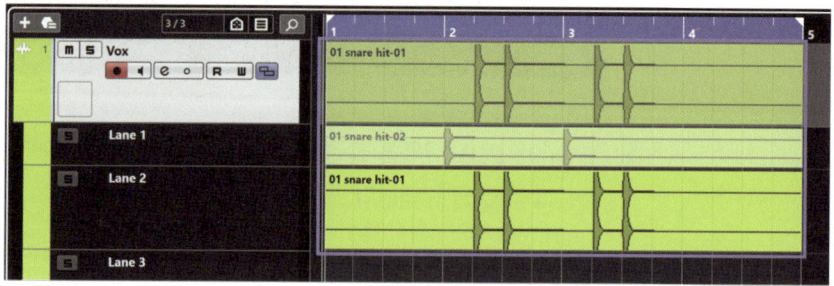

녹음 후 테이크의 좋은 부분 선택하기

이번에는 Comp 툴을 사용하여 Lane 트랙 중 원하는 테이크의 부분을 선택해 하나의 이벤트로 만들어본다.

❶ [학습자료] – [Lesson 32 Workshop] 폴더에 있는 [L32-Workshop.cpr] 파일을 열어준다.

❷ 툴 바에서 ❶[컴프(Comp)] 툴을 선택 한 후 미세한 조정이 가능하도록 ❷[Snap] 버튼을 비활성한다.

❸ Lane 1에서는 ❶[2마디]의 녹음 소스를 드래그하여 선택한다. Lane 2에서는 ❷[3마디]의 녹음 소스를 드래그하여 선택한다.

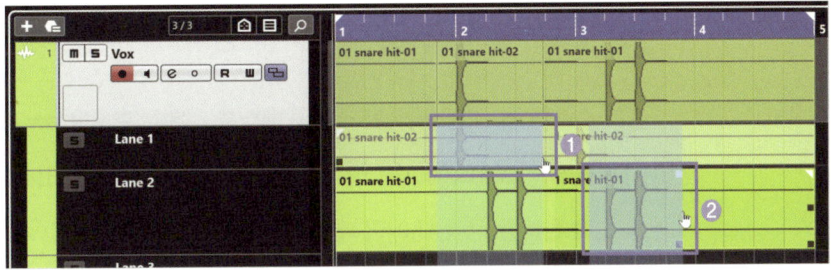

❹ [Show Lane] 버튼을 눌러 Lane 트랙을 비활성화한다.

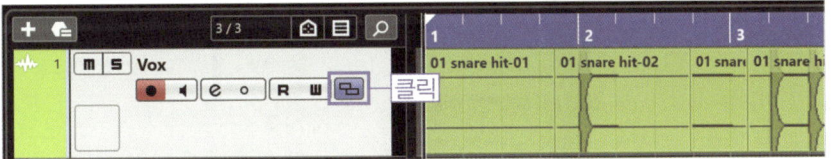

❺ 메인 트랙의 2마디에는 Lane 1의 녹음 소스, 3마디에는 Lane 2의 녹음 소스로 합쳐진 것을 확인할 수 있다.

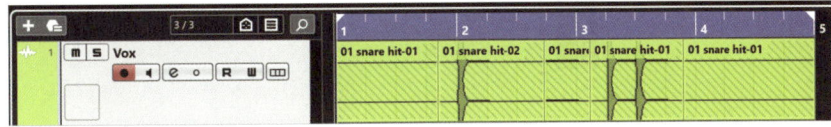

레슨 정리

보컬 녹음 또는 악기 녹음 시 가장 많이 사용되는 방법이므로 잘 익혀 두기를 바란다.

녹음 작업한 프로젝트를 정리해서 저장하고 싶어요.

이번 레슨에서는 녹음 후 프로젝트 파일에 포함된 오디오 데이터를 지정 폴더에 정리하여 저장하는 방법을 배우게 된다. 이는 녹음을 마치고 프로젝트를 이동하거나 오디오 데이터를 많이 사용하는 작업에 유용하다.

프로젝트의 모든 데이터를 정리하여 저장하기

① ❶❷[File] – [Back up Project] 메뉴를 선택한 후 ❸[New Folder] 버튼을 클릭한 후 원하는 ❹[위치]에 폴더를 ❺[생성]한다. 반드시 새폴더를 생성하여 선택한다. 기존에 폴더를 선택 시 에러 메세지가 표시되기 때문이다.

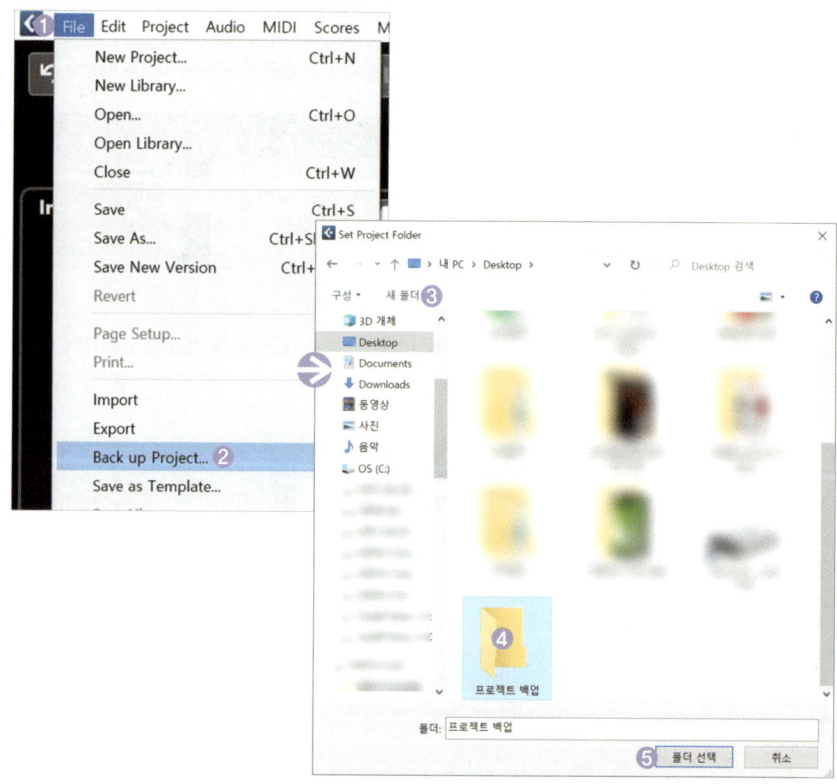

❷ Project Name 입력 필드에 저장할 파일명을 입력한 후 6개의 옵션 중 원하는 옵션을 체크 후 저장한다.

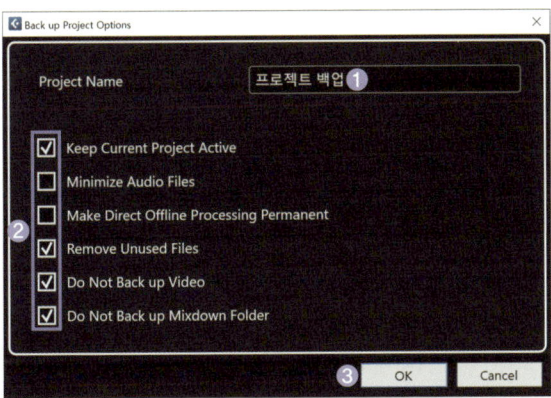

Keep Current Project Active 파일을 불러올 경우 활성화 상태로 유지한다. 기본적으로 체크한다.

Minimize Audio Files 잘라낸 이벤트의 오디오 데이터를 제거하고 저장한다. 모든 편집 작업이 완료된 경우에만 체크하는 것이 좋다. 아래의 두 그림 중 위쪽 그림의 이벤트를 아래쪽 그림과 같이 편집하였을 때 체크가 되어있지 않은 경우 편집 시 보이지 않는 데이터까지 모두 저장하지만 Minimize Audio Files 체크 시 편집한 오디오 데이터 부분만 저장하여 저장 용량을 절약할 수 있다. 주의할 점은 체크 후 저장된 프로젝트 파일은 추후 편집한 부분을 다시 복원할 수 없다.

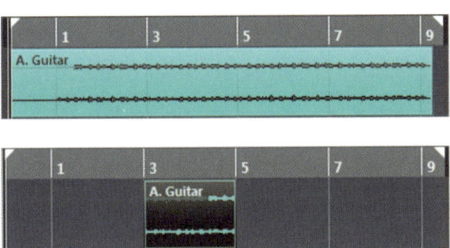

Make Direct Offline Processing Permanent 풀(Pool) 창안에 있는 클립이나 프로젝트 창의 오디오 이벤트에 적용한 효과들을 포함한 상태로 저장한다. 일반적으로는 체크하지 않는다. 오디오 이벤트에 Pitch Shift 등의 효과를 적용 시 Status 항목에 아이콘이 표시되며, 현재 이 이벤트에 효과가 있음을 알려준다. Make Direct Offline Processing Permanent 실행 후 효과는 파일에 영구적으로 고정 처리되어 Status의 아이콘이 없어진 것을 확인할 수 있다.

▲ Make Direct Offline Processing Permanent 처리 전과 후

Remove Unused Files 프로젝트 창에 없는 오디오 데이터들은 제거 후 저장한다. 기본적으로 체크하는 것을 추천하며, 사용하지 않는 잔류 오디오 파일들을 제거하여 저장하므로 저장 용량을 절약할 수 있다. Import하여 가져온 오디오 데이터 또는 녹음 중에 삭제한 오디오 데이터 등 프로젝트 창에 한번이라도 적용된 오디오 데이터들은 화면에서 삭제했다고 해서 작업 폴더에서 완전히 삭제되는 것이 아니다. 이것은 폴더에 그대로 남아있기 때문에 Pool 창에서 다시 불러올 수 있다.

Do Not Back up Video 동영상 파일은 백업하지 않는다. 기본적으로 체크한다. 큐베이스에서 영상 음악이나 효과음 작업 시 동영상을 가져와서 작업할 수 있다. 이 동영상 파일은 대부분 용량이 크고 작업자가 별도로 보관하고 있기 때문에 동영상 백업은 하지 않는 것이 일반적이다.

Do Not Back up Mixdown Folder 믹스다운 폴더는 백업하지 않는다. 큐베이스에서 MP3와 같은 오디오 파일을 생성할 경우 작업 폴더 안 Mixdown 폴더에 생성된다. 이 Mixdown 폴더는 백업하지 않는다는 것이다.

❸ 생성한 폴더 안에는 프로젝트 파일인 CPR 파일, Audio 폴더 안에는 프로젝트 창에서 사용한 모든 오디오 데이터들이 정리되어 저장된 것을 확인할 수 있다.

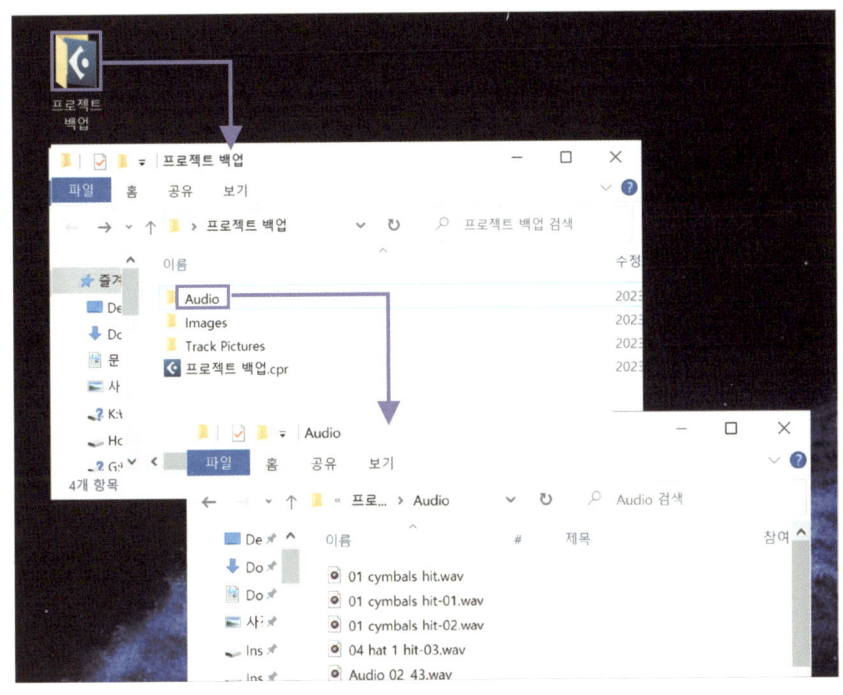

> **레슨 정리**
>
> 작업에 있어 파일 관리 능력은 매우 중요하다. 큐베이스에서 프로젝트에 미디 데이터만 있는 경우에는 CPR 파일만 보관해도 되지만 오디오 데이터가 있는 프로젝트일 경우에는 Audio 데이터들도 함께 보관하고 있어야 한다. Audio 데이터들은 작업 시 지정한 폴더 안에 있는 Audio 폴더에 저장되어있다. 저장과 백업은 필수이므로 잊지 않기 바란다.

PART 05

편집과 보정 ▶

Lesson 37 노래를 하지 않은 부분에 소음을 어떻게 없애죠?

Lesson 38 음정과 박자가 틀린 곳을 고칠 수 있을까요?

Lesson 39 보컬에 코러스를 넣고 싶어요.

Lesson 40 보컬 녹음 후 템포를 바꾸면 보컬을 다시 녹음해야 하나요?

Lesson 41 반주의 음정을 수정하고 싶어요.

노래를 하지 않은 부분에 소음을 어떻게 없애죠?

조용한 녹음실이 아닌 집에서 녹음을 하다 보면 생활 잡음 등이 같이 녹음될 수 있으며, 노래 전에 헛기침이나 호흡 소리가 너무 크게 들어가는 경우도 있다. 이번 레슨에서는 노래 녹음 후에 노이즈를 제거하는 방법에 대해 알아보도록 한다.

노이즈 부분 제거하기

아래의 그림에서 빨간색 박스 안에 있는 파형이 녹음 중에 생긴 노이즈 부분이다. 이번엔 이 노이즈 부분을 제거해 보도록 한다.

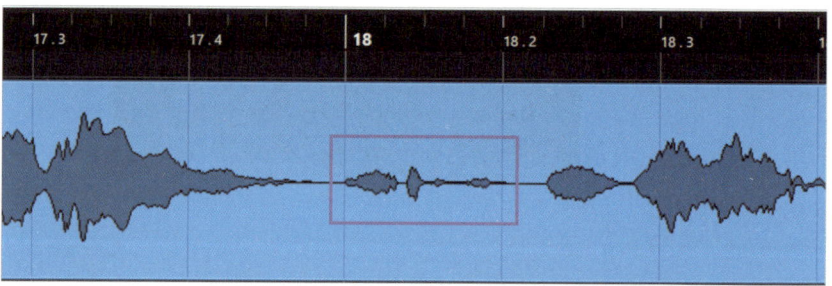

❶ 노이즈 부분을 [가위] 툴을 이용하여 제거하고자 하는 부분에서 클릭한다. 주의할 점은 노래 파형이 있는 부분에서 너무 가까운 곳을 잘라내서는 안된다는 것이다.

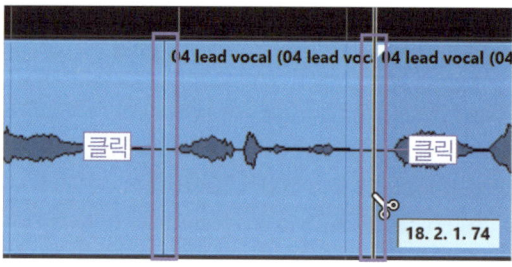

❷ 잘라낸 이벤트를 [지우개] 툴 또는 [Delete] 키를 눌러 노이즈 부분을 제거한다.

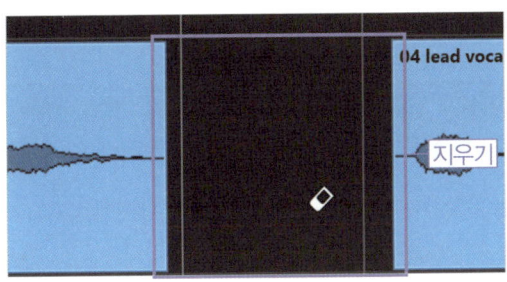

③ [선택] 툴로 앞뒤 이벤트의 상단 모서리의 삼각점을 클릭 후 좌우로 드래그하여 Fade In/Out 처리를 해준다. 이때 주의할 점은 노래 파형이 있는 부분까지 Fade In/Out이 되지 않도록 하는 것이다.

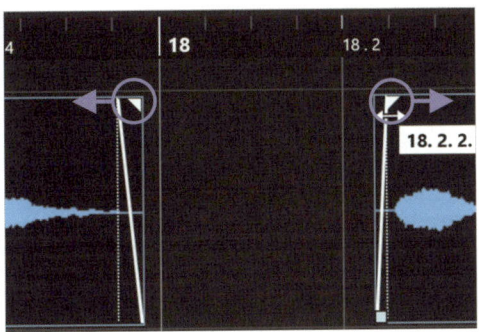

큰 호흡 소리 조절하기

이번에는 아래 그림의 박스 안에 호흡 소리를 줄여보도록 한다.

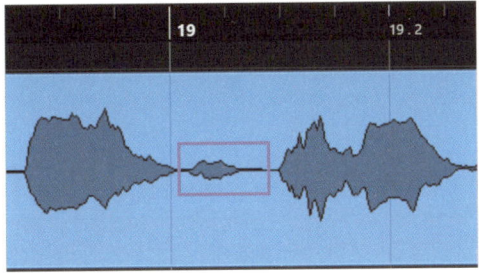

① 호흡 부분만 ①②[가위] 툴을 이용하여 잘라낸다. 그다음 잘라낸 이벤트의 위쪽 가운데 사각점을 ③[선택] 툴로 클릭 후 아래로 드래그하여 호흡 소리의 음량을 내려

준다. 지금의 작업은 귀로 들어보면서 적절한 음량을 판단해야 한다.

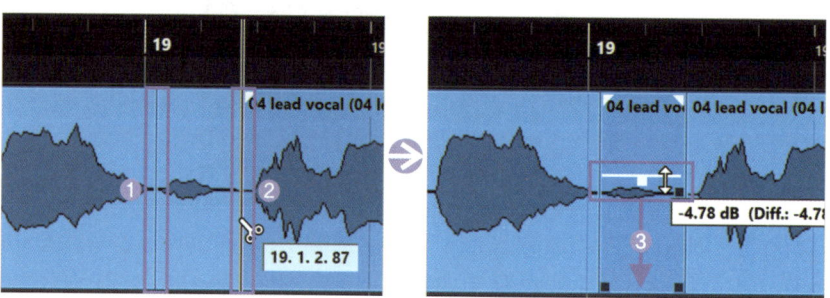

② 호흡 소리의 이벤트를 선택한 후 [Audio] – [Crossfade] 메뉴를 선택하여 이벤트 간을 부드럽게 연결되도록 한다. (단축키 X)

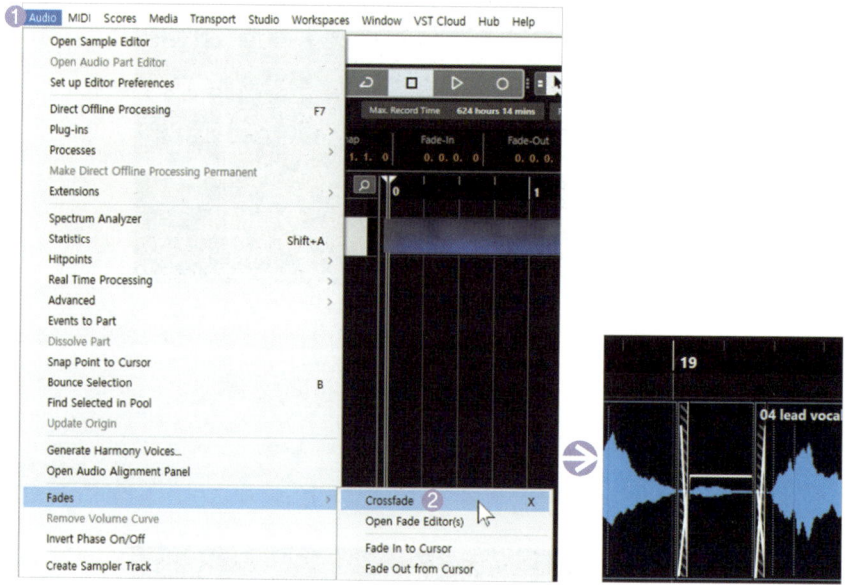

≡ 게이트(Gate) 플러그인을 사용하여 노이즈 제거하기

Gate는 설정한 음량 값 아래의 소리들은 통과하지 못하게 하는 장치로써 노래 녹음 중에 노래 소리보다 작은 노이즈들을 일괄적으로 제거할 수 있다.

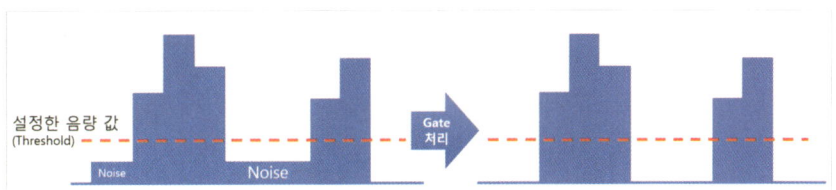

① [학습자료] – [Lesson 37 Workshop] 폴더에 있는 [L37 Workshop.cpr] 파일을 열어준다. 프로젝트 파일을 불러오면 Vox 오디오 이벤트에 신발로 바닥을 친 노이즈가 두 군데(박스 영역) 있다. 노이즈가 발생되는 부분이 많지 않다면 앞서 학습한 [노이즈 부분 제거하기] 방법과 같이 제거하는 것이 쉽다. 하지만 많은 부분에 노이즈가 있다면 Gate를 사용하는 것이 편리하다.

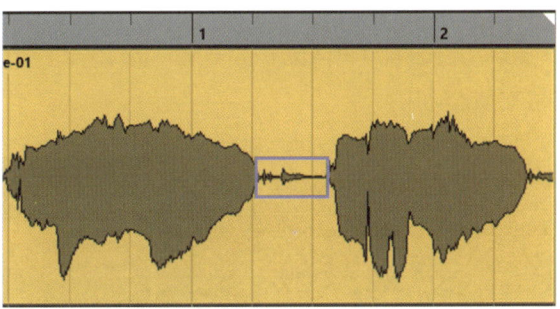

② Gate 플러그인을 적용할 ❶[트랙]을 선택한 후 인스펙터 윈도우에서 ❷[Insert]의 ❸[Select Insert] 버튼을 누른다.

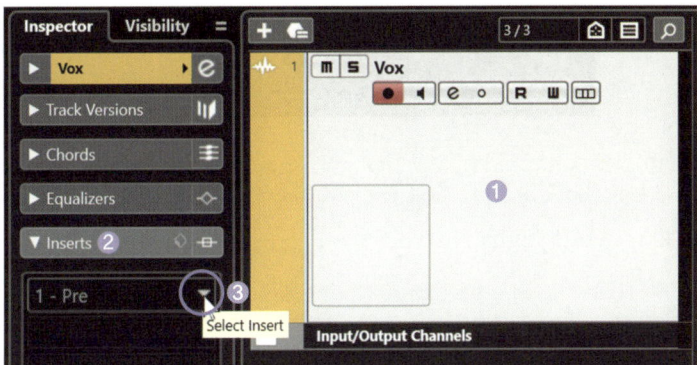

③ 플러그인 선택 항목에서 [Dynamics] – [Gate]를 선택한다.

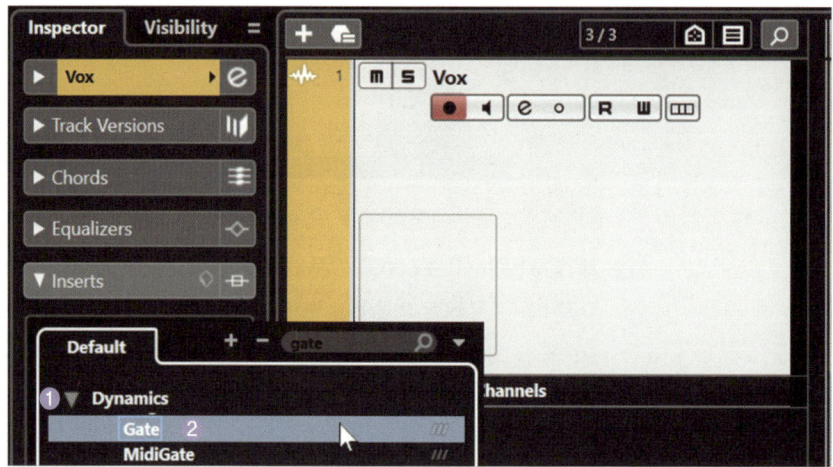

④ Gate 플러그 인 창에서 프리셋 ❶[입력 필드]를 클릭한 후 ❷[Clean Lead Vox] 프리셋을 선택합니다.

⑤ THRESHOLD 값을 [-22.4db]로 설정하여 설정 값 음량 이하의 소리들은 출력하지 않게 한다.

☑ Threshold 값을 완전히 왼쪽으로 설정할 경우 모든 소리들이 통과되고, 완전히 오른쪽으로 설정할 경우 모든 소리들은 통과되지 않는다. 그러므로 Threshold 값을 완전히 왼쪽 혹은 오른쪽으로 설정한 경우는 Gate를 적용시킬 의미가 없으므로 적절한 Threshold 값을 설정하여 사용해야 한다. 또한 Threshold 값 설정 시 적정 값보다 많이 올릴 경우 보컬의 작은 음량의 노래 소리도 같이 들리지 않게 되므로 항상 들어 보면서 설정해야 한다.

⑥ 설정 완료 후 재생을 해보면 발 소리가 제거된 것을 확인할 수 있다.

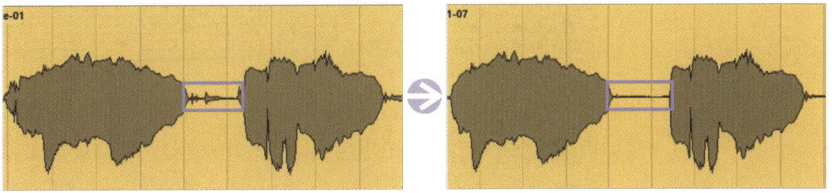

📝 레슨 정리

노이즈 제거는 좋은 결과물을 만들기 위한 작업이다. 노이즈를 제거하지 않고 믹싱 작업을 할 경우 소리들이 정리되고 이펙터 처리가 되면서 노이즈가 더 잘 들리게 된다. 그러므로 녹음 후 노이즈 제거 작업을 해야 한다는 것을 기억하기 바란다.

음정과 박자가 틀린 곳을 고칠 수 있을까요?

노래 녹음이 완료된 후 노래를 들었을 때 음정과 박자가 맞지 않는 경우가 있다. 이번 레슨에서는 바리오디오(Variaudio)의 기능을 이용하여 음정과 박자를 보정하는 방법(Cubase Pro. Artist 버전만 가능)에 대해 알아본다.

보정할 부분 확인하기

① [학습자료] – [Lesson 38 Workshop] 폴더에 있는 [L38 Workshop.Cpr] 파일을 열어준다.

② [재생] 버튼을 눌러 아래의 악보와 비교하여 들어본다.

③ 악보와 비교하여 들어보면 음정이 미세하게 틀린 것과 마지막 마디는 박자까지도 틀린 것을 확인할 수 있다. Vox Tuned 트랙은 악보에 맞춰 음정과 박자가 맞게 수정되어있는 트랙이다. 음정이 맞지 않을 때와 어떻게 달라졌는지 들어볼 수 있다.

보정 전 분석하기

① Vox 트랙에 있는 오디오 이벤트를 더블클릭한다.

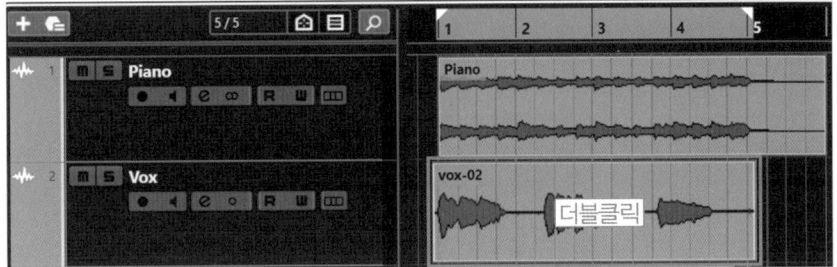

② 그러면 Sample Editor 창이 표시된다. 이 창은 Project 창에서 할 수 없는 세밀한 오디오 편집 작업을 할 수 있다.

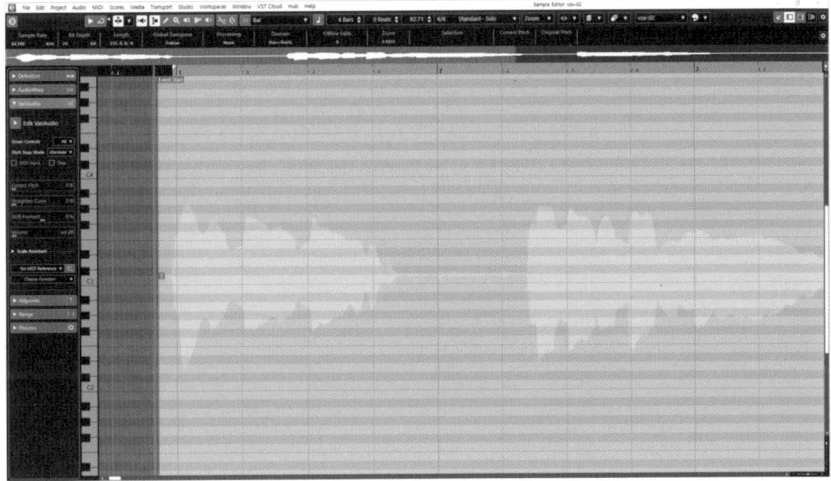

▲ Sample Editor 창

③ 이제 Sample Editor 창 왼쪽의 [VariAudio]를 클릭한다. VariAudio는 음정과 박자를 보정할 수 있는 기능이다.

④ 계속해서 [Edit VariAudio] 오른쪽에 있는 삼각형 모양의 활성화(Activate) 버튼을 클릭한다.

⑤ 버튼 클릭 후 일정 처리 시간이 지나면 보컬이 부른 음들이 분석되어 편집할 수 있는 노트가 만들어진다. 왼쪽의 건반을 통해 분석된 음의 높이를 확인할 수 있으며, 음의 떨림을 보면서 바이브레이션의 유무를 확인할 수 있다.

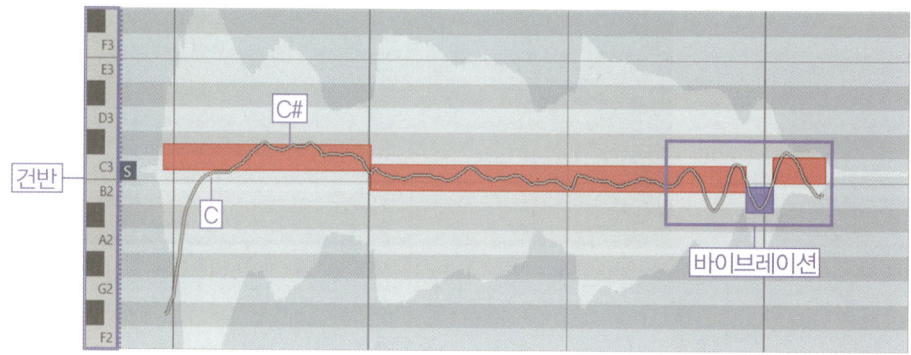

음정 보정하기

① [선택] 툴을 사용하여 분리할 노트의 밑부분으로 가져가면 선택 툴에서 가위 툴로 자동 변경된다.

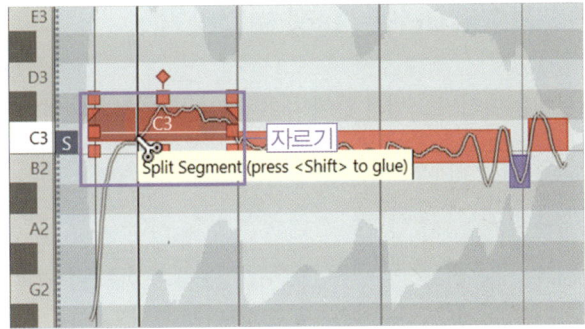

❷ 아래 그림을 참고하여 박스로 표시된 부분을 [가위] 툴로 잘라준다. 노트 분리 시 바이브레이션들의 떨림까지 모두 자르게 되면 보정 처리 시 바이브레이션이 없어진다.

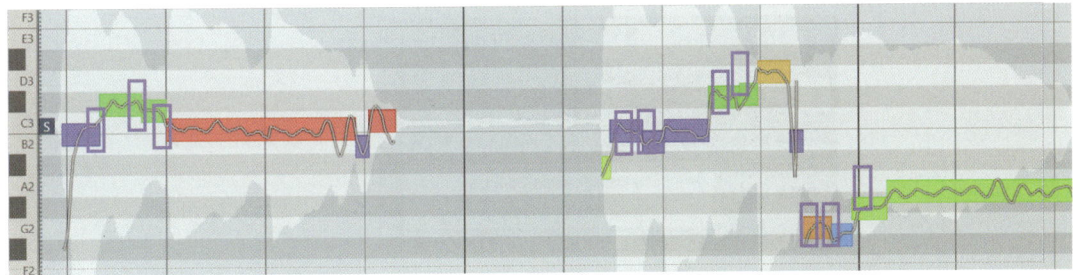

❸ 음정을 보정하고자 하는 노트의 중간을 클릭한 채 위아래로 드래그하여 위의 악보에 맞게 음정을 보정한다. 만약 노트의 음정을 미세 조절하고 싶다면 왼쪽의 [Shift] 키를 누르고 있는 상태에서 클릭하여 위아래로 드래그한다.

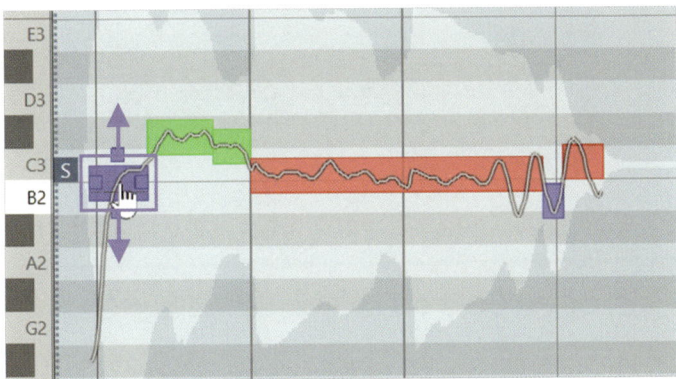

연속적으로 바뀌는 음정 보정하기

이번에는 아래의 그림과 같이 음이 서서히 떨어지거나 올라가는 음정을 보정하는 방법이다.

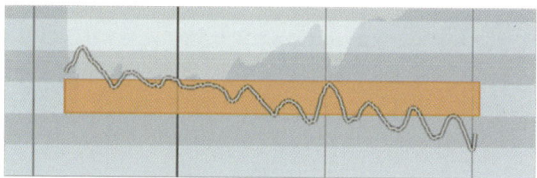

① Smart Controls 우측의 ❶[Default]를 클릭하여 ❷[Show All Smart Controls]로 변경한다.

② 보정하고자 하는 노트 앞 또는 뒤쪽에 [선택] 툴을 올려 놓으면 자동으로 상하 화살표로 바뀐다. 이 상태에서 클릭 후 상하로 드래그하여 떨어지는 음정을 보정할 수 있다. [Alt] 키를 누른 후 위아래로 드래그하면 반대쪽 기울기도 같이 조절된다.

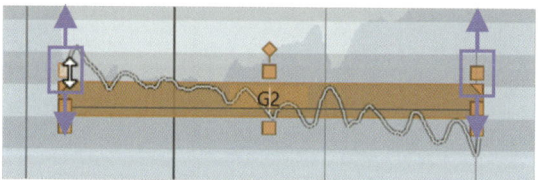

Smart Controls 옵션에 따른 핸들 구성

기본적으로 Smart Controls은 Default로 설정 되어있다. 더 많은 것을 조정하기 위해서는 Show All Smart Controls로 바꿔 All로 변경하면 된다.

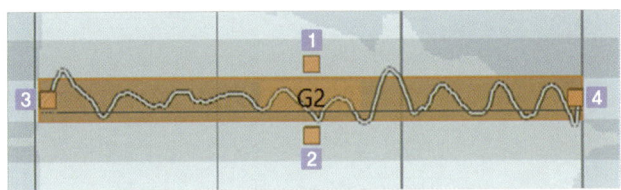

▲ Smart Control이 Default 일 때의 핸들 구성

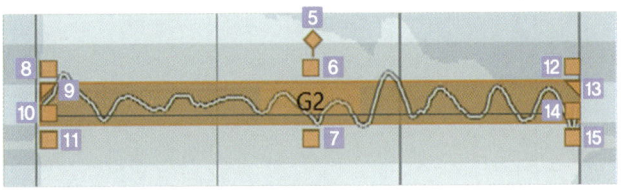

▲ Smart Control이 All 일 때의 핸들 구성

1 음정 떨림 조절

2 음정 퀀타이즈 조절

3 앞 부분 박자 조절

4 뒷 부분 박자 조절

5 Alt를 누르고 음정 기울기 조정 시 기준점 조절

6 음정 떨림 조절

7 음정 퀀타이즈 조절

8 앞 부분 음정 기울기 조절

9 앞 부분 음정 떨림 조정 시 범위 조정

10 앞 부분 박자 조절

11 포먼트 쉬프트 조절 보컬에 음색을 결정하는 요소로 Formant Shift로 음색을 바꿀 수 있다. 높은 음을 부르는 경우 음색이 얇아졌을 때 Formant를 낮춰서 두꺼운 음색을 만들 수 있다.

12 뒷 부분 음정 기울기 조절

13 뒷 부분 음정 떨림 조정 시 범위 조정

14 뒷 부분 박자 조절

15 음량 조절

박자 보정하기

4마디에 노래와 악보를 비교해보면 한 박자를 미리 당겨 불렀음을 확인할 수 있다. 이번에는 다음의 그림과 같이 음의 시작을 4마디에 맞추고 3박자의 길이로 맞춰본다.

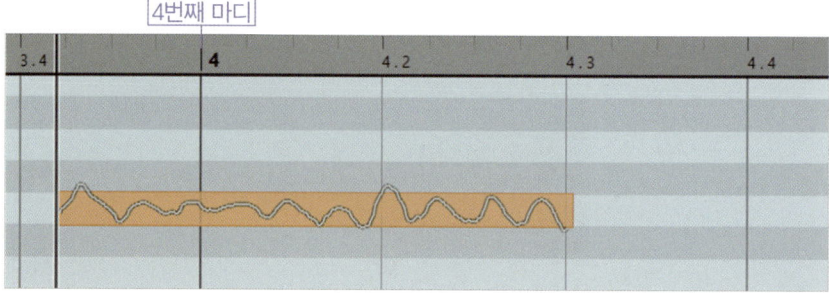
▲ 보정 전

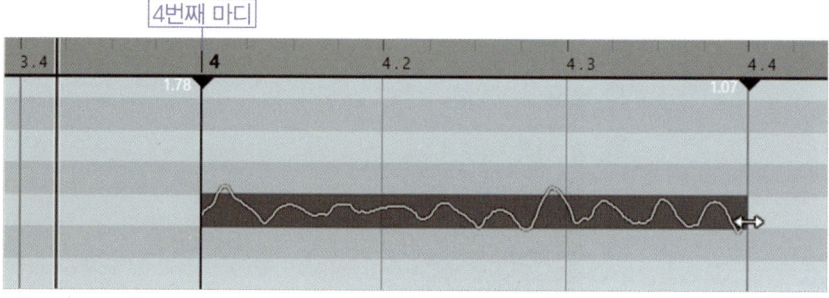
▲ 보정 후

커서를 노트 앞 또는 뒤쪽에 [선택] 툴을 올려 놓으면 좌우 화살표로 바뀐다. 이 상태에서 원하는 곳을 클릭 & 드래그하여 박자를 보정한다.

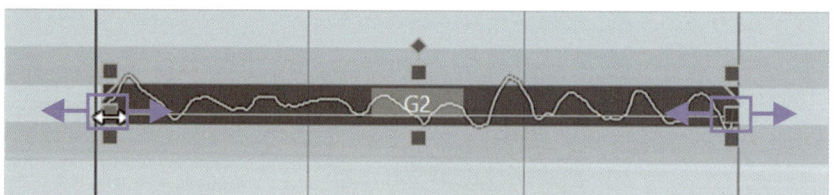

일괄적으로 음정 보정하기

① 음정을 보정할 ❶[노트들]을 모두 선택한 후 ❷[Quantize Pitch]의 값을 원하는 만큼 올려준다.

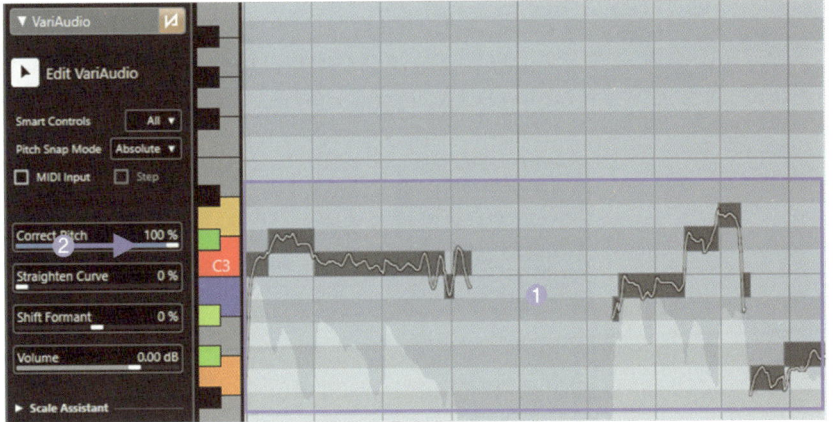

② Quantize Pitch의 값을 100% 올려주면 선택한 노트들의 음정을 근접한 음에 맞게 완벽히 정렬된다.

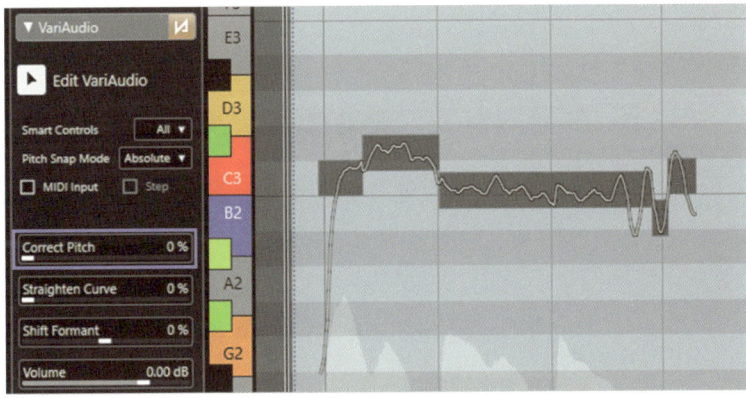

▲ Quantize Pitch 값이 0%일 때

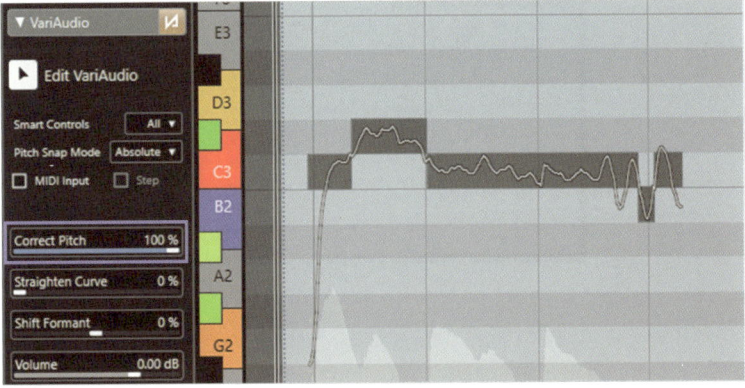

▲ Quantize Pitch 값이 100%일 때

떨림 음 보정하기

보정하고자 하는 음을 선택한 후 Straighten Pitch의 값을 원하는 만큼 올려줍니다.

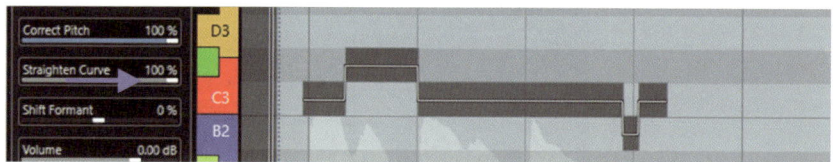

값이 증가되면 음정 떨림의 폭이 줄어든다. 호흡이 불안정하여 음정이 떨린 음들을 보정할 수 있으며, 100%로 올렸을 경우 외국 뮤지션인 T-PAIN이 많이 사용하는 보컬 효과를 줄 수 있다. Jazz나 Blues 등의 장르에서는 모든 음정을 정확히 보정했을 경우 장르가 가진 뉘앙스가 사라질 수 있으니 주의한다. 예제 곡: Bruno Mars - 24k Magic 전반 부 보컬

보정 작업 초기화하기

이번에는 보정 작업 후 원하지 않는 결과물로 다시 작업하기 위해 보정 데이터를 초기화하는 방법에 대해 알아본다.

Functions 옆쪽의 버튼을 누른 후 원하는 리셋 방법을 선택한다.

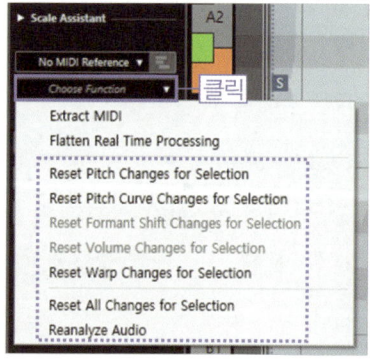

Reset Pitch Changes for Selection 선택한 부분의 음정만 초기화한다.

Reset Pitch Curve Changes for Selection 선택한 부분의 음정의 곡선을 원래

상태로 초기화한다.

Reset Formant Shift Changes for Selection 선택한 부분의 포먼트만 초기화한다.

Reset Volume Changes for Selection 선택한 부분의 음량만 초기화한다.

Reset Warp Changes for Selection 선택한 부분의 박자만 초기화한다.

Reset All Changes for Selection 모든 것을 원래 상태로 초기화한다.

Reanalyze Audio 오디오 데이터를 다시 분석한다.

레슨 정리

튠 작업은 보컬뿐만 아니라 솔로 악기들도 보정이 가능하며, 보정 작업 시 악기에 대한 이해와 연주 기법을 많이 연구하여 더욱더 자연스런 보정 결과물을 만들 수 있도록 한다.

보컬에 코러스를 넣고 싶어요.

메인 멜로디를 녹음한 후 코러스 파트가 필요한 경우 직접 화음을 녹음하는 것이 일반적이다. 이번 레슨에서는 이러한 상황이 되지 못할 경우 메인 멜로디를 이용하여 코러스 파트를 쉽게 만들 수 있는 방법에 대해 알아본다. (Cubase pro, artist 버전만 가능)

코러스 파트 생성하기

① [학습자료] – [Lesson 39 Workshop] 폴더에 있는 [L39-Workshop.cpr] 파일을 열어준다. 노래 트랙과 그에 맞는 코드가 코드 트랙에 입력되어있는 것을 확인할 수 있다.

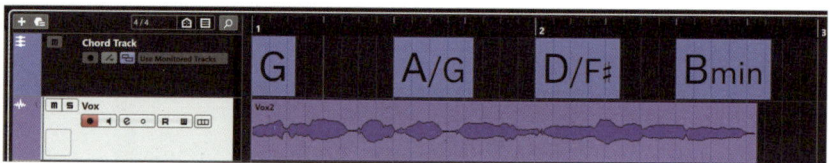

② [선택] 툴로 Vox 트랙에 있는 오디오 이벤트를 선택한다.

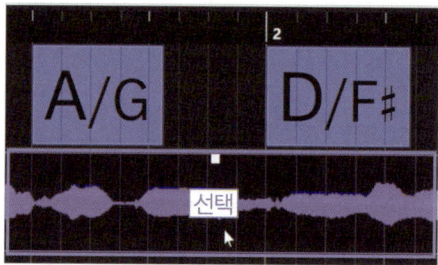

③ 상단 메뉴에서 [Audio] – [Generate Harmony Voices...] 메뉴를 선택하여 실행한다.

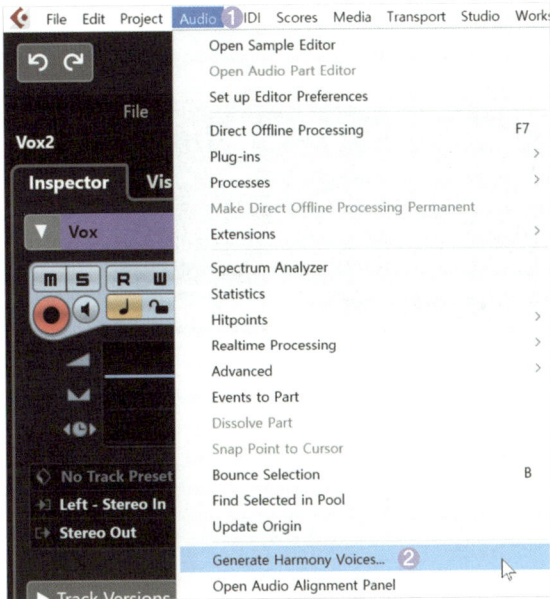

④ Generate Harmony Voices 창에서 그림처럼 ①[설정] 후 ②[OK] 버튼을 클릭한다.

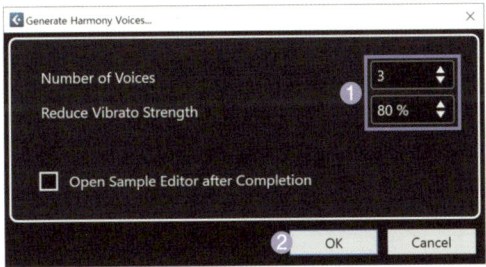

⑤ 그러면 아래의 그림과 같이 코드 트랙에 입력한 코드에 맞춰 화음이 만들어진 것을 확인할 수 있다.

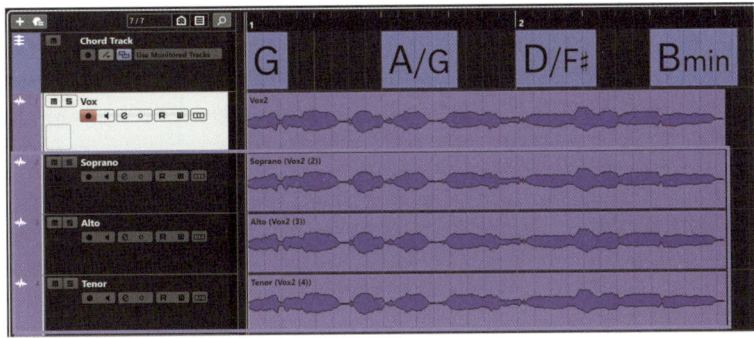

Generate Harmony Voices의 옵션 살펴보기

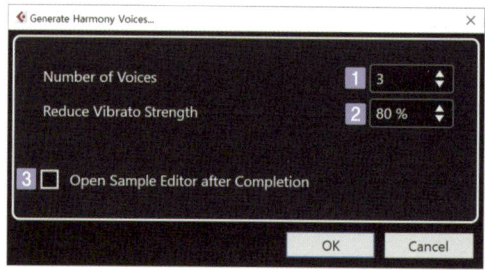

1. 생성할 화음의 개수를 선택하며, 1~4화음까지 선택이 가능하다.
2. 생성될 화음의 떨림 정도를 설정한다.

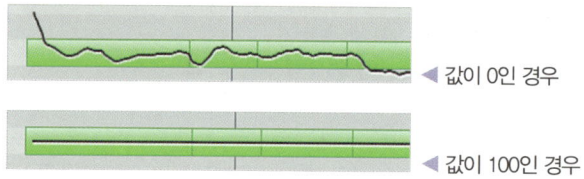

◀ 값이 0인 경우

◀ 값이 100인 경우

3. 화음이 생성된 후에 Sample Editor를 열어보면 화음의 구성을 보여주는 것을 알 수 있다. 이 창에서는 생성된 화음의 수정도 가능하다.

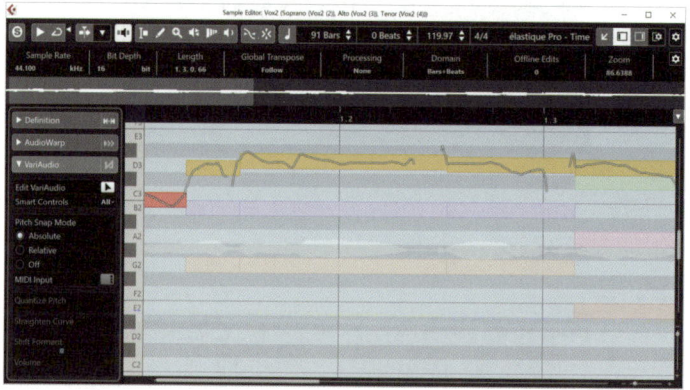

레슨 정리

학습한 방법으로 생성한 코러스 파트의 음량을 너무 크게 했을 경우 인위적인 느낌이 많아지므로 적절한 음량으로 조절하여 사용해야 한다.

보컬 녹음 후 템포를 바꾸면 보컬을 다시 녹음해야 하나요?

보컬이나 악기 녹음 후 템포 변경이 필요한 상황이 생길 수 있다. 템포 변경 시 미디 데이터는 조정되지만 오디오 데이터는 그대로 유지되어 박자 불일치 문제가 발생할 수 있다. 이번 레슨에서는 이 문제를 해결하기 위해 템포 변경 시 오디오 데이터를 조정하는 방법에 대해 알아본다.

템포 값 변경 시 문제 확인하기

① [학습자료] – [Lesson 40 Workshop] 폴더에 있는 [L40 Workshop.cpr] 파일을 불러온다.

현재 템포 값은 100이며, 보컬도 100의 템포 값에서 녹음한 상태이다. 드럼과 노래가 1마디에서 시작에서 8마디까지 녹음된 것을 확인할 수 있다.

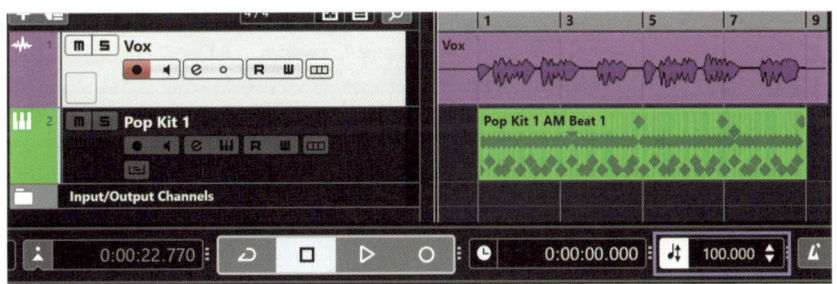

② ❶[이벤트] 선택 후 템포 값을 ❷[110]으로 변경하면 드럼은 그대로 1~8마디를 유지하지만 노래는 1마디에서 9마디까지만 진행된다. 즉 드럼은 템포 값이 110으로 연주되지만 노래는 녹음 시 사용된 템포 값인100으로 연주된다는 것이다.

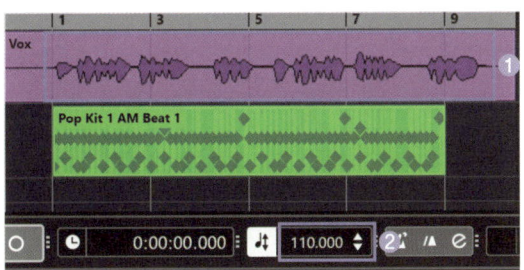

녹음된 오디오 데이터 템포 연동하기

① [Media] – [Open Pool Window] 메뉴를 선택한다. (단축키 Ctrl + P)

② ①[Pool] 창에서 Audio 폴더를 클릭한 후 ②[–] 표시된 목록 안에서 템포를 연동할 오디오 [이벤트]의 이름을 찾아준다. 그다음 ③[Musical Mode]를 체크한 후 ④ [Tempo]에는 녹음할 당시의 템포를 입력한다.

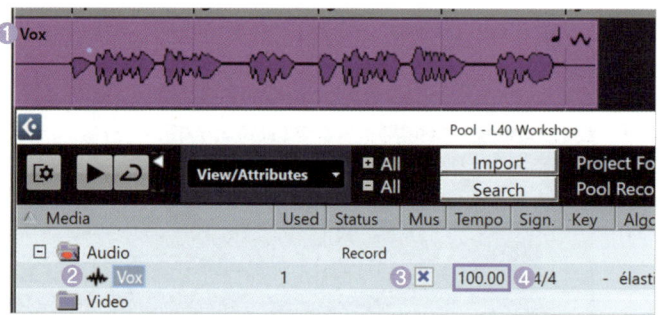

③ Musical Mode에 영역이 축소되어 현재는 Mus까지만 표시되지만 영역을 확대하면 Musical Mode란 글자가 모두 표시된다.

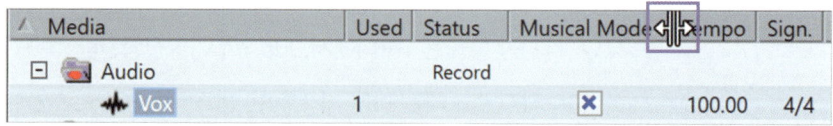

④ 템포 값을 110으로 변경한 후 오디오 데이터도 1마디에서 시작되어 8마디에서 마무리되는 것을 확인할 수 있으며, 재생 시 보컬이 템포에 맞게 연주되는 것을 확인할 수 있다. 이벤트 상단 끝에 있는 결과 박스는 해당 이벤트가 Musical Mode라는 것을 알려준다.

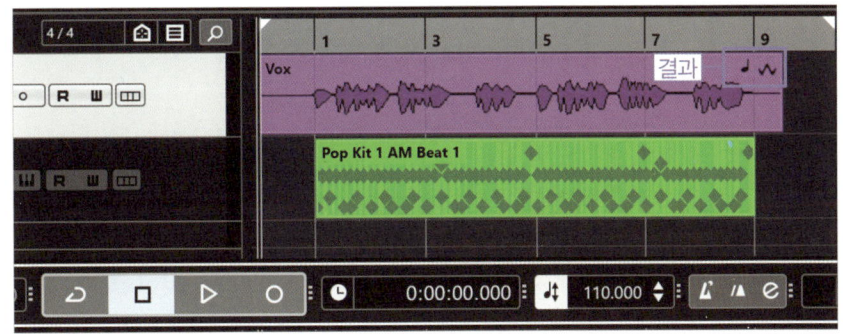

> **레슨 정리**
>
> 살펴본 기능은 다시 녹음할 수 없는 상황이나 가이드 정도의 음원이라면 사용하는데 있어 무리가 없지만 좋은 음질의 결과물을 만들어야 할 경우에는 템포에 맞추어 다시 녹음하는 것이 좋다. 오디오 데이터는 템포와 음정을 수정할 경우 음질이 떨어지므로 템포와 조성을 잘 결정한 후 녹음해야 한다.

반주의 음정을 수정하고 싶어요.

기존에 있는 반주에 노래를 녹음할 경우 반주 음의 높낮이를 조정해야 할 경우가 있다. 이번 레슨에서는 오디오 데이터 음의 높낮이를 변경하는 방법에 대해 알아보도록 한다.

외부 오디오 파일 가져오기

상단 메뉴에서 ❶❷❸[File] – [Import] – [Audio File]을 선택하여 ❹❺[Lesson MR.mp3] 파일을 가져온다.

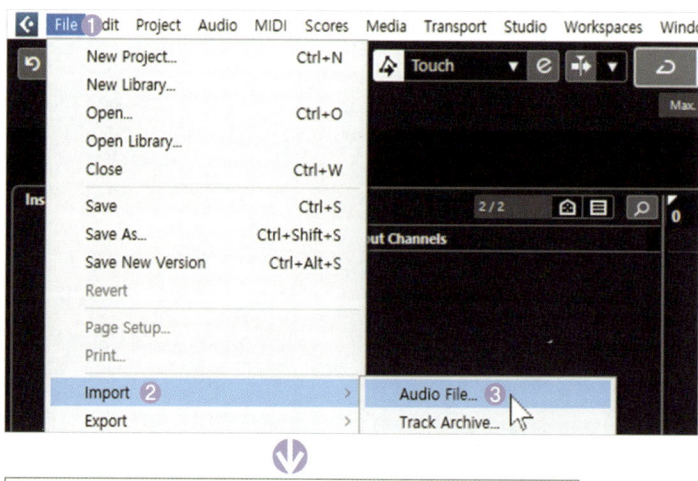

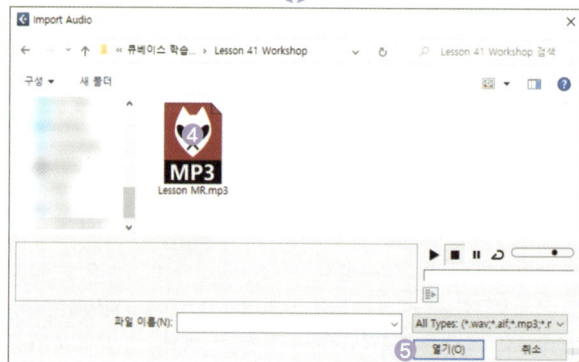

오디오 이벤트의 음정 조절하기

❶ 음의 높낮이를 변경하고자 하는 이벤트를 선택한 후 [Audio] – [Process] – [Pitch Shift] 메뉴를 선택한다.

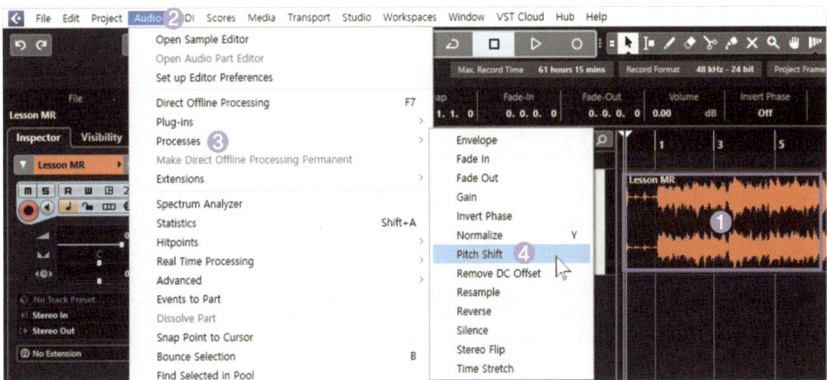

❷ ❶[Transpose]와 ❷[Fine-Tune] 값 입력, ❸[Time Correction] 체크, ❹[MPEX 4 Preset의 MPEX – Poly Musical Formant] 선택, ❺[Apply] 버튼을 누른다.

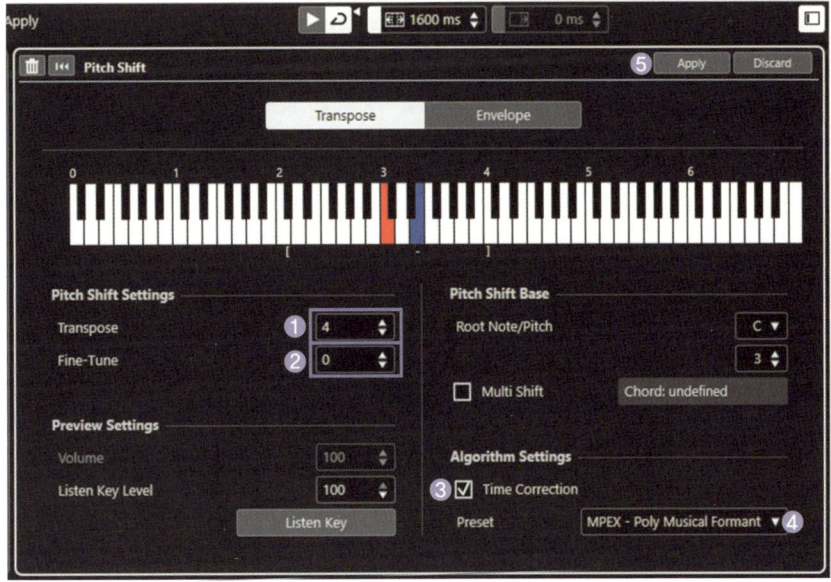

☑ 음의 높낮이를 변경한 오디오 이벤트를 음원으로 추출하는 방법은 [Lesson 47]을 참고한다.

❶ Transpose 희망하는 음 높이를 입력한다. 1의 값은 반음이며, 한 음을 올리고 싶다면 2, 한음을 내리고 싶다면 -2를 입력한다.

❷ Fine-Tune 반음 사이의 미분음 단위로 음의 높낮이를 조정한다. +200의 값의 경우 한 음이 올라간다.

❸ Time Correction 음이 높아지거나 낮아질 경우 물리적으로 재생 속도가 올라가거나 내려가지만 이 옵션 체크 시 재생 속도에는 변화 없이 음의 높낮이를 변경할 수 있다.

❹ MPEX 4 Preset 음의 높낮이 변경 시 사용하는 알고리즘을 선택할 수 있다. 프리셋 맨 위쪽의 Preview Quality는 처리 속도는 빠르지만 음질은 낮으며, 맨 아래쪽의 Poly Complex Formant는 처리 속도는 느리지만 음질은 가장 좋다.

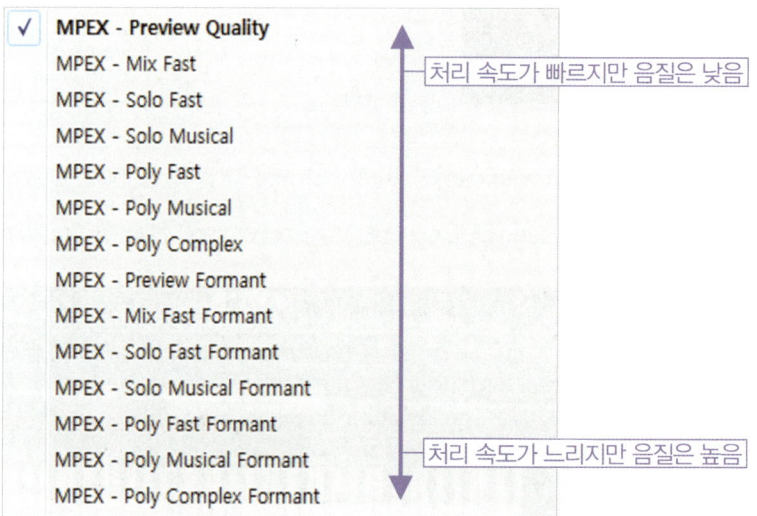

레슨 정리

반주 전체 음의 높낮이 변경 시 품질이 좋은 알고리즘을 선택하여 처리했다고 해도 음질은 떨어질 수 밖에 없으며, 한 음 이상 올리거나 내릴 시 음질의 열화는 더욱 심해지게 된다. 중요한 공연이나 방송에서 사용해야 하는 경우 음의 높낮이를 변경하여 음원을 새로 제작하는 것이 좋다.

믹싱

Lesson 42 반주와 보컬의 음량은 어떻게 맞추나요?

Lesson 43 곡 전체의 보컬 음량을 부분적으로 조절하고 싶어요.

Lesson 44 보컬과 기타에 효과를 넣고 싶어요.

Lesson 45 그밖에 주요 플러그인(이펙터)에 대해 알고 싶어요.

Lesson 46 여러 개의 보컬 트랙을 한꺼번에 조절하고 싶어요.

Lesson 47 작업한 음악을 어떻게 오디오 파일(음원)로 만드나요?

42 반주와 보컬의 음량은 어떻게 맞추나요?

악기들과 보컬 녹음이 끝났다면 악기들과 보컬 간의 음량을 적절한 음량 크기로 조절해 주어야 한다. 이번 레슨에서는 보컬과 악기 간의 음량 조절 방법에 대해 알아본다.

트랙 확인과 반복 재생 구역 설정하기

① [학습자료] – [Lesson 42 Workshop] 폴더에 있는 [L42 Workshop.cpr] 파일을 열어보면 악기는 Drums, Bass, A. Guitar, Piano, Vox로 구성되었으며, 마디는 총 8마디, 템포는 100으로 설정된 것을 알 수 있다.

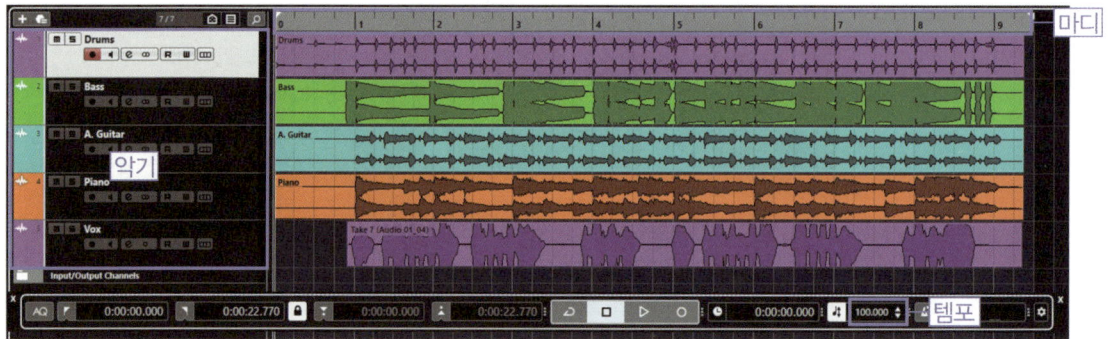

② 0마디에서 9마디까지 로케이터를 설정한 후 [Loop] 버튼을 눌러 반복 재생되도록 한다. Loop를 설정하는 이유는 음량을 조절하는 동안 노래가 끝나면 다시 재생을 해야 하는 번거로움을 없애기 위함이다.

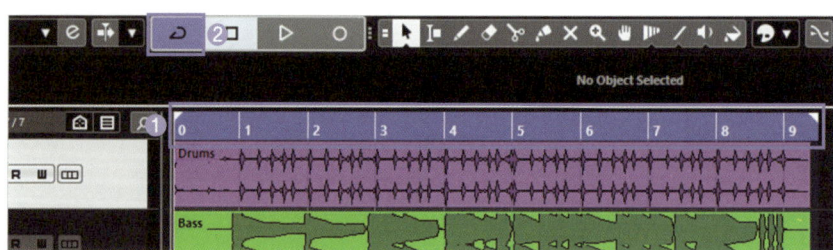

❸ [Studio] – [MixConsole] 메뉴를 선택하여 MixConsole 창을 열어준다. (단축키 F3)

MixConsole를 LowZone 에서 보는 방법(Cubase 9 이상)은 단축키 [Alt] + [F3]도 있다.

믹스콘솔(Mixconsole)의 기능 살펴보기

1. **Pan** 스피커 또는 헤드폰의 좌우 소리 출력량을 조절한다. 왼쪽으로 이동 시 스피커의 왼쪽, 오른쪽으로 이동 시 스피커의 오른쪽에서 소리가 출력된다.

2. 트랙의 Mute, Solo, Listen, Edit Channel Settings을 선택한다.

   M Mute 현재 트랙을 음소거한다.

   S Solo 현재 트랙만 출력한다.

믹싱 **267**

L **Listen(Pro 버전만 사용가능)** Solo 버튼과 기본적인 역할은 같지만 차이점은 Solo 버튼은 연결된 모든 트랙(그룹 트랙 또는 FX 트랙 등)의 신호들을 함께 출력하지만, Listen 버튼은 신호가 연결된 다른 트랙을 제외하고 선택한 트랙의 소리만을 출력한다. Control Room 설정 시 사용이 가능하다.

E **Edit Channel Settings** 현재 트랙의 Channel Settings 창을 보여준다.

▲ Channel Settings 창

3 Fader 현재 트랙의 음량을 조절할 수 있는 페이더로써 페이더를 내리면 음량이 작아지고, 올리면 음량이 커진다.

4 트랙의 Automation Read/Write, Monitor, Record Enable를 선택한다.

R W **Automation Read/Write** 재생 중에 현재 트랙의 Fader 및 EQ 등의 제어 정보를 실시간으로 기록하고, 재생 시 기록된 정보를 적용하여 재생한다.

◀ **Monitor** 녹음 시 녹음되고 있는 음성과 트랙에 적용된 효과들을 실시간으로 적용하여 들려준다. (녹음을 할 경우만 사용)

● **Record Enable** 현재 트랙을 녹음이 가능한 상태로 만든다.

5 현재 트랙의 Stereo/Mono 확인, 트랙 번호, 트랙 이름을 확인할 수 있습니다.

Stereo 신호 Left/Right, 두 개의 신호를 가진 트랙인 것을 알려준다.

Mono 신호 Mono, 하나의 신호를 가진 트랙인 것을 알려준다.

트랙 번호 현재 트랙의 번호를 알려준다.

트랙 이름 현재 트랙에 설정된 이름을 알려준다.

음악 전체의 분위기와 각 악기 소리 파악하기

① 음악을 재생하여 음악 스타일과 분위기를 파악한다. 많이 들어본 자신의 음악일 경우는 이 과정은 생략해도 된다.

② 음량을 조정하기 전에 [Solo] 버튼을 눌러 악기 하나하나의 소리를 들어본다. 많이 들어본 자신의 음악일 경우는 이 과정은 생략해도 된다.

음량 조절하기

① [Solo] 버튼을 해제한 뒤 다시 전체 음악을 들으면서 음량의 밸런스를 판단한다. Workshop 음악의 각 악기 밸런스는 다음과 같다.

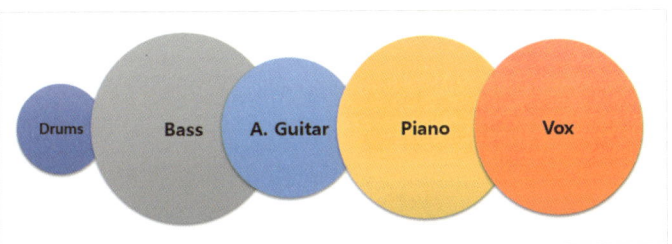

② Mixconsole에서 페이더를 이용하여 다음과 같은 밸런스로 조절해 본다.

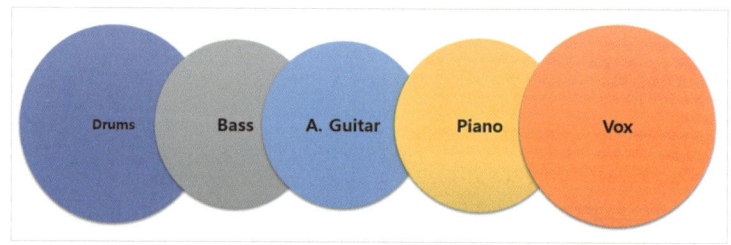

③ 아래 그림과 같이 각 트랙의 페이더를 조절한다. Drum은 4 dB, Bass는 -6.50 dB, A. Guitar -0.80 dB, Piano -3.60 dB, Vox 0.10 dB로 조정한다. 여기서 주의 할 것은 Stereo Out(Main Out)은 항상 0dB를 유지해야 한다는 것이다.

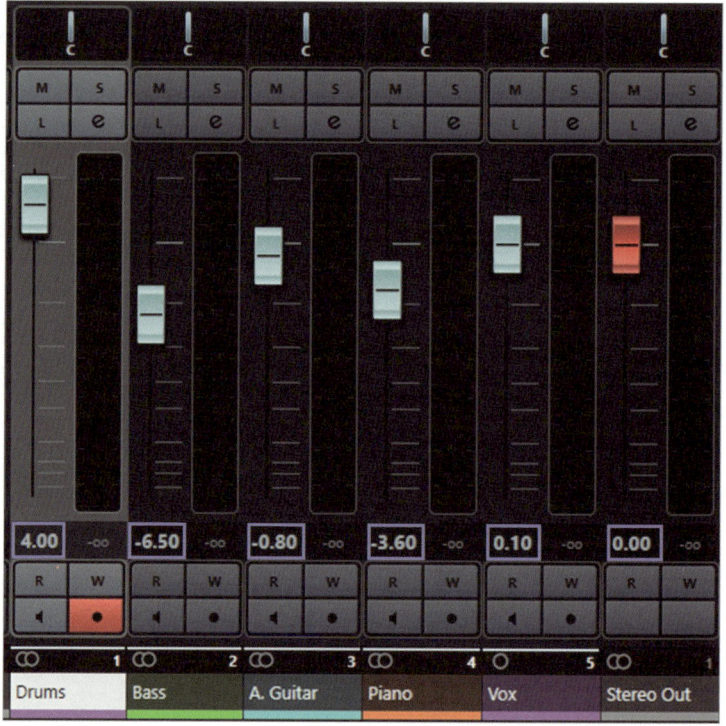

④ 또한 음량 조절 시 Stereo Out에 빨간 램프로 알려주는 피크(Peak)가 표시되지 않도록 주의한다. 피크 시 빨간 램프는 마우스로 클릭하면 해제된다. 음량 조절 시 작은 음량의 악기를 키운다고 생각하지 말고, 큰 음량의 악기를 줄인다는 생각으로 접근한다.

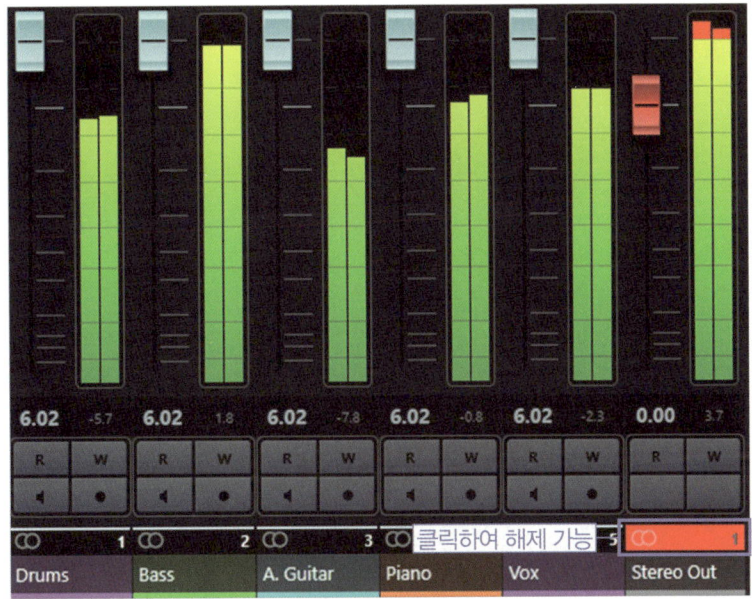

소리의 좌/우 위치 조절하기

① 이번엔 팬(Pan)을 이용하여 아래와 그림과 같이 Piano와 A. Guitar를 각각 좌우로 위치시켜 음악의 공간감을 표현해 본다.

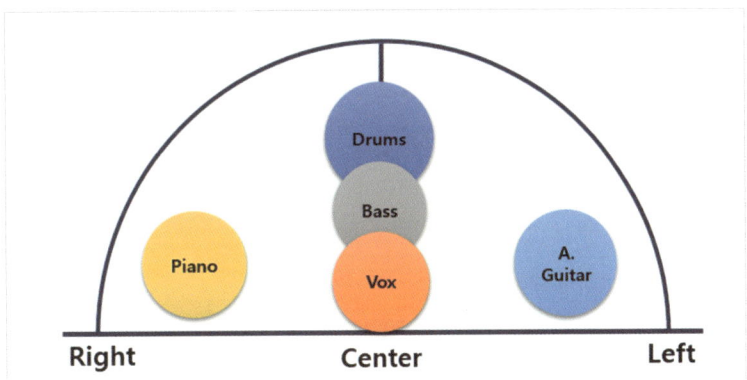

② Piano 트랙의 Pan을 L 50, A. Guitar 트랙의 Pan을 R 50으로 조정한다. 특별한 경우를 제외하고는 Pan을 완전히 왼쪽 혹은 오른쪽으로 보내지 않는 것이 좋다. 그리고 Vocal, Bass, Drum의 베이스 드럼은 Center에 위치시키는 것이 일반적이다.

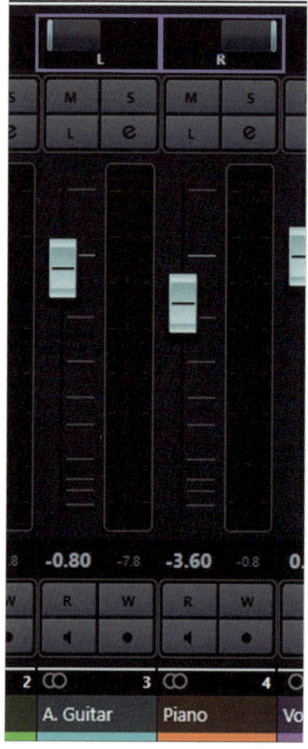

레슨 정리

음량과 Pan 조절 시 자신의 이어폰, 헤드폰, 스피커 등 여러 환경에서 재생해 봄으로써 자신이 즐겨 듣던 기존의 곡들과 비교하며 적절한 음량과 위치를 판단해야 한다.

곡 전체의 보컬 음량을 부분적으로 조절하고 싶어요.

이번 레슨에서는 보컬의 볼륨 오토메이션을 이용하여 부분적으로 음량을 정리하는 방법에 대해 알아본다.

볼륨(Volume) 오토메이션의 필요성

반주 트랙과 보컬 트랙의 음량 밸런스 조절 시 곡의 부분마다 반주보다 보컬이 크거나 반주보다 보컬이 작은 경우가 있다. 이럴 경우 보컬의 음량을 조절하여 밸런스를 맞춰주어야 한다.

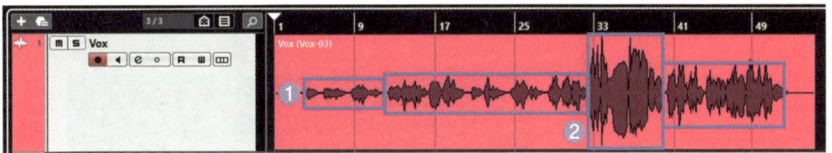

위의 그림은 1절부터 후렴부까지의 보컬 파형이다. 이것을 음량 별로 구분해보면 총 4개의 부분으로 구분할 수 있다. 이것은 음악 장르 또는 곡의 송폼의 순서에 따라 달라질 수 있다. 1번 부분의 음량이 작아서 음량을 올린다면 2번 부분에서는 음량의 신호가 과하게 되어 피크(Peak)가 뜬다. 이런 문제를 해결하기 위해서는 음량이 다른 부분을 볼륨 오토메이션으로 조절해주어야 한다.

볼륨 오토메이션 그리기

이번엔 볼륨 오토메이션 트랙에 포인트를 생성하여 부분 부분의 음량을 조절하는 방법에 대해 알아본다.

① 트랙의 왼쪽 하단에 마우스 커서를 갖다 놓으면 [Show/Hide Automation] 버튼이 표시된다. 이 버튼을 클릭한다.

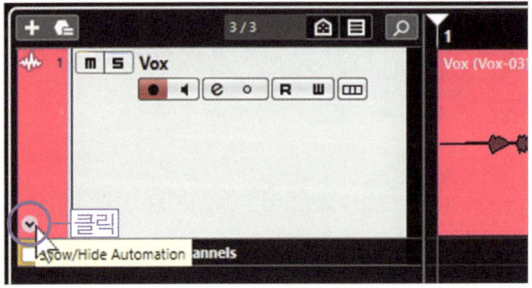

② 클릭 후 Volume 오토메이션 트랙이 표시되었다면 [R] 버튼을 클릭하여 Read 상태로 활성화한다. 아래 그림에서 [R] 버튼이 두 개가 있는 것을 확인할 수 있는데, 둘 다 같은 기능이고 연동되어있기 때문에 항상 같이 활성화 또는 비활성화된다.

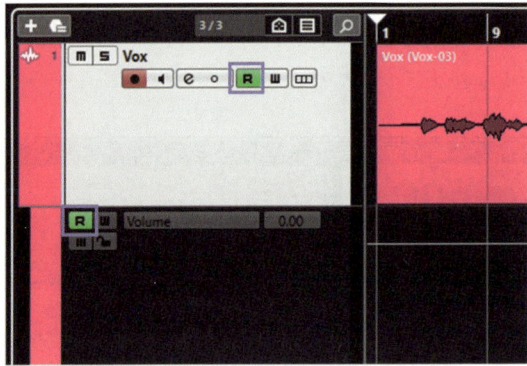

③ 오토메이션 트랙을 [선택] 툴로 클릭하여 포인트를 생성한 후 위아래로 드래그하여 음량을 조절한다. [선택] 툴로 선택한 후 오토메이션 라인 위에 올렸을 때 자동으로 펜 툴 아이콘으로 바뀐다.

[R] 버튼을 활성화하지 않으면 포인트가 생성되지 않는다.

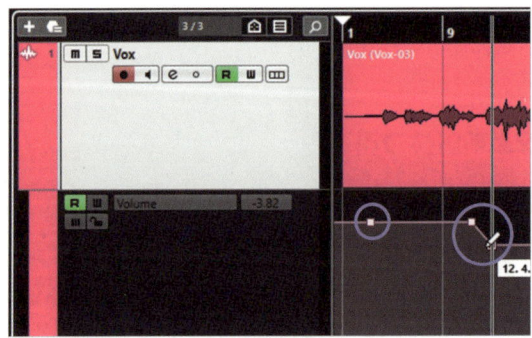

❹ 같은 방법으로 음량이 다른 부분들을 반주에 맞게 포인트를 생성하여 각 부분을 조절한다.

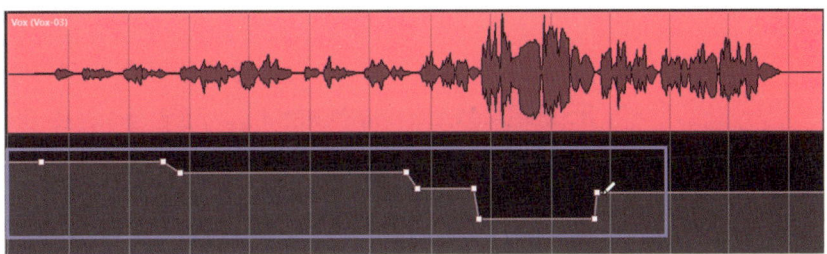

❺ 오토메이션을 적용하여 확인해보면 처리 전보다 처리 후의 음량이 잘 정리된 것을 확인할 수 있다.

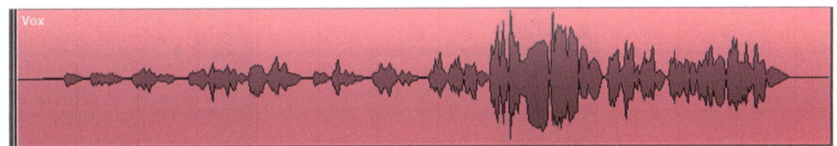

▲ 오토메이션 처리 전

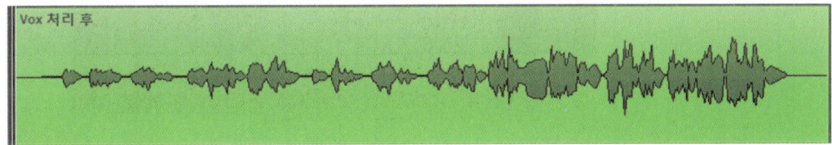

▲ 오토메이션 처리 후

❻ [R] 버튼을 비활성화하면 작성한 오토메이션은 적용되지 않는다.

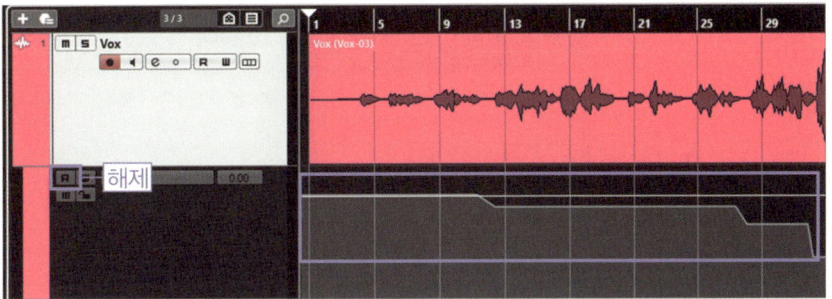

믹싱 275

입력된 볼륨 오토메이션 지우기

이번엔 작성된 오토메이션 포인트를 지우는 방법에 대해 알아본다.

오토메이션 트랙의 ❶[Volume]을 클릭한 후 나타나는 메뉴에서 ❷[Remove Volume Automation]을 선택한다. 그러면 명령 실행 후 볼륨 오토메이션의 모든 포인트들이 제거된다.

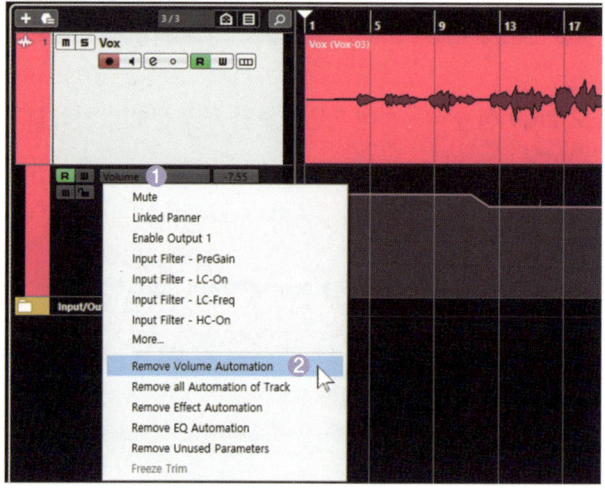

☑ 같은 메뉴의 맨 아래쪽에 있는 Remove all Automation of Track 메뉴는 현재 선택된 트랙에 작성되어있는 모든 오토메이션 정보를 제거할 때 사용된다. 오토메이션은 볼륨 값뿐만 아니라 Pan 값과 모든 플러그인들의 파라미터를 제어할 수 있다.

볼륨 오토메이션 실시간으로 조절하기

이번엔 볼륨 페이더를 직접 조절하여 오토메이션을 기록하는 방법에 대해 알아본다.

❶ 먼저 [W] 버튼을 클릭하여 활성화한다. 이때 자동으로 [R] 버튼도 활성화된다.

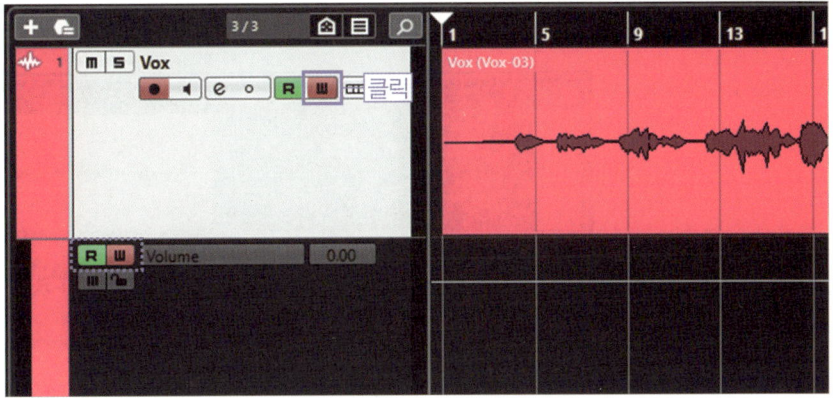

② [재생] 버튼을 눌러 재생한 후 인스펙터 창의 볼륨 페이더 또는 믹서 창의 볼륨 페이더를 조절한다. 조절 시 오토메이션 트랙에 조절하고 있는 값으로 입력되고 있는 것을 실시간으로 확인할 수 있다. 오토메이션 기록 시 녹음 상태가 아니라 재생 상태인 것을 기억한다.

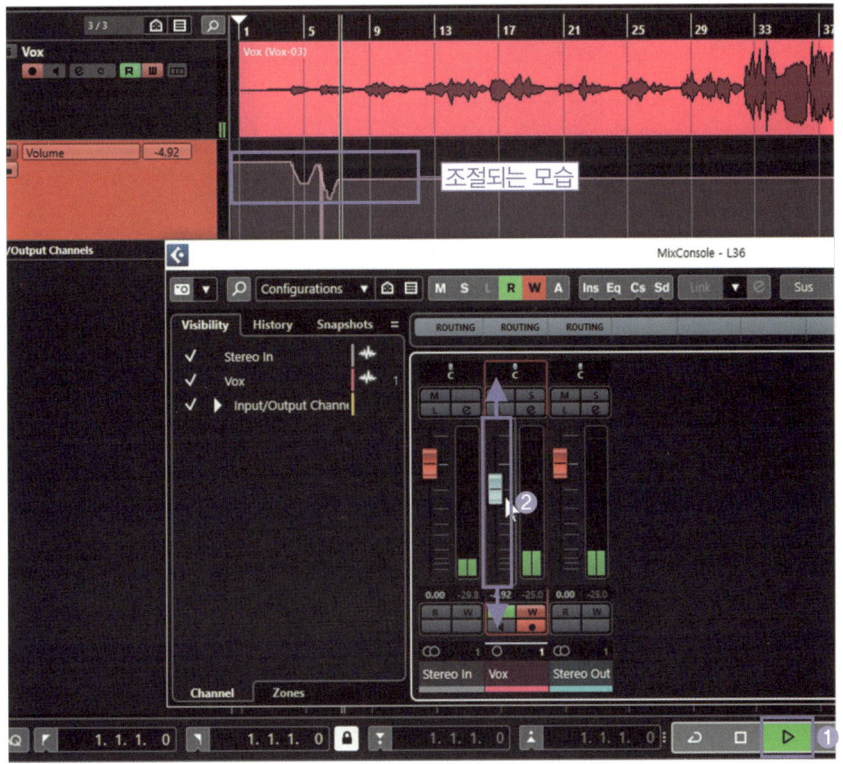

작업이 끝나면 다시 [W] 버튼을 클릭 후 비활성하여 더 이상 기록되지 않게 해준다.

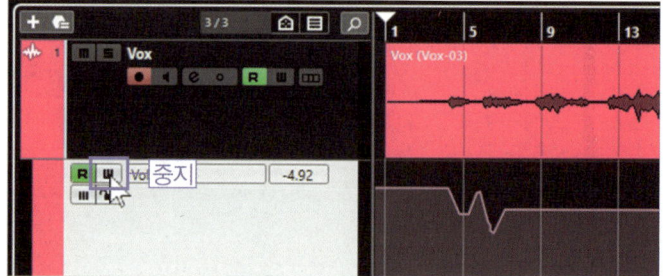

> **레슨 정리**
>
> 음량을 조절할 경우 반드시 소리를 들어보며 판단하여 조절한다. 오토메이션 작업이 번거롭고 손도 많이 가는 작업이지만 음악의 퀄리티를 높이기 위한 믹싱 작업에서 중요하므로 숙달될 수 있도록 많은 연습을 해야 한다.

44 보컬과 기타에 효과를 넣고 싶어요.

이번 레슨에서는 보컬과 기타의 음색을 보정하고, 컴프레서, 리버브, 딜레이 등의 효과를 적용하기 위한 이펙터 플러그인(Plug in)의 활용방법에 대해 알아본다.

☰ Channel Setting 창 살펴보기

① 학습을 하기 위해 먼저 [학습자료] – [Lesson 44 Workshop] 폴더에 있는 [L44 Workshop.cpr] 파일을 열어준다.

② Vox 트랙에 [Edit Channel Settings] 버튼을 눌러 Channel Setting 창을 열어준다.

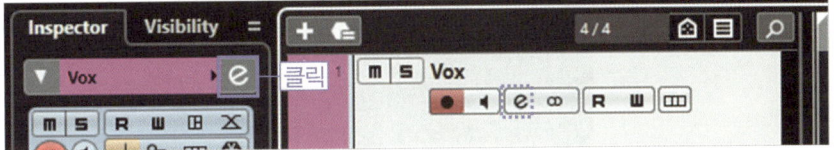

③ 위의 그림에 표시된 두 버튼은 모두 Channel Setting 창을 열 때 사용된다.

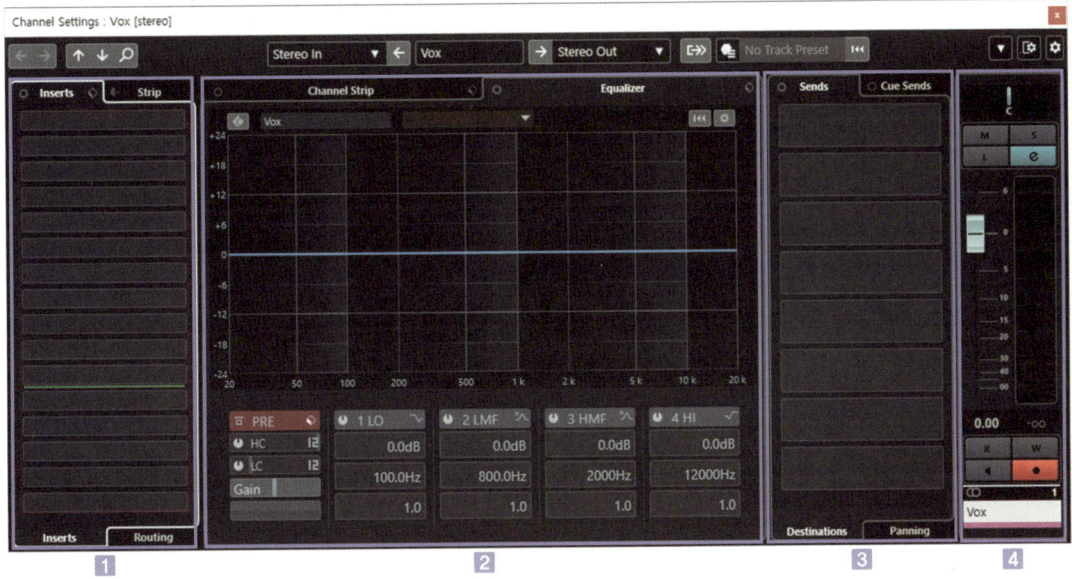

1. **Insert 방식으로 플러그인(가상 이펙터)을 적용** Insert 방식은 오디오 소스가 직접 이펙터를 거쳐 효과가 만들어진다. 쉽게 설명하자면 플라스틱(오디오 소스)을 공장(이펙터)에서 가공하여 저금통(결과물)을 만들어 낸 것과 비교할 수 있다.

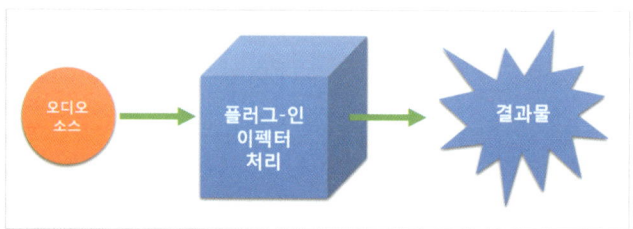

▲ Insert 방식의 이펙터 처리

2. **Equalizer** 저음, 중음, 고음의 주파수를 조절하여 음색을 조절할 수 있다.

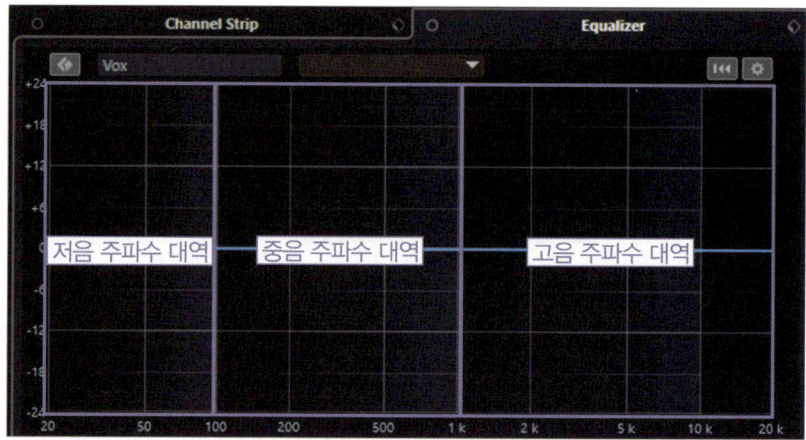

3. **Send 방식으로 플러그인을 적용** 원본 오디오의 신호를 이펙터로 보낸다.

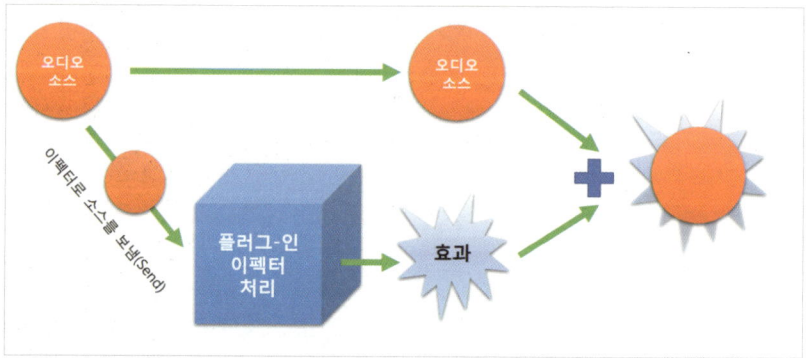

▲ Send 방식의 이펙터 처리

이펙터에서는 받은 신호를 처리하여 효과를 만든 후 원본 오디오 신호와 합쳐 효과를 만들어 낸다. 쉽게 설명하자면 사람 얼굴(오디오 소스)의 본을 떠서(Send량 조절) 공장(이펙터)에 보내는 것과 같다. 즉 Send란 공장에서는 보내온 사람 얼굴의 본에 맞춰 가면(효과)을 제작한 후 만들어진 가면을 사람(오디오 소스)에게 씌운 것(효과적용)에 비교할 수 있다. Send 방식의 장점은 하나의 이펙터에 여러 트랙을 공유하여 사용할 수 있다는 것이다.

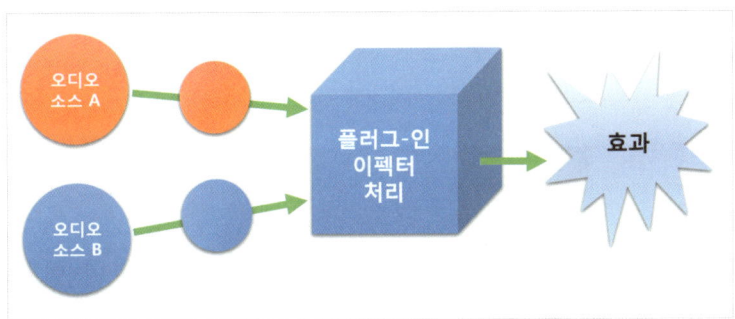

▲ Send 방식의 이펙터 공유

4　페이더 부분은 [Lesson 42]의 [믹스콘솔(Mixconsole)의 기능 살펴보기]를 참고한다.

≡ Equalizer(EQ)로 보컬 음색 조절하기

① LC(Low-Cut Filter)의 주파수(Hz) 값을 입력하기 위해 ❶[Activate/Deactivate Low-Cut Filter] 버튼을 눌러 Low-Cut Filter를 활성화한 후 ❷[입력 필드]를 더블클릭하여 80을 입력한다.

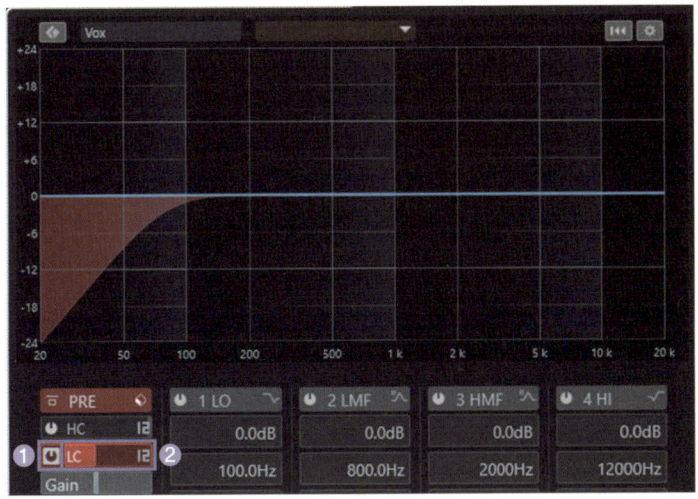

믹싱 **281**

☑ Low-Cut Filter은 High Pass Filter와 같은 의미로 악기가 가지고 있지 않은 저역의 주파수 소리를 걸러낸다. 80Hz 이하 주파수에는 보컬 녹음 중에 녹음된 에어컨 소리와 같은 낮은 대역의 노이즈가 유입되어있다. 또한 80Hz 이하의 주파수는 사람이 소리 낼 수 없는 음역대이다.

마우스로 해당 구역을 클릭 후 드래그하여 LMF(Low Mid Filter) 구역의 200Hz 대역을 2dB로 부스팅(Boosting)하고, HMF(High Mid Filter) 구역의 2000Hz 대역을 2.5dB로 부스팅, HF(High Filter) 구역의 3500Hz 대역을 5dB로 부스팅한다.

부스팅(Boosting)은 올려준다는 뜻이며 반대로 디핑(Deeping)은 내려준다는 뜻이다.

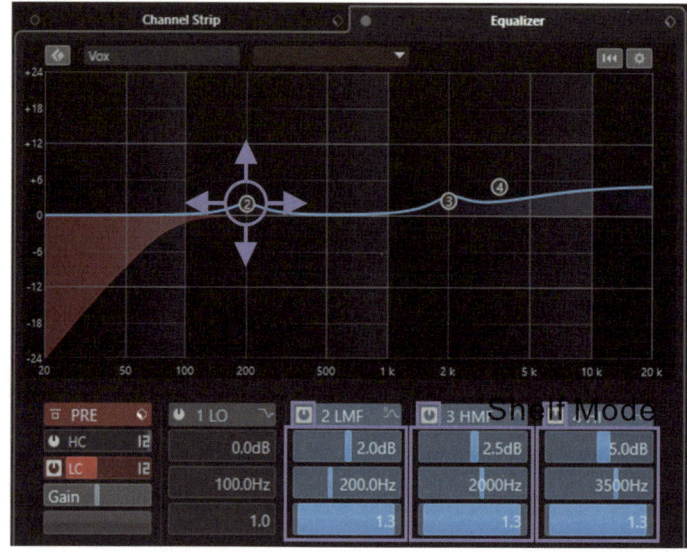

재생하여 보컬 음색을 들어보면 보컬의 두께가 두꺼워지고, 발음이 뚜렷해지고 청량감이 생긴 것을 확인할 수 있다.

재생 중에 [Bypass] 버튼을 눌러 처리 전후를 비교하면서 들어본다.

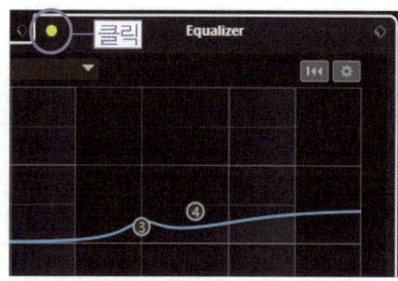

☑ Equalizer 탭의 왼쪽 부분에 동그란 버튼을 눌러 노란색으로 바꿔주면 Bypass 상태가 되는데, Bypass 상태에서는 EQ의 처리 전 소리를 들을 수 있다.

이퀄라이저(Equalizer) 살펴보기

EQ에서 조절 Mode는 Shelf Mode와 Peak Mode가 있다. Shelf Mode는 저음역대와 고음역대를 조절할 때 사용하고, Peak Mode는 중음역대를 조절할 때 사용한다. Peak Mode는 Bell Mode 또는 Band Mode라고도 부른다.

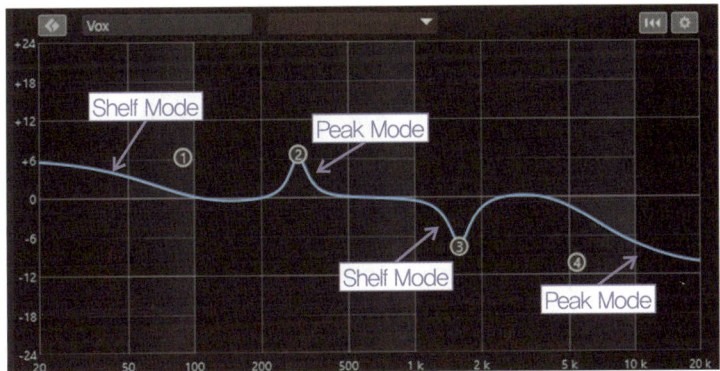

마우스로 드래그하여 주파수를 조절할 경우 주파수 포인트와 게인 값을 표시하며, EQ 조절은 마우스로 드래그하거나 하단 부분에 값을 입력하여 조절할 수 있다.

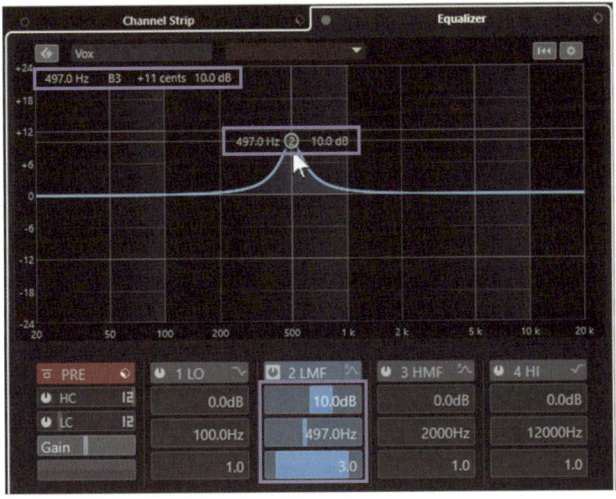

EQ 섹션 하단의 Q 값은 값이 높아지면 좁은 범위의 주파수 대역을 조절할 수 있으며, 값이 낮아지면 넓은 범위의 주파수 대역을 조절할 수 있다. Q 값을 높여서 사용하는 경우는 특정 주파수에서 발생되는 노이즈를 제거할 때이며, Q 값을 낮춰서 사용하는 경우는 음색을 보정할 때이다.

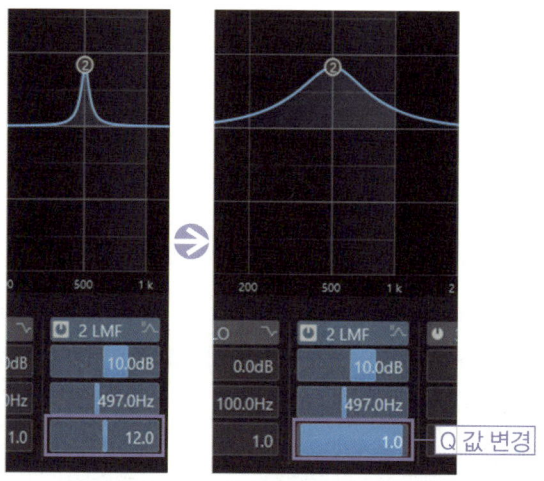

Equalizer 탭 오른쪽의 [◇] 모양의 버튼을 눌러 내장된 프리셋을 사용할 수 있다.

◀ 내장된 프리셋 목록

컴프레서(Compressor) 플러그인 적용하기

컴프레서는 설정한 음량 값 이상의 음량을 압축하는 프로세서이다. 역할로는 소리의 어택(Attack)감 또는 잔음의 음량(Sustain)을 조절할 수 있으며, 소리의 밀도도 조절 가능하다.

❶ Insert 섹션의 우측 상단에 있는 [▼] 버튼을 누른다.

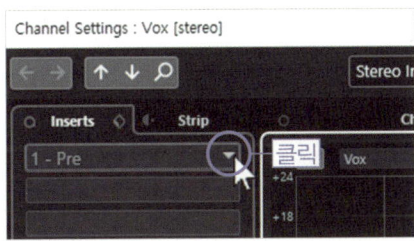

❷ 나타나는 항목 중 ❶[Dynamics]의 ❷[Compressor]를 선택한다.

❸ Compressor의 ❶[Load Preset] 메뉴를 선택한 후 Search Results 입력 필드에 ❷[Vocal]을 입력한 후 프리셋 항목 중 ❸[Lead Vocals In Your Face]을 선택한다.

이 프리셋은 보컬이 청취자의 얼굴 앞에서 부르는 것처럼 보컬의 음상을 앞으로 나오게 해주는 유명한 프리셋이다.

❹ [THRESHOLD] 값을 -28.0dB과 가까운 값이 되도록 페이더로 설정한다. 그러면 Threshold 값을 내릴수록 GR의 게이지가 내려가는 것을 볼 수 있다. GR 게이지에 표시되는 dB 값은 소리의 압축 정도를 표시한다.

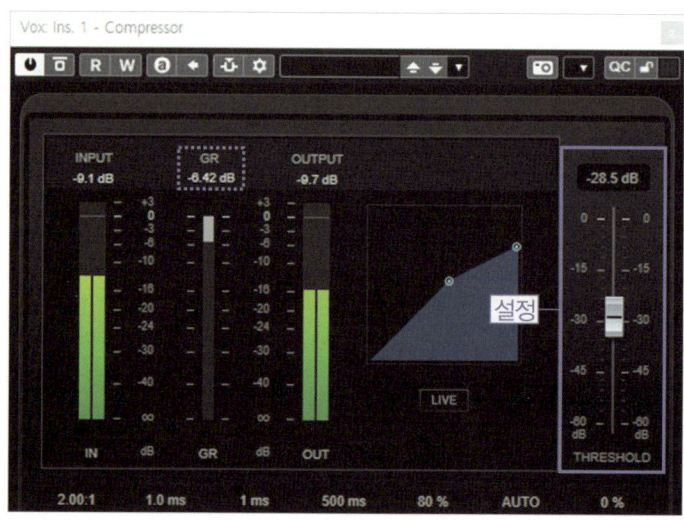

❺ 재생 중에 [Bypass] 버튼을 눌러 처리 전후를 비교하면서 들어본다. Bypass 버튼이 노란색으로 표시된 경우 컴프레서 처리 전의 소리를 들을 수 있다.

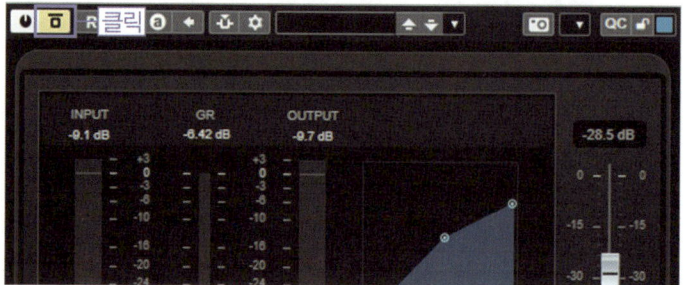

≡ Compressor 살펴보기

컴프레서는 사용하기가 다소 까다로운 플러그인이다. 여기서는 기초적으로 알아야 할 부분만 간단하게 설명하도록 한다.

1. **Threshold** 컴프레서가 작동을 하기 위한 설정 값이다. 설정한 값보다 음량이 큰 소리 신호가 입력되면 컴프레서가 작동한다.

2. **Ratio** Threshold 값을 넘은 음량에 대한 압축 비율을 설정한다. 4.00일 경우 초과된 음량을 1/4로 압축한다.

3. **Attack Time** 압축되는 시간을 설정한다. 초과된 소리 신호가 입력된 후의 압축되는 시간을 설정한다.

4. **Release Time** 압축이 해제되는 시간을 설정한다. Release 놉 아래쪽에 있는 AR 버튼은 Auto Release로 자동으로 Release 값을 조정한다.

5. **Make Up** 압축되지 않은 소리와 압축된 소리 모두 음량을 올려서 압축되었던 음량을 보상해 준다. 노브 밑에 AM 버튼이 활성화 되어 있는 경우 압축량에 맞춰 자동 보상된다.

6. **GR** 현재 압축되고 있는 음량 값을 보여준다. GR에서 표시되는 값이 0dB이라면 컴프레서가 압축하지 않고 있다는 것으로 이럴 경우 Threshold 값을 낮춰 컴프레서가 작동되도록 해준다.

≡ Reverb 플러그인을 Insert 방식으로 적용하기

리버브(Reverb)는 홀 또는 방 같은 공간에서 울림(잔향) 효과를 표현할 수 있게 해주는 이펙터이다. Insert 방식과 Send 방식으로 적용할 수 있으며, 공간 계열(Reverb, Delay,

Echo 등)과 모듈레이션 계열(Chorus, Phaser, Flanger) 등의 플러그인들은 Send 방식으로 적용하는 것을 권장한다.

① Insert 섹션의 두 번째에 있는 [▼] 버튼을 누른다. 첫 번째 칸에는 앞서 선택한 Compressor 플러그인이 있으므로 두 번째 칸을 이용한다.

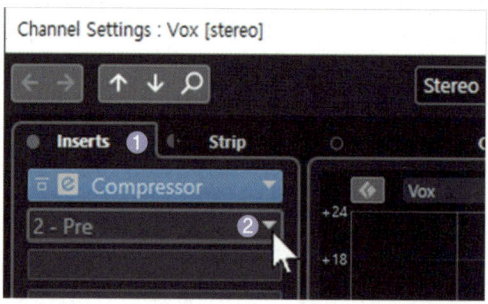

② ❶[Reverb]의 ❷[RoomWorks] 플러그인을 선택한다. RoomWorks 플러그인이 없을 경우 RoomWorks SE 플러그인을 사용한다.

③ RoomWorks 창의 ❶[Load Presets]을 클릭한 후 ❷[Plate Bright]를 선택한다. 리버브 잔향에는 크게 Hall(따뜻한 잔향), Plate(밝고 또렷한 잔향), Room(짧은 잔향으로 방 안의 잔향)으로 구성된다.

④ ❶[Pre-Delay] 값을 70, ❷[Reverb Time] 값을 2.50, ❸[Mix] 값을 7로 설정합니다.

❶ Pre-Delay 잔향이 발생되기까지의 지연 시간을 설정한다. 0일 경우 곧바로 잔향이 발생된다.

❷ Reverb Time 잔향이 울리는 시간을 설정한다.

❸ Mix 원음과 잔향음의 비율을 설정한다. 100일 경우 잔향음만 들린다.

⑤ 재생 중에 [Bypass] 버튼을 눌러 처리 전후를 비교하면서 들어본다.

Delay 플러그인을 Send 방식으로 적용하기

[Project] – [Add Track] – [Effect] 메뉴를 선택한다.

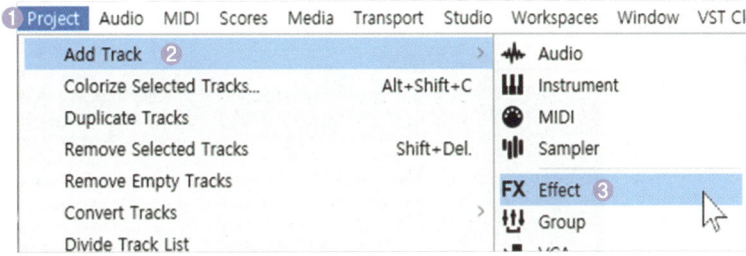

❶ Add Track 창에서 ❶[No Effect]를 클릭, ❷[Delay 〉 Stereo Delay] 선택, Configuration ❸[Stereo] 선택, Track Name에 ❹[Delay] 입력(임의대로), ❺[Add Track] 버튼 클릭한다.

믹싱 **289**

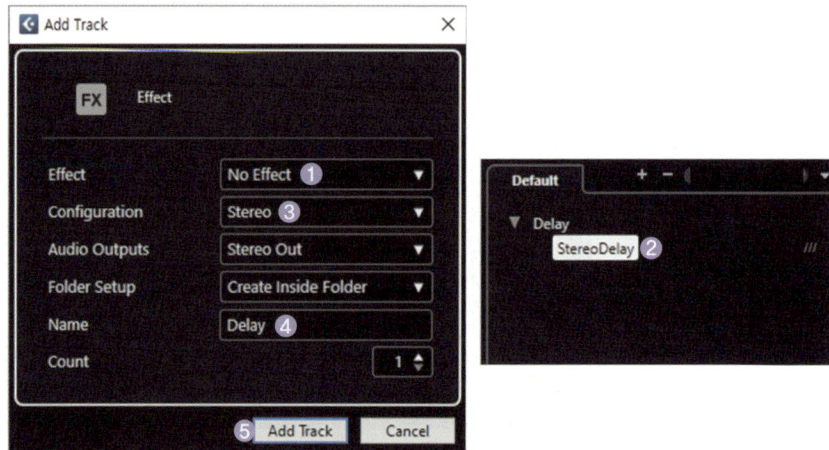

② StereoDelay창의 ❶[Load Presets] 클릭 후 ❷[Sweet Vocal Delay]를 선택한다.

③ 왼쪽 채널 하단의 ❶[Sync] 버튼 클릭, ❷[Delay] 값을 1/4, ❸[Mix] 값을 100으로 설정한 후 오른쪽 채널 하단의 ❹[Sync] 버튼을 클릭, ❺[Delay] 값을 1/8D, ❻[Mix] 값을 100으로 설정한다.

❶ Sync 활성화된 경우 지연 시간을 음표 단위(1/4 = 4분음표, 1/4T = 4분셋잇단음표, 1/4D = 점4분음표)로 조절 가능하며, 비활성된 경우 시간(ms) 단위로 조절한다.

② Delay 시간 또는 음표 단위로 지연 시간을 조절한다.

③ Mix 원음과 딜레이 음의 비율을 조절한다. Send 방식은 Mix 값을 100으로 설정하며, Reverb도 Send 방식으로 적용 시 Mix 값을 100으로 설정한다.

④ ❶[Vox] 트랙의 Edit Channel 창에서 Send 섹션의 우측 상단에 있는 ❷[▼] 버튼을 누른다.

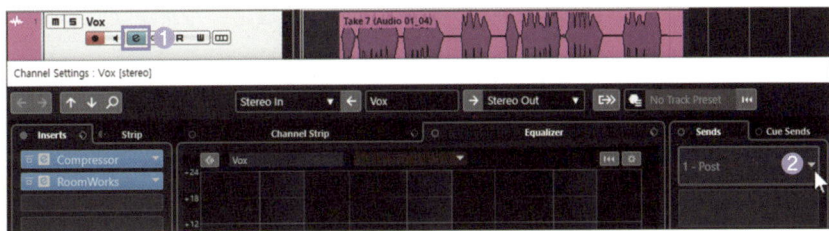

⑤ 나타나는 항목에서 FX Channel 생성 시 입력한 [Delay]를 선택한다.

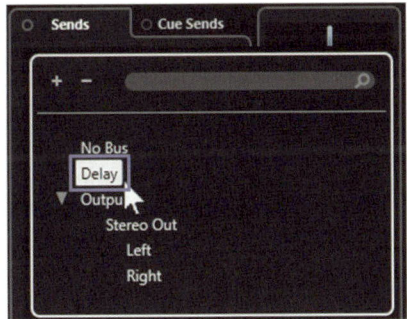

⑥ 좌측 상단 Send의 ❶[Activate/Deactivate Send] 버튼을 눌러 활성화한 후 ❷[페이더]를 드래그하여 −9.00으로 설정한다. Send 페이더가 오른쪽으로 갈 수록 Delay FX 채널에 보컬 소리가 많이 보내지므로 더 많은 량의 딜레이 효과가 발생된다.

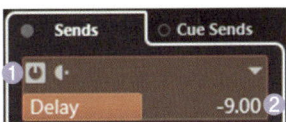

⑦ 재생 중에 [Activate/Deactivate Send] 버튼을 눌러 적용 전후를 비교하면서 들어본다.

트랙에 프리셋으로 효과 적용하기

플러그인의 역할과 사용법을 마스터하기 위해 많은 연구와 실습이 필요하다. 이를 돕기 위한 한 가지 방법은 다른 사람이 만든 프리셋을 참조하는 것이다. 큐베이스의 내장 프리셋을 적용해보고, 플러그인의 종류와 파라미터 값을 확인하며 조정해 보는 과정을 통해 원하는 소리를 만드는 능력을 향상시킬 수 있다.

① 그림처럼 프로젝트 창 우측 상단부터 [Activate/Deactivate Right Zone] – [Media] – [Presets] 순으로 클릭한다.

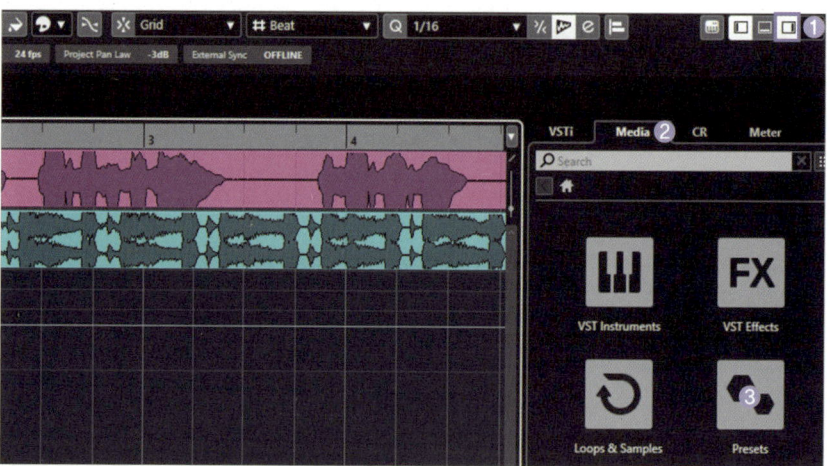

② 계속해서 [Track Presets] – [Audio] 순으로 선택한다.

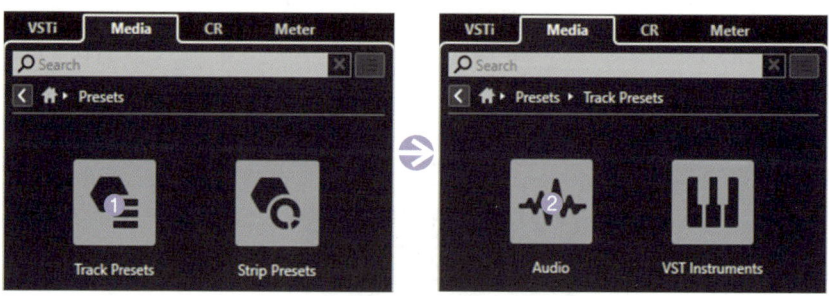

③ Sub Category에서 ❶[A. Guitar]를 선택한 후 ❷[AM Acst Gtr 2 Roomy Country ST] 항목을 클릭한 상태로 드래그하여 [A. Guitar] 트랙에 적용한다.

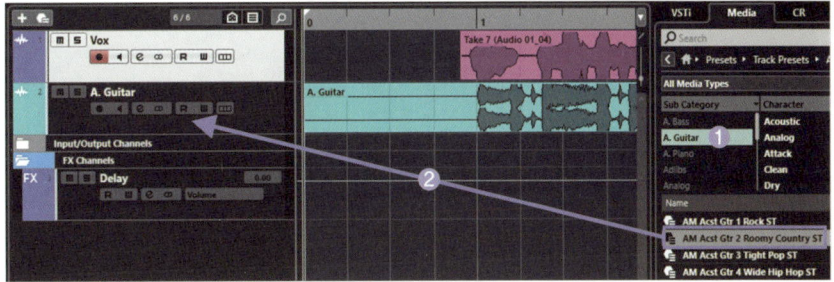

④ A. Guitar 트랙의 [Edit Channel Settings] 버튼을 클릭한다.

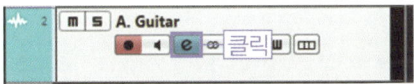

⑤ Channel Settings을 확인해 보면 여러 종류의 플러그 인과 EQ가 설정된 것을 확인할 수 있다.

레슨 정리

이펙터의 종류는 다양하고, 같은 기능을 가진 이펙터라도 사용법과 음색이 다르기 때문에 많은 학습이 필요한다. 좋은 음악을 청취하며 고음질의 소리를 이해하고, 우수한 오디오 소스를 확보하는 것이 중요하다. 단순히 이펙터로 수정하는 것보다는 모든 과정에서 많은 노력을 기울이는 것이 만족스런 결과를 얻는데 필수적이다.

그밖에 주요 플러그인(이펙터)에 대해 알고 싶어요.

이전의 [Lesson 44]에서는 Compressor, Gate, Reverb, Delay의 플러그인들에 대해 살펴보았다. 이번 레슨에서는 그밖에 즐겨 사용되는 주요 플러그인에 대해 알아보도록 한다.

디스토션(Distortion) 이펙터

소리를 과도하게 증폭시킴으로 소리의 찌그러짐을 만들어낸다.

❶ [학습자료] – [Lesson 45 Workshop] 폴더에 있는 [L45 Workshop.cpr] 파일을 열어준 후 [Boost]를 조절하여 증폭 량을 설정해 본다.

Rock, Metal 장르의 일렉트릭 기타에 많이 사용한다.

❷ A. Guitar 트랙의 ❶[Solo] 버튼을 누른다. 왼쪽 인스펙터 창에서 ❷[Inserts]를 선택한 후 Distortion의 ❸[Bypass Insert] 버튼을 눌러 활성화한 후 재생한다.

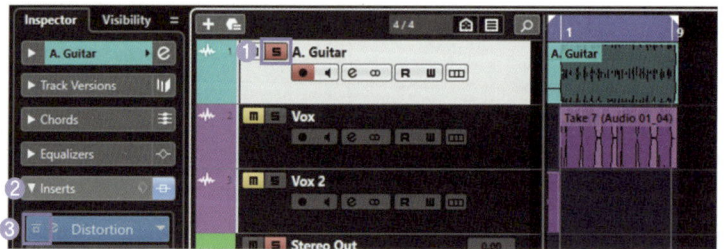

코러스(Chorus) 이펙터

딜레이를 사용해 원음에 변화를 주고, 그 음정의 미세한 차이를 통해 합창 효과를 만든다. Rate 값은 떨림의 속도를, Mix 값은 원음과 코러스 효과음의 비율을 조정한다. 이 방법은 보컬, 기타, 일렉 피아노 등 여러 악기에 적용할 수 있다.

① A. Guitar 트랙의 ❶[Solo] 버튼을 켜고, Inserts의 Chorus에서 ❷[Bypass Insert] 버튼을 눌러 활성화한 후 재생하여 효과 처리 전후의 소리를 들어본다.

☰ 트레몰로(Tremolo) 이펙터

음량의 크고 작아 짐을 규칙적으로 조절함으로써 소리가 떨리는 효과를 만들어낸다. Rate는 떨림의 속도를 조절하고, Depth는 크고 작은 음량의 대한 범위를 조절한다.

아래 그림의 ❶은 Rate 값이 적고, Depth 값이 많으며, ❷는 Rate가 많고, Depth가 적다.

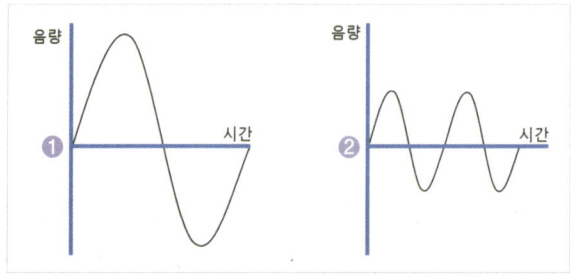

A. Guitar 트랙의 [Inserts] – [Tremolo] 항목의 [Bypass Insert] 버튼을 눌러 활성화 시킨 후 재생하여 효과 처리 전후의 소리를 들어본다.

☰ 오토팬(AutoPan) 이펙터

소리의 좌우 출력량을 규칙적으로 조절함으로써 소리가 좌우로 이동하는 효과를 만들어낸다. Rate는 좌우의 이동 속도를 조절한다.

A. Guitar 트랙의 [Inserts] – [AutoPan] 항목의 [Bypass Insert] 버튼을 눌러 활성화

한 후 재생하여 효과 처리 전후의 소리를 들어본다.

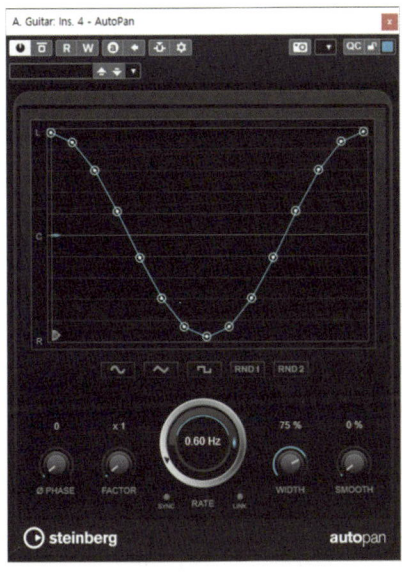

≡ 페이저(Phaser) 이펙터

원음에 딜레이를 적용하고 규칙적으로 소리의 위상 위치를 변경하여 소리에 변화를 주는 페이저 효과를 만든다. Rate 값으로 위상 변경 속도를, Mix 값으로 원음과 페이저 효과음의 비율을 조절한다. A. Guitar 트랙에 [Insert] - [Phaser] 항목의 [Bypass Insert] 버튼을 툴러 효과 처리 전후의 소리를 비교해 본다.

플랜저(Flanger) 이펙터

원음과 같은 소리를 만든 후 그 소리에 콤 필터(Comb Filter)를 규칙적으로 이동하여 소리의 변화를 만들어낸다. Rate 값은 콤 필터의 이동 속도 조절하며, Mix 값은 원음과 플랜저 효과음의 비율을 조절한다. A. Guitar 트랙의 [Insert] - [Flanger] 항목의 [Bypass Insert] 버튼을 눌러 활성화한 후 재생하여 효과 처리 전후의 소리를 들어본다.

피치 커렉트(Pitch Correct) 이펙터

소리의 음정을 실시간으로 조정하며, 선택한 스케일에 맞추어 음정을 자동으로 보정한다. Correction의 Speed는 음정을 보정하는 속도를 조절하며, 값이 높을수록 음을 보정하는 속도는 빨라진다. Tolerance는 음의 보정 시 음 이동의 유연함을 조절하며, 조절 값이 높을수록 급격하게 음이 보정된다. Transpose는 음정을 바꿀 수 있으며, 1의 값은 반음 1음이다. Scale Source의 Internal을 클릭하면 음을 보정하는 방법을 선택할 수 있으며, Chromatic는 스케일과 스케일의 근음을 설정할 수 있다. Formant의 Shift는 소리의 배음 구조를 조정하며, 값이 높을수록 얇은 소리, 값이 낮을수록 두꺼운 소리로 조정된다. Optimize은 Male(남성), Female(여성), General(일반)을 선택할 수 있다. Preservation이 On 상태인 경우 Transpose 값에서 수정한 음정에 맞게 배음을 조정하여 톤을 자연스럽게 맞춰준다. Off 상태일 경우 Transpose 값을 올리게 되면 톤이 아기 목소리처럼되고, 내리게 되면 괴물 목소리처럼 바뀐다.

Vox 트랙을 선택 후 ❶[Solo] 버튼을 누른 후 왼쪽의 인스펙터 창에서 ❷[Inserts]의 Pitch Correct에서 ❸[Bypass Insert] 버튼을 눌러 활성화한 다음 각 파라메터 값을 조절하여 소리의 변화를 들어본다.

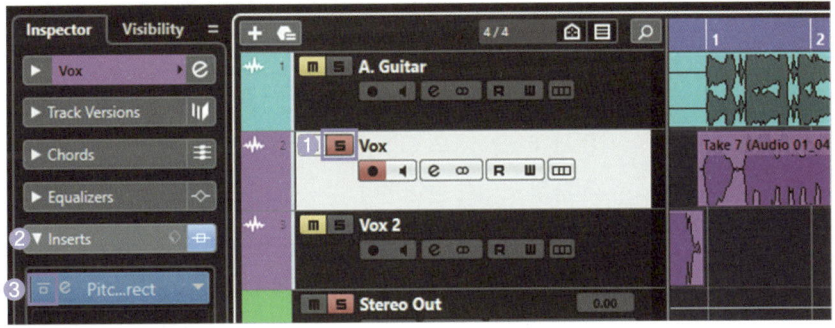

디에서(DeEsser) 이펙터

소리의 특정 주파수에 컴프레싱을 한다. 보컬의 ㅅ, ㅆ, ㅊ 발음에서 나오는 치찰음(4000hz 부근)이 나올 때마다 압축시켜 치찰음의 량을 조절할 수 있다. Compressor가 음량에 반응한다면 DeEsse는 특정 주파수의 음량에 반응한다. Filter의 LO와 HI는 압축하고자 하는 주파수의 범위 정하며, Dynamics의 Reduct는 설정한 주파수의 음의 감쇄량, Thresh는 디에서가 작동하는 음량의 한계 값, Release는 압축 후 풀어줄 시간을 조절한다.

Vox 2 트랙의 ❶[Solo] 버튼을 누른 후 왼쪽의 인스펙터 창에서 ❷[Inserts]를 클릭하고, DeEsser의 ❸[Bypass Insert] 버튼을 눌러 활성화한 후 재생하여 효과 처리 전후의 소리를 들어본다.

맥시마이저(Maximizer) 이펙터

소리의 크기를 수준 이상의 음량으로 높일 수 있다. 음악을 만든 후 결과물이 기존에 유통되고 있는 음원보다 음량이 낮을 경우 이 이펙터로 음량을 끌어올릴 수 있다. Optimize 값을 올리면 음량을 올릴 수 있다. 주의할 것은 과도하게 올렸을 경우 눌리는 듯한 소리가 나기 때문에 조절 시 주의가 필요하다. 기존 음반과 같이 음량을 올릴 시 Maximizer 플러그인뿐만 아니라 다른 종류의 플러그인과 수준급의 기술이 필요하다.

Stereo Out 트랙의 ❶[Solo] 버튼을 누른 후 왼쪽의 인스펙터 창에서 ❷[Inserts] 항목을 클릭한다. 그다음 Maximizer의 ❸[Bypass Insert] 버튼을 눌러 활성화한 후 재생하여 효과 처리 전후의 소리를 들어본다.

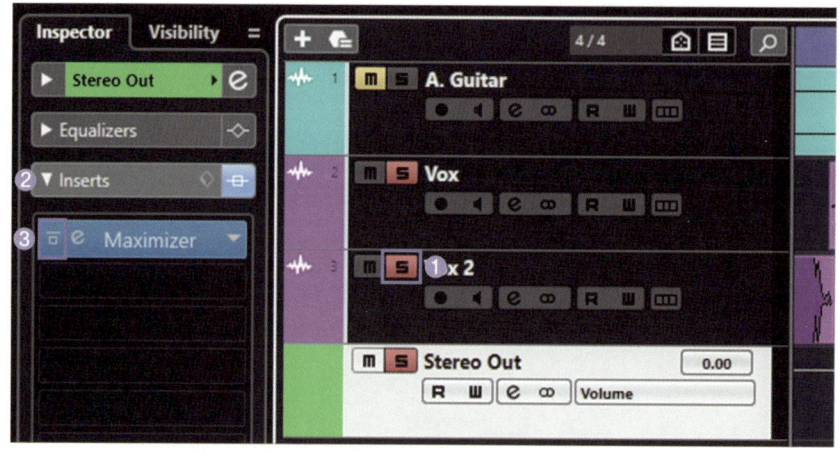

> **레슨 정리**
>
> 그밖에도 큐베이스에는 많은 이펙터 플러그인들이 내장되어있다. 플러그인 하나하나를 적용해 보고, 프리셋들을 선택해가며 어떤 효과인지 확인해 본다. 또한 각 파라미터 값들을 조정하여 소리의 변화를 연구해 보기 바란다.

여러 개의 보컬 트랙을 한꺼번에 조절하고 싶어요.

메인 보컬이 여러 트랙으로 나누어져 있는 경우 플러그인을 적용하거나 음량을 조절할 경우 각각의 트랙에 같은 설정을 해야 하는 번거로움이 있다. 이번 레슨에서는 여러 트랙을 Group Channel로 묶어서 제어하는 방법에 대해 알아본다.

그룹 채널(Group Channel) 설정하기

그룹 채널이란 여러 개의 트랙을 하나의 채널로 묶어서 일괄적으로 처리할 수 있는 채널이다.

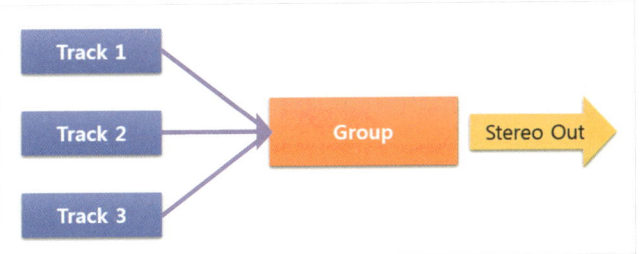

① [학습자료] – [Lesson 46 Workshop] 폴더에 있는 [L46 Workshop.cpr] 파일을 열어준다. 프로젝트를 확인하면 보컬 트랙이 3개로 나눠져 있는 것을 알 수 있다. 잘라진 곳을 보면 한 트랙으로 모아서 제어할 수 있지만 학습을 위해 이와 같은 설정으로 진행해 본다.

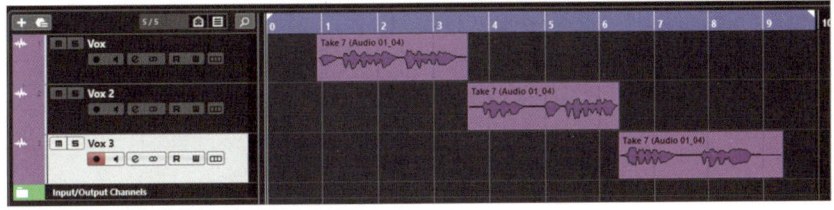

② [Project] – [Add Track] – [Group] 메뉴를 선택한다.

③ Add Track 창에서 Configuration은 ❶[Stereo]로 선택, Track Name은 ❷[Vox Group]로 입력(임의), ❸[Add Track] 버튼을 클릭하여 Group Track을 생성한다.

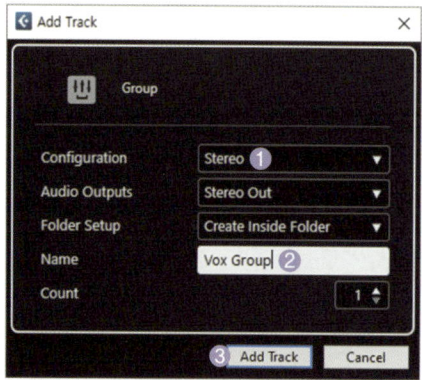

④ 첫 번째 ❶[Vox] 트랙 선택, ❷[Track Name] 클릭, ❸[Stereo Out]을 클릭 후 항목에서 ❹[Groups – Vox Group]을 선택한다.

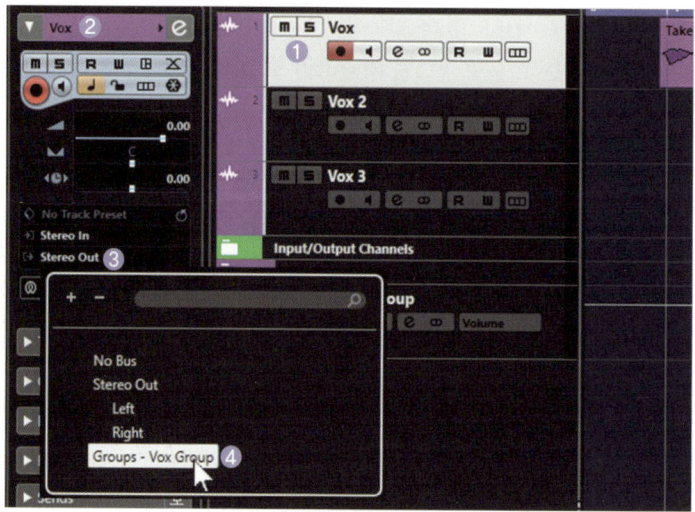

⑤ 나머지 두 번째와 세 번째 Vox 트랙도 모두 앞서 살펴본 것과 같이 [Groups] – [Vox Group]으로 설정한다.

그룹 채널(Group Channel) 확인하기

① ❶[Vox Group] 트랙 선택, 인스펙터에서 ❷[Inserts] 클릭 Insert 첫 번째 칸에 있는 Reverb의 ❸[RoomWorks] 플러그인을 적용한다. 플러그인 적용방법은 [Lesson 44]를 참고한다.

RoomWorks 플러그인이 없다면 RoomWorks SE 플러그인을 사용한다.

② 재생 시 모든 Vox 트랙에 리버브 효과가 적용된 것을 확인할 수 있다. 그다음 ❶[Vox Group] 트랙 선택, ❷[Track Name]을 클릭한 후 ❸[볼륨 페이더]로 음량을 낮춘다. 이것으로 재생 시 모든 Vox 트랙의 음량이 줄어든 것을 확인할 수 있다.

여러 트랙을 빠르게 그룹 채널 생성하기

이번에는 여러 개의 트랙을 한꺼번에 그룹 채널로 만들어주는 방법에 대해 알아본다.

① [첫 번째 Vox 트랙]을 클릭하여 선택한 후 [Shift] 키를 누른 상태로 [세 번째 Vox 트랙]을 클릭하여 세 트랙을 모두 선택한다.

트랙을 부분적으로 선택할 경우는 [Ctrl] + [클릭]을 하면된다.

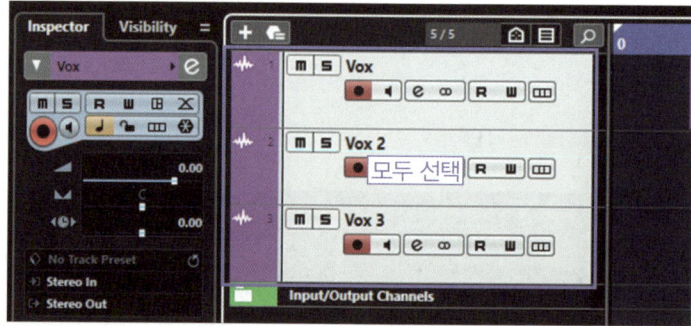

② 트랙 윈도우의 빈 곳에서 ①[마우스 우측 버튼]을 클릭 후 팝업 메뉴에서 ②[Add Group Channel to Selected Channels...]을 선택하면 선택된 트랙에 대해 빠르게 그룹 채널을 생성할 수 있다.

> **레슨 정리**
>
> 그룹 채널은 여러 개의 드럼 트랙 또는 백그라운드 보컬 등을 한꺼번에 조절을 해야 하는 트랙들을 하나로 묶어 제어할 수 있으므로 필요 시 적극적으로 사용하기 바란다.

작업한 음악을 어떻게 오디오 파일 (음원)로 만드나요?

작곡, 편곡, 녹음, 믹싱 작업이 완료되면 완료된 음악을 누군가에게 들려주기 위해 오디오 파일 형식으로 추출해야 한다. 이번 레슨에서는 작업이 완료된 음원을 Wave 및 MP3 파일로 믹스다운(Mixdown)하는 방법에 대해 알아본다.

음원을 만들 구간 설정하기

① [학습자료] – [Lesson 47 Workshop] 폴더에 있는 [L47 Workshop] 파일을 열어준다. 파일을 보면 프로젝트의 트랙마다 플러그인 설정과 음량 조절이 되어있고, Stereo Out(최종 아웃 단)에는 Maximizer를 적용하여 음량을 올려놓은 상태이다.

② [Edit] – [Select] – [All] 메뉴를 선택하여 전체 선택을 한다. (단축키 Ctrl + A)

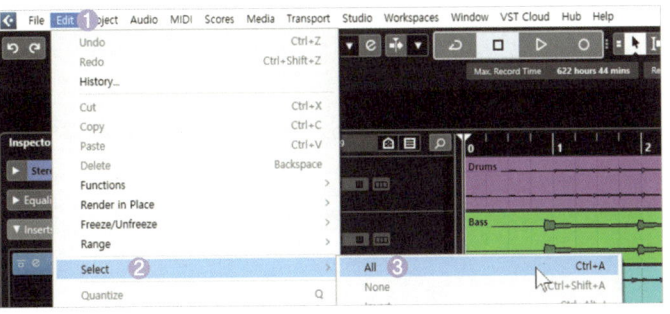

믹싱 **307**

③ [Transport] – [Locators] – [Set Locators to Selection Range] 메뉴를 선택하여 전체 선택된 이벤트 길이에 맞게 Locator를 설정한다. (단축키 P)

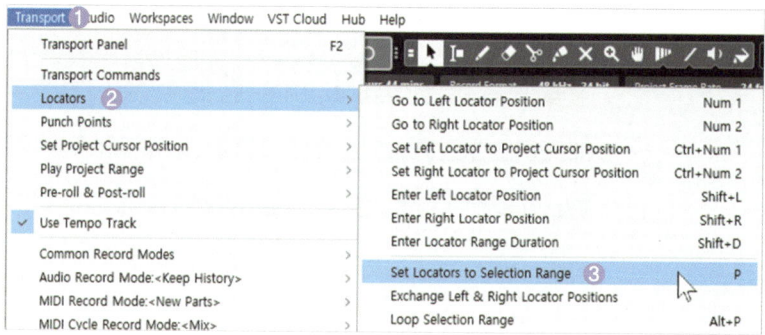

④ 오른쪽 로케이터를 드래그하여 오른쪽으로 이동한다. 끝부분의 로케이터를 이동하는 이유는 Reverb와 같은 효과의 잔여음이 잘리지 않게 하기 위해서이다.

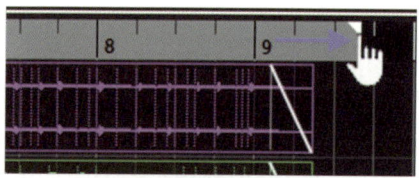

⑤ 트랙 중에 [Solo] 버튼 또는 [Mute] 버튼이 켜진 것이 있는지 확인한다. 믹스다운 시 프로젝트에서 재생되는 그대로 오디오 파일로 만드는 것이므로 믹스다운 실행 전 반드시 점검한다.

≡ Wave 파일로 믹스다운(Mixdown)하기

웨이브(Wave)는 오디오 포맷 중에 음질 손실이 없는 무압축 오디오 파일 형식이다. 중요한 공연이나 녹음실에 가져갈 파일은 대부분 Wave 파일로 믹스다운한다.

① [File] – [Export] – [Audio Mixdown] 메뉴를 선택하여 Mixdown 창을 열어준다.

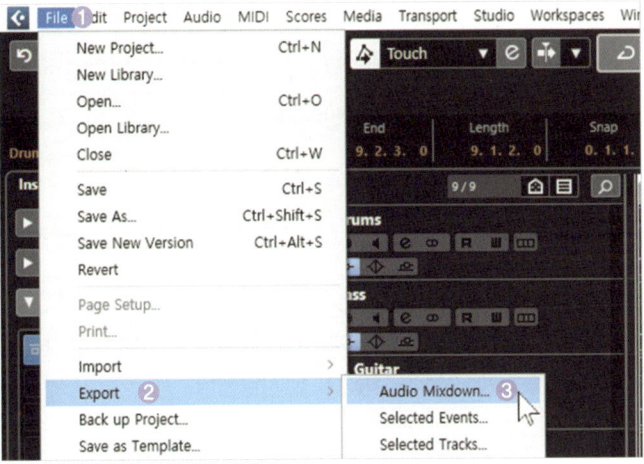

❷ 아래 그림에 같이 순서대로 각 항목에 맞추어 선택 또는 입력한다.

❶ Channel Selection 창에서 Stereo Out이 체크되어있는지 확인한다. 다른 항목에 체크가 되어있는 경우 체크되어있는 항목만 믹스다운된다.

❷ 자신이 원하는 파일명을 입력한다.

❸ 자신이 원하는 저장 위치를 지정한다.

❹ 파일 포맷을 선택하는 항목으로 이번에는 Wave File로 선택한다.

❺ Sample Rate와 Bit Depth를 Audio CD 포맷인 44.100kHz와 16Bit로 설정한다. Sample Rate와 Bit Depth 값이 높을수록 음질이 좋아지지만 일반적인 작업에서는 48.000kHz와 24bit 값 이상을 넘지않는다.

❻ 기본 값은 Interleaved 상태이며 하위 메뉴 중 Mono Downmix 선택 시 Pan으로 좌우 배치한 소리와 Reverb로 울림 효과를 준 모든 소리가 가운데서 들리게 된다. Mono Downmix를 선택하는 경우는 믹싱을 의뢰하기 위해 베이스 드럼, 베이스 기타, 보컬 등의 트랙들은 Mono 데이터로 믹스다운해야 하는데 이 때 사용하게 된다.

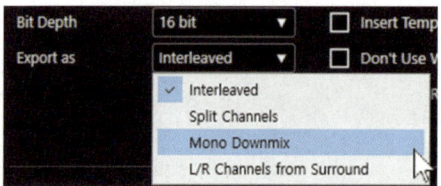

❼ 최종적으로 믹스다운을 진행한다. 작업 진행률이 %로 표시되면서 믹스다운의 진행 상황을 확인할 수 있다.

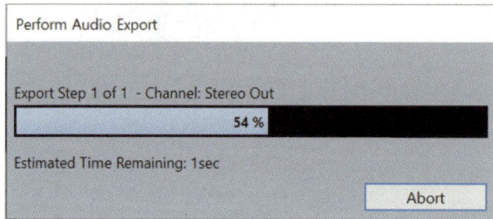

▲ 믹스다운이 진행되는 상태

❽ 믹스다운 완료 후 자신이 설정한 위치에 파일로 저장되었는지 확인하고, 외부 음악 재생기로도 재생하여 확인한다.

MP3 파일로 믹스다운(Mixdown)하기

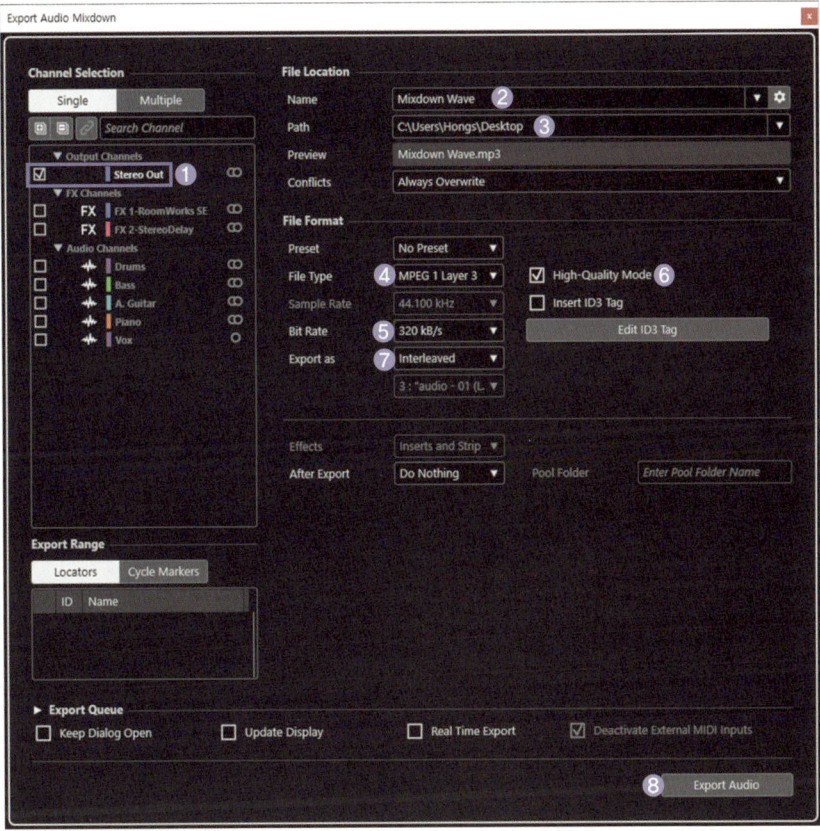

① Channel Selection 창에서 Stereo Out가 체크되어 있는지 확인한다.

② 자신이 원하는 파일명을 입력한다.

③ 자신이 원하는 저장 위치를 지정한다.

④ 파일 포맷을 선택하는 항목으로 클릭하여 MPEG 1 Layer 3 File로 선택한다.

⑤ Bit Rate를 128~320kBit로 설정한다. 값이 낮을수록 음질이 떨어진다. 온라인 음원 사이트의 고음질 음원인 경우 대부분 320kBit로 설정되어있다.

⑥ High Quality Mode에 체크한다.

⑦ Interleaved로 선택한다.

⑧ 최종적으로 믹스다운을 진행한다.

믹스다운 완료 후 자신이 설정한 위치에 파일로 저장되었는지 확인하고, 외부 음악 재생기로도 재생하여 확인한다.

> **레슨 정리**
>
> 시간이 촉박한 상황에서 음원을 믹스다운할 때 많이 실수하는 것이 트랙에 Solo 버튼 또는 Mute 버튼이 눌러진 상태로 믹스다운을 하는 것이다. 이렇게 만들어진 음원은 소리가 만들어지지 않기 때문에 이러한 음원을 공연에 사용할 경우 문제가 발생될 수 있다. 그러므로 어떤 상황에서도 정확하고, 침착하게 결과물을 만들기 위해서는 많은 연습이 필요하다.

사단법인 이음예술문화원 주요사업

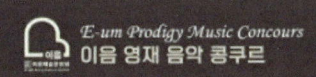
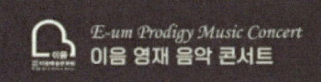

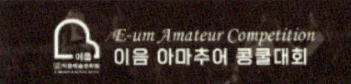

사단법인 이음예술문화원 활동 연혁

활동 연혁

날짜	장소	행사
2021. 6. 25	팔마공감	텐션 스트링 앙상블
2021. 6. 29	동우아트홀	창립음악회
2021. 10. 31	팔마공감	이음 하우스 콘서트
2021. 11. 27	군산청소년수련관	이음영재음악콩쿠르
2021. 12. 18	군산도시재생 공모사업	선셋힐링콘서트
2021. 12. 30	에이본 컨벤션홀	이음영재콘서트
2021. 12. 27	에이본 컨벤션홀	송년음악회
2022. 2. 27	인문학 창고 정담	이음 하우스 콘서트
2022. 6. 25	군산청소년수련관	이음영재음악콩쿠르
2022. 9. 18	중앙동 도시재생숲	BLOOM 지역축제
2022. 10. 22	인문학 창고 정담	작가와의 만남, 북 콘서트
2022. 10. 29	군산청소년수련관	이음영재음악콩쿠르
2022. 12. 26	에이본 컨벤션홀	이음영재콘서트
2022. 12. 27	에이본 컨벤션홀	송년음악회

교육컨설팅 & 공연기획단체 이음예술문화원
Education Consulting & Managing Performance

AGENDA of 이음예술문화원

구 분	목 적	내 용
교육사업	· 올바른 진로설정을 위한 진로탐색의 기회제공 · 셀프리더십 증진과 올바른 진로 가치관 확립 · 현직 전문 직업강사를 통한 현실적인 교육 · 전문화 / 차별화된 맞춤형 교육프로그램	· 교육강사 파견 · 진로 박람회 · 캠페인 뮤지컬 제작
문화사업	· 수준 높고 다양한 문화예술 향유 · 지역의 문화예술 발전의 기회 제공 · 지역 활동가 및 로컬 크리에이터 역량 강화	· 문화적 도시재생 사업 · 로컬 크리에이터 교육 · 지역 축제기획 · 각종 음악회, 콘서트 기획

{ 찾아보기 }

한글

가사 194
단축키 083
동글 키 016
드럼 에디터 068, 144
라인 툴 080
레이턴시 057
리버브 287
메트로놈 108, 135
뮤트 133, 134, 267
뮤트 툴 078
미디포트 027, 044
박자표 094, 177
벨로시티 029, 102, 148
서스테인 104
선택 툴 073
솔로 144, 267
스냅 099
스코어 에디터 069, 175, 185, 205
온 스크린 키보드 027, 124
음자리표 176
이음줄 196
저장 093, 110
전체 선택 307
조표 176
주파수(Hz) 281
지우개 툴 078

컴프레서 285
코드트랙 129
코드패드 126
퀀타이즈 118, 203
퀀타이즈 프리셋 100, 113, 120, 131
크로스페이드 226, 240
키 에디터 068, 202
템포 094
툴 바 066, 072
트랜스포트 바 067
페이드 인/아웃 074, 239
펜 툴 080
풀 툴 078

A~D

Activate/Deactivate Send 291
Add Instruments Track 095
Add Track 215
Align Bass Note 194
Arranger Editor 170
Arranger Track 168
ASIO4ALL 057
Attack Time 287
Audio Connection 064, 213, 221
Audio Interface 020, 043
Audio System 063
Auto Monitoring 219

Automation   268, 273

AutoPan   296

Back Up Project   232

Bit Rate   311

Bypass   282, 286

Channel Settings   267, 279, 293

Chord Assistant   140

Chord Pad   126

Chord Track   129

Chords to MIDI   133

Chorus   295

Clean Lengths   187

Clefs   176

Color Tool   082

Comp Tool   079, 231

Compressor   285

Consolidate Rests   188

Controller Lane   102

Create Chord Symbols   136

Crossfade   226, 240

Cursor   067

DeEsser   299

Delay   289

Distortion   294

Dongle Key   016

Draw Tool   080

Drum Editor   068, 144

Drum Map   147

Drum Stick   145

Duplicate   161

Duplicate Tracks   217

E~H

Edit Variaudio   197, 246

Effect Track   289

Equalizer   280

Erase Tool   078

Event Display   067

Export - Mixdown   307

Extract MIDI   198

Fade In/Out   074, 239

Fader   268

Flanger   298

Flip   179

Follow Chord Track   163

Gain Handle   074

Gate   240

Generate Harmony Voices   254

Global Track Controls   066

Glue Tool   078

GR   287

Grid Type   131

Groove Agent SE   116, 146, 150

Group Channel   303

Halion Sonic SE   095, 115

Handle 073

High Pass Filter 282

I~K

Import – Audio File 260

In Place Editor 070

Info Bar 066

Insert 280, 285

Inspector 067, 096

Keep History 224

Key Commands 083, 086

Key Editor 068, 202

Keys 176

L~N

Lane Track 229

Latency 057

Layout 192

Layout Tool 195

Left Zone 198

Line Tool 080

List Editor 069

Listen 268

Live Input 134

Locator 229, 308

Loop 266

Loop Sample 071, 158

Low Zone 067, 112

Low-Cut Filter 281

Lyrics 194

Make Up 287

Map to Chord Track 162

Maximizer 301

MediaBay 157, 164, 292

Metronome 108, 135

Midi Loops 159

Midi port 027, 044

Mix 289

MixConsole 267

Monitor 217, 268

Mono Downmix 310

MP3 Audio File 311

Musical Mode 166, 258

MusicXML 205

Mute 133, 134, 267

Mute Tool 078

No Overlap 188

Normal Sizing 073

O~R

Object selection tool 073

On Screen Keyboard 027, 124

PadShop   116

Page Mode   175, 206

Pan   267, 271

Peak   270

Peak Mode   283

Phaser   297

Pitch Correct   298

Pitch Shift   261

Play Tool   081

Pool Window   258

Precount   109

Precount Setup   109

Pre-Delay   289

Preferences   112, 218

Project Window   065

Punch In/Out   227

Q~S

Q   284

Quantize   118, 203

Quantize MIDI Event Ends   122

Quantize MIDI Event Lengths   203

Quantize Pitch   250

Quantize Preset   100, 113, 120, 131

Racks   067

Range selection tool   077

Ratio   287

Read   268, 274

Record   108

Record Enable   268

Release Time   287

Remove All Automation of Track   276

Remove Volume Automation   276

Replace   224

Retrologue   117

Reverb   287

Reverb Time   289

Right Zone   157, 199

RoomWorks   288

Rulers   067

Sample Editor   070, 197, 245

Save   093, 110

Score Editor   069, 175, 185, 205

Score Setting   183, 187, 191

Scrub   081

Select All   307

Send   280, 289

Shelf Mode   283

Show Lane   229

Show Note Length   144

Show/Hide Automation   273

Sizing applies time stretch   073

Sizing Moves contents   076

Slur   196

Snap   099

Soft Quantize   121

Solo   144, 267

Split Point   189

Split Tool   077, 238

Staff Mode   189

Status Line   066

Steinberg hub   062, 092

Step Input   112

Stereo Delay   289

Stereo Out   270

Straighten Pitch   252

Studio Setup   063

Sustain   104

Sync   290

Velocity   029, 102, 148

Velocity curve   029

Wave File   310

Write   268, 276

Zoom   067

Zoom Tool   078

T~Z

Tempo   094

Threshold   242, 27

Time Signature   094, 177

Time warp tool   079

Tool Bar   066, 072

Track List   067

Track Presets   292

Transport Bar   067

Tremolo   296

Use Monitored Tracks   132

Variaudio   197, 244